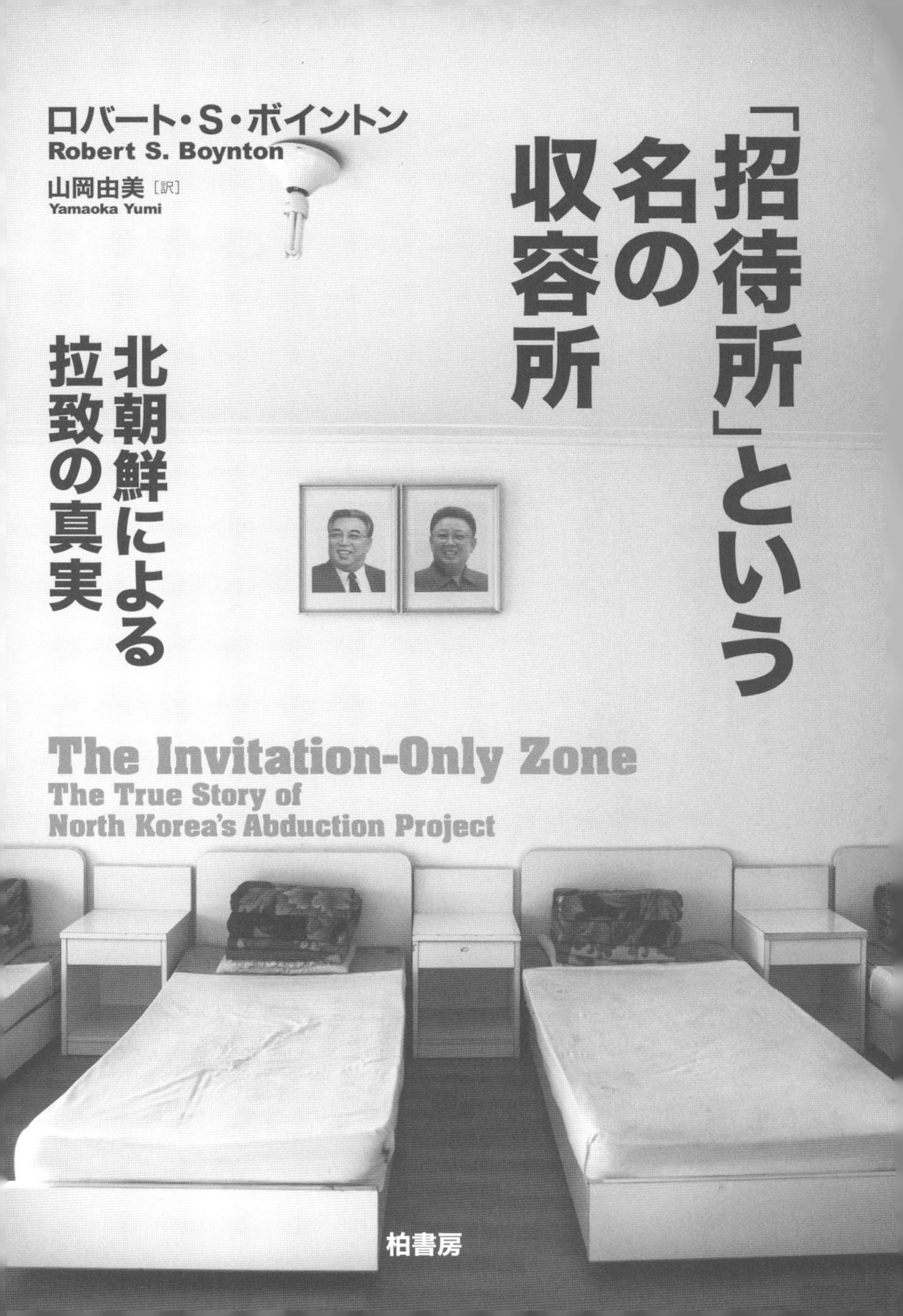

「招待所」という名の収容所

北朝鮮による拉致の真実

ロバート・S・ボイントン
Robert S. Boynton

山岡由美〔訳〕
Yamaoka Yumi

The Invitation-Only Zone
The True Story of
North Korea's Abduction Project

柏書房

日本語版への序文

アメリカの読者に向けて、「拉致」を語るのは難しい。コスモポリタンを気取ってはいるが、ほとんどのアメリカ人は国境の外の世界のことをあまりよく知らない。ましてやアジアのように遠い場所にいたっては、まったくと言っていいほど知識がない。例えば『ニューヨーク・タイムズ』がこのほど行った調査によると、北朝鮮の場所を地図上で正しく示すことができたのは、回答者のわずか三分の一だった（トルクメニスタンに丸印をつけた人もいる）[※1]。

私自身、二〇〇二年一〇月一六日に被害者五人の日本への帰国を報じる記事を目にしなければ、拉致事件のことは知らずにいただろう。以来このテーマを追い続けていたが、実際に取材が可能になったのは、二〇〇八年にジャーナリストのためのフェロー・プログラムに参加し、日本に滞在できたおかげである。拉致問題に取り憑かれた私は、この問題を通じて北東アジアの諸問題や日本文化にも興味をもつにいたり、一年に一回は日本に渡るようになった。取材を書物の形にまとめたのが、二〇一六年である。

拉致問題について書くことは、私のジャーナリスト人生で最大の挑戦だった。蓮池薫には早い段階で会うことができたが、ほかの人々からインタビューの承諾を得るまでに、結局数年を要した。本を書く段になると、さらに大きな問題が立ちはだかった。北東アジアの複雑な政治史、とくに近くて遠い日本と南北朝鮮の関係を、どう説明すれば欧米の読者は理解できるのだろう。拉致された挙げ句、別人になって別の言語を話すよう命じられ、四半世紀ものあいだ北朝鮮でひっそりと暮らしていた人たちが重ねた信じがたい経験を、どんな言葉で伝えればいいのか。これほど過酷な状況をくぐり抜けてきた人に自分を重ね合わせることのできる読者など、果たしているのだろうか――まだ執筆段階にあったころは、ニューヨークで本書の話をすると、相手はたいてい、私が小説を書いているのだと勘違いしたものだ。

「大切な人が、ある日突然、姿を消したらどうしますか」――拉致問題について日本人以外の人に尋ねられたとき、私は逆にこう問いかけることにしている。日本のなかで大きな位置を占める拉致問題について説き起こす際には、政治の話をするのではなく、拉致が人の心のなかに掻き立てる喪失感について話し始めると、すんなりと理解してもらえることがわかった。被害者の家族、そして日本国民が拉致問題にいだいている感情の核心にあるのは喪失感なのだと私は考えている。

もっとも、人々がどんな喪失感を味わっているのかは別の問題だ。被害者の家族は、当事者にしかわからない耐えがたいほどの喪失感にさいなまれ、しかもその多くは今も苦しんでいる。日本国民の喪失感は、一様ではない。拉致問題の象徴になった横田めぐみや他の被害者のことを思って心を痛める人がいる一方で、拉致問題の全容が明るみに出たときを境に、国民集団としての日本人が安心感を失ったことについて私に語る人もいた。このうえない安全な国に住んでいた人々が、突如として外界の脅威に対する不安を感じるようになったのだと。またそうした見方を押し広げ、「日本は他のアジア諸国に対して植民地支配や戦時中の行為について謝罪する必要はなくなった」と考える人も少なくない。そういう人にとって、謝罪責任の喪失は必ずしも悪いことではない。なんの罪も犯していない日本国民の拉致は、日本もまた犯罪の被害者であることを示しているのだから。

本書は拉致だけにスポットを当てているのではないし、二〇〇二年の日朝首脳会談と被害者五人の解放までの劇的な出来事を後づけるにとどまるものでもない。拉致が発生するにいたる経緯を理解するには、葛藤をはらむ日朝関係の根元にあるものについて学ぶことが欠かせないが、と言って本書は政治学の論考でもない。私は、歴史や人権、外交、市民運動などのうちからひとつを切り口に選ぶのではなく、「主題（ストーリー）が展開する過程（ストーリー）」をたどることにした。別の表現を使うと、一九七〇年代に起きた拉致事件が「拉致問題」になるまでの道のりについて語ろうと思った。アウトサイダーである私が拉致について筋道立てて書くには、さまざまな角度から光を当てて全体像を描くという方法しかとりえないだろう。とはいえ、はからずも重要な点を無視あるいは軽視してしまったかもしれず、そのことで読者に不快感を与えることがあったなら、大変申し訳なく思う。

残念なことに、本書のための取材を始めてから今にいたるまで、事態にはかばかしい進展は見られない。日朝の交渉は、公になっているものか否かを問わず、二〇〇二年に金正日（キム・ジョンイル）が関係者の処罰と再発防止を約束して以降、あまり成果をあげていない。二〇〇四年と〇八年には金正日政権が安否不明の拉致被害者に関する調査の実施を約束、一四年五月にはストックホルムで日朝両政府が協議を行い、日本による対北朝鮮制裁の部分的緩和と引き換えに北朝鮮が再調査を行うことで合意に達した。同年一〇月にはピョンヤンで北朝鮮の特別調査委員会が日本政府代表と協議し、誠実に調査を行っているそぶりを見せた。北朝鮮側の説明によれば、この委員会は金正恩（キム・ジョンウン）率いる国防委員会から「特別な権限」を付与されていたという。ところが二〇一六年に入り、交渉は決裂する。北朝鮮による核実験と長距離弾道ミサイル発射を受け、日本が制裁を強化。すると北朝鮮は「朝日政府間のストックホルム合意に従って行ってきたすべての日本人に対する包括的調査を全面中止し、「特別調査委員会」を解体する」と宣言するにいたった。※2

国際レベルではほとんど進展がないにもかかわらず、日本の内政では拉致問題が一定の場所を占拠するようになり、安倍晋三首相と与党自民党は、憲法改正や再軍備への支持を集めるためにこの問題を利用した。もしや拉致問題が国際的係争点のひとつと化し、中国と日本、南北朝鮮のあいだでしじゅう対立を引き起こしている「慰安婦」や竹島／独島、尖閣諸島／釣魚群島、あるいは戦争犯罪の問題と似た扱いを受けるようなことになりはしないだろうか。別の言い方をすると、私は拉致問題が過去の遺憾な出来事のシンボルにされてしまうことを案じている。これまで調査と執筆を行ってきた範囲で確かに言えるのは、（実際の規模はわからないものの）今も大勢の日本人が自らの意思にかかわりなく北朝鮮に留めおかれているということだ。この人たちは生身の人間であり、家族は生死のほどさえ知ることができずにいる。かりにも政治的な得点稼ぎのために被害者の命が犠牲にされるようなことがあるとすれば、それは悲劇と言うほかない。日本の政治指導者の肩にのしかかっているものは、政治以上に重い。

拉致問題には、日本政府から十分な注意を向けられていない側面がひとつある。日本から来た金一族の食客（「よど号グループ」と妻たち）は、一部被害者の安否に関する手がかりをもっているかもしれない。彼らは一九七〇年のハイジャック事件以来、ピョンヤン郊外の招待所に住んでいるが、日本への帰還を望んでいる。妻の多くや子供たちは、すでに帰国を果たした。

北朝鮮に残留する「よど号グループ」は拉致事件への関与を否定しており、どれだけ詳しく知っているかは不明だが、少なくともハイジャック犯の妻である八尾恵は帰国後に、自身が有本恵子の拉致に関わったことを証言している。

およそ五〇年前に起きたハイジャック事件についての免責を「よど号グループ」に保証し、拉致に関する情報を引き出す。日本政府がなぜそうしないのかが、わからない。何人かの拉致被害者の安否につながる手がかりを得るためならば、ひとつの犯罪についての処罰を免除することは正当化できるように私には思える。そうしたからといって拉致問題が解決できるわけではないが、老境に入った被害者の親や多くの日本国民が抱える喪失感をいくらかでも軽くすることはできるのではなかろうか。

二〇一七年六月一日　　ニューヨークにて

ロバート・S・ボイントン

「招待所」という名の収容所

——北朝鮮による拉致の真実

目次

凡例

●他の文献の引用箇所で日本語文献もしくは既存の訳を使用している場合は、〈　〉でくくって示した。書誌情報は巻末の「引用文献」欄を参照されたい。
●引用にあたっては、漢字は新字体に改め、歴史的仮名遣いはそのままとした。
●訳文中にある〔　〕は訳者による注を意味する。
●朝鮮という言葉は基本的に南北朝鮮を指す場合、および地理的・歴史的・民族的な意味で使用し、朝鮮民主主義人民共和国を北朝鮮、大韓民国を韓国と略記した。

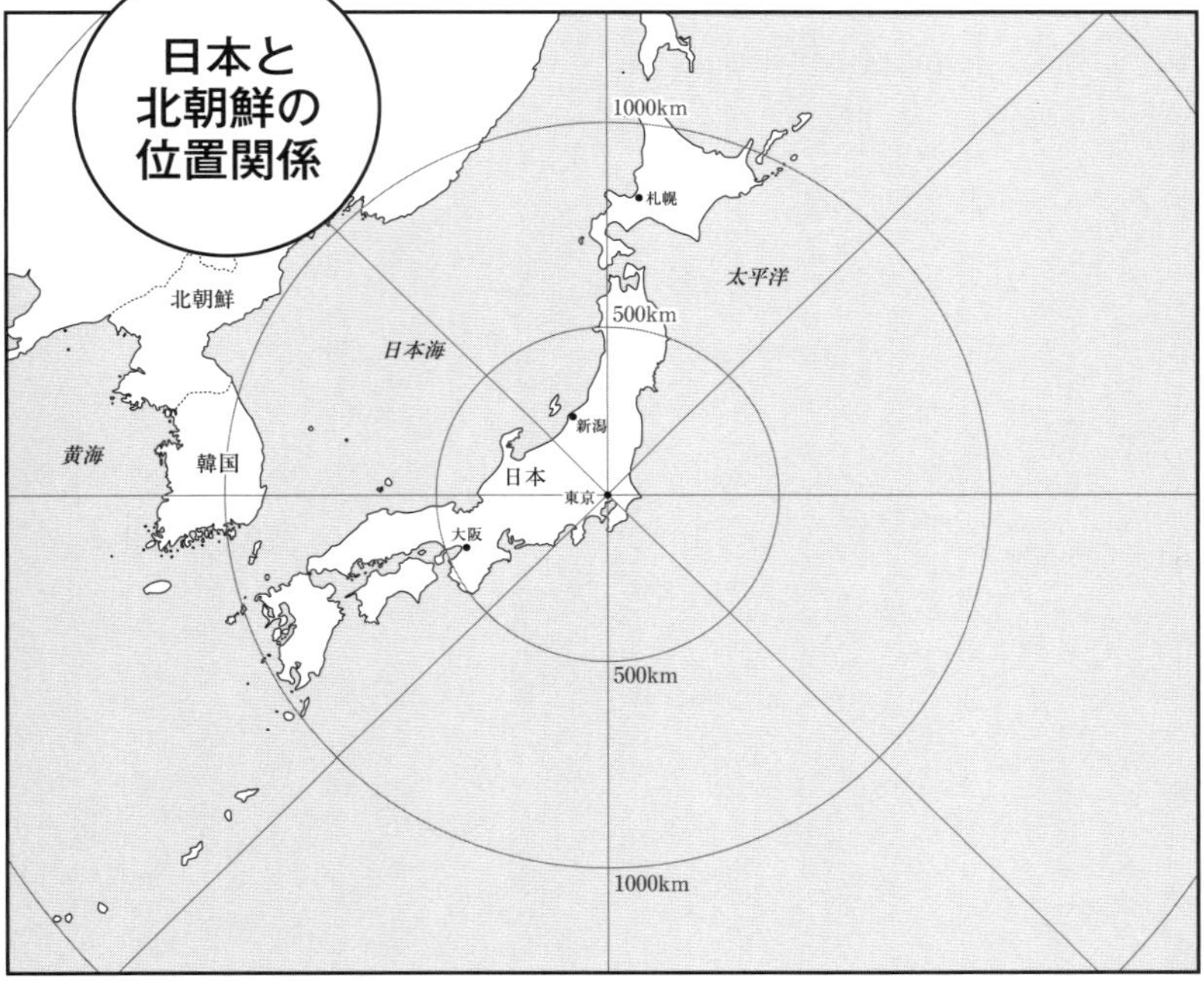
日本と
北朝鮮の
位置関係
1000km
札幌
太平洋
北朝鮮
500km
日本海
新潟
黄海
韓国
日本
東京
大阪
500km
1000km

アリス・タイソン・ボイントンの思い出に

プロローグ

海辺に行った人が、忽然と姿を消す。日本では一九七七年秋から、そんなことが起き始めた。九月中旬には休暇中の警備員が石川県の海岸で消息を絶ち、一一月には新潟に住む一三歳の少女が自宅から二、三〇〇メートル離れた場所で目撃されたのを最後に行方知れずとなった。少女はバドミントンの練習を終え、家路に向かう途中だった。翌年七月にはデート中のカップル二組が、それぞれ福井と新潟の海岸で消息を絶っている。一方は地元のデートスポットに乗りつけた自動車を、もう一方は自転車を置き去りにしていた。

当時はごく一部にしか知られていなかったが、この人たちは朝鮮民主主義人民共和国（北朝鮮）の特殊部隊によって誘拐されたのだった。日本以外の場所でも事件は起きている。同じころに、アジアや東ヨーロッパ、中東で、大勢の人が行方不明となっていた。一九七八年五月にはマカオ在住のタイ人女性が美容院に向かっていたところをさらわれた。七月にはレバノン人女性四人がベイルートから連れ去られた。この年の後半には、日本で個展を開く約束を結んだルーマニアの芸術家が失踪している。海外に働き口があるからと騙されて飛行機に搭乗した人。いきなり襲われて袋をかぶせられ、北朝鮮まで船で運ばれた人――。被害者の家族たちは何年ものあいだ子供や兄弟姉妹を探し続け、遺体安置所に行き、私立探偵を雇い、占い師のところへ足を運んだ。戻ってきたのはわずか五人にすぎない。

　失踪場所が散らばっていたこと、被害者の数があまり多くなかったことから、個々の事件のつながりを認める人はほとんどいなかった。失踪について噂が立ちのぼることもときにはあったが、新聞はそうした噂を宇宙人による誘拐と同種の都市伝説として扱った。行方不明者の家族が警察に行けば、事件性を示す証拠がない限り捜査のしようがないと言われた。何しろ日本では毎年何千もの人が行方不明になっているのだから。孤独死のこともあれば、薬物乱用が原因で失踪する人、借金取りから逃げている人、不幸な人間関係を解消するため姿を隠す人もいると警察は説明した。政府や警察のなかにはこれが拉致であることに気づいている人もいたが、正式に認めることは避けていた。そんなことをすれば、なんらかの措置をとらねばならないためだ。これが拉致だとして、そもそも日本に何ができるというのか。北朝鮮とのあいだには外交関係がないし、軍隊を保有していないとあっては軍事行動をとることもできない。数人ほどの拉致を理由に日米安保条約を発動するのも無理がある。それに日本政府がこの件を問題化し、北朝鮮側が証拠隠滅のために被害者を殺(あや)めたとしたら。「仕方がない」というのは、不作為の言い訳として日本人がよく使う表現である。こうして、拉致された数十人はそれから四分の一世紀のあいだ、北朝鮮で苦難の毎日を送ることになった。

第1章　招待所へ

一九七八年七月三一日、蓮池薫と恋人の奥土祐木子は夕日を見に柏崎の海岸へ出かけた。浜辺は人気が少なく、静まり返っている。夜風が心地よい――すると、近くに四人の男がいることに薫は気づいた。ひとりがたばこを手に近づいてきて、火を貸してくれと言う。薫がポケットを探ると、いきなり四人に襲われた。男たちはふたりを羽交い締めにして両手足を縛る。「おとなしくしていれば危害は加えない」とひとりが言った。薫と祐木子は別々の袋に入れられ、ゴムボートに乗せられた。薫の目には袋の網目越しに柏崎の町の暖かい光が映っていたが、だんだんと小さくなっていった。一時間ほどすると、薫は沖で待っていた大きな船に移し替えられ、薬を何錠か飲まされた。傷からの感染を防ぐ抗生剤と眠らせるための鎮静剤、船酔い用の薬だったのだろう。翌晩目覚めたときには、北朝鮮の清津(チョンジン)にいた。祐木子の姿は見えず、日本においてきたと男たちから聞かされた[※1]。

シャギーの入った流行(はや)りの髪型ににこやかな笑顔。二〇歳の蓮池薫は、快活な好青年という印象を会う人に与えた。同世代の若者の例にもれず政治には関心がなく、南であれ北であれ、朝鮮のことはほとんど何も知らなかった。堂々として頭も切れ、東京の名門、中央大学でもトップ級の成績だった。地元の稲作農家の娘だった祐木子は、カネボウの美容部員で二二歳。ふたりは付き合い始めて一年ほどで、薫は大学卒業後にプロポーズしようと考えていた。日本経済は成長の歩みを速め、明るい未来が待ち受けているように思えた。どこかの企業に就職を決めて、東京で一緒に暮らそう。その後の運命はともあれ、当時はそう考えていた。

清津からピョンヤンまでは、夜間に列車で移動した。揺れがひどく、北朝鮮の首都に着いた朝、薫は怒りをぶちまけた。「これは人権侵害だ。国際法に違反している！　今すぐ日本に帰せ」だが相手はいっさい動じない。抗議しても無駄だとわかった薫は、今度は同情を引こうと考えた。「うちの親には持病がある」息子の失踪が心労になり、ますます具合が悪くなるだろう。こう言えば相手も理解できるのではないか。

男は薫の話を静かに聞いていたが、「もういい」と口にすると、思わせぶりに間をおいた。「お前は死にたいのか」場数を踏んだ人間らしい、淡々とした口調。男は、薫を拉致したのは南北朝鮮の統一に協力させるためであり、統一は朝鮮公民にとって絶対的な使命なのだと語った。薫たちの祖父母世代が朝鮮を痛めつけたのだから、日本の搾取的な植民地主義の恩恵をこうむってきた薫は、少なくとも統一に協力すべきだろう、と。薫が朝鮮の統一にどんな役割を果たすのかは曖昧なままにしていたが、工作員を教育して日本人への偽装を助けること、あるいは薫自身が工作員になることを促していたのだろう。薫にとってせめてもの救いは、おとなしく真面目に働けば、いつか日本に帰ることができるだろうと言われたことだった。

最後に男が言い放った言葉に、薫は唖然とした。拉致されたことは、結局は彼のためになるというのだ。「いいかね。金日成（キム・イルソン）将軍様の指導のもとで朝鮮が統一されれば、美しい新時代が幕を開けるのだよ」朝鮮の社会主義は日本だけでなくアジア全域に広がるだろう。「その輝かしい日が到来した暁

青年時代の蓮池薫（時事）

には、われわれ朝鮮人は平和に暮らすことができる。お前も日本に戻ることができ、ここでの経験が役立って、新体制の日本で最高の地位に就くことになる」あまりに突拍子もない物言いに、薫は耳を疑った。

北朝鮮は今でこそ世界の底辺近くに位置する孤立した国だが、薫が拉致された一九七八年ごろはアジアの共産主義国のなかで群を抜いて高い評価を集める豊かな国だった。一九六〇年当時の一人当たり所得は韓国の二倍を記録している。朝鮮戦争ではアメリカによる空爆で壊滅的な被害を受けたが、農業中心だった南に比べれば、すでに工業化が進んでいた北のほうが優位に立っていた。朝鮮半島の炭鉱、リン鉱山、鉄鉱山の七五パーセント、発電能力の九〇パーセントを植民地時代から引き継いでいたために十分な設備があり、経済は朝鮮戦争後の一〇年間に年率二五パーセントのペースで成長していた[※2]。一九七五年には三二万八〇〇〇トンの米とトウモロコシを輸出している[※3]。かたや韓国の軍事独裁政権は手の施しようのない状態で経済も大きく遅れをとっていたため、後ろ盾となっていたアメリカは南が北に追いつくことはないだろうと見ていた。しかし薫にとっては皮肉としかいいようのない話だが、一九七八年はまさに韓国と北朝鮮の立場が逆転した年だった。この年を境に韓国はグローバル経済大国への坂道を上り始め、北朝鮮は貧困国へと転げ落ちていった（そしてついには飢饉に見舞われる）。別の言い方をするなら、それは自国の政治・経済システムのほうがまさっていると北朝鮮側が考えることのできた――つまり工作員が海岸で人をさらい、被害者に朝鮮革命の素晴らしさを教えてやり、協力を取りつけることが可能だと決めつけることができた――歴史上最後のときだったのだ。

蓮池薫は一九五七年に生まれ、このうえもなく無邪気な子供時代を送った。日本海に臨む柏崎は農業が盛んで、薫は兄の透と一緒に家の裏を流れる別山川でコイやナマズ、ライギョを釣ったものだ。兄弟は仲が良く、音楽やファッションに詳しい透のおかげで、薫は次第に大人びていった。優等生的なところもあり、野球部ではキャプテンとして活躍し、学校の成績もクラスの最上位だった。創造力と才知に恵まれた当時の学生らしく、徐々に反抗的で気ままな振る舞いをするようになる。穴あきジーンズを穿き、ロックを歌った。一九七四年には大学進学のため上京し、兄と同じアパートで暮らし始めた。ある日、薫は真新しいカーペットの上にうっかりたばこの灰を落とした。すると穴のあいた場所に座布団をかぶせ、「「これで大丈夫」と言って、もう一本のたばこに悠然と火をつけた」透によれば、「薫は物事に頓着しないやつだった[※4]」

囚われの身となり、優しい言葉をかけてくれる人もない。薫は孤独の闇に突き落とされた。宗教を信じていたわけではないが、何かを拝むように目の前で手を合わせた。しかしこの仕草は、北朝鮮では嘲笑の種となる。なぜならこの国では、映画に出てくる日本人の臆病な囚われ人が許しを請うときにしか、そういう仕草をしないからだ。睡眠でさえ、安らぎになることはない。薫の見る夢はどれも、自分の体験した忌まわしい日々を変形させたものにすぎなかった。〈小学校時代の同級生たちをよく夢に見た。不思議なことに彼らも決まって北朝鮮に拉致されて来ているのだった。「あっ、◯◯、おまえもか！」と驚きとともに嬉しさや心強さを感じた。もちろんあとで目を覚ましては「また

か！」と苦笑いをしたものだが……〉

ピョンヤンではどこかの一室に閉じ込められていたが、何カ月かすると、そういう状態が久しく続くことになるのだろうと思うようになった。この秘密主義の政権が、工作活動の被害者を解放するはずがない。日本には自分の身に起きたことを知る人はいないのだから、捜索隊や外交官が救出してくれることは期待できなかった。脱走も不可能だった——三人の警備兵が八時間交代で一日中自分を監視していたし、かりに周囲の目を盗むことができたとして、逃げ込めるところはどこにもなかった。一般の人に助けを求めても、元の場所に戻されるだけだろう。かつて脱出を試みた人について耳にした話も、望みをくじくようなものだった。政権は総兵力三万人からなる二個師団を動員して脱走者を捜索したという。また、ごくわずかに存在する西側大使館に助けを求めることはできないかと考えたこともあった。そんなとき耳にしたのは、大使館に庇護を求めたにもかかわらず、身柄を奪還された人の話だった——そういう行為は国際条約に違反しているのだが。薫は自分に与えられた選択肢についてよく考えた。自分のおかれている環境は確かに異常としか言いようがないが、人生を諦めるには若すぎる。〈何の目的で拉致され、これからどうなるのかもわからないまま、死ぬわけにはいかないという思い〉が強かったと薫は言う。だが、大切な人からも引き離されて迷宮に放り込まれた状態で、いったいどうやって生きていくというのか。

図書館を利用することはできた。そこは一部の人にだけ開かれた施設で、北朝鮮に関する日本語の書籍が収蔵されていた。日本の学校では、アジア地域を日本が植民地支配下においていた時代を表面的にしか扱っていなかったので、本で知ったことがらは、薫にとって一種のニュースだった。北朝鮮にシンパシーを感じる人が国際社会には大勢いること、その多くが日本にいることも驚きだった。金日成が抗日武装闘争でどんな戦果をあげたのか、また日本に抵抗した民衆がどれだけの苦難を重ねたのかも学んだ。〈次第に日本が朝鮮を植民地にして行った行為と、それに対抗してこの地の民が戦ったという歴史的事実は直視せざるをえなくなっていった。このような認識は拉致されたことへの怨念とは、まったく違うところで生まれたもので、困難な歴史を歩んできた朝鮮民族と、暴力で私を連れてきた人間たちを切り離して見る冷静な意識が芽生えはじめたためかもしれなかった〉と薫は吐露している。

指導員は薫に対し、お前は日本の植民者がかつて犯した悪を正す手伝いをするためにここにいるのだと何度も語った。また、日本兵が朝鮮の女性を強姦し、男性に奴隷労働を強制し、朝鮮の文明を貶めたという話を繰り返した。「おぞましいと思った。信憑性を疑うことはなかったが、それが自分とどう関係するのかはわからなかった」と薫は言う。これほどまでに戦闘的な調子で歴史の話を聞かされるというのは、七〇年代日本の非政治的な若者にとって、ほとんど初めての経験だった。すでに第二次世界大戦の終戦から三〇年が経っていたというのに、日朝の関係がそんな状態だったのは――朝鮮人が日本人のことをまるで獣のように語り、憎んでいるのは――なぜだろう。ふたつの文化の関係がここまでねじれてしまったのはどんな道筋を経たせいなのか。

第2章　明治——日本の近代化

一九一〇年、帝国を急拡大させていた日本は、朝鮮を併合した。しかし両者のあいだには、そのはるか前に問題が芽生えていた。西洋による植民地支配を招来してはならじと、日本は一八六八年の明治維新を境に経済と文化の近代化を推し進めていったが、そのなかで近代化（自国を刷新する）と植民地化（他国を支配する）というふたつの路線が混じり合った。維新から四〇年後、日本は自ら借用した方法を朝鮮にも押しつける。自国の行動を正当化する目的で、人種分類という西洋の疑似科学を利用し、日本と朝鮮は祖先が同じなのだから再び一体となるべきだと唱えた。西洋人ではない植民者の日本人は、ジレンマに突き当たっていた——白人植民者が暗い肌の色をした遠くの人々と自身を区別するために使っていた分類法を、同じ肌色をした近隣の人々に対して用いることは、果たして可能なのか。あるいは、日本と朝鮮との結びつきに関する理論を、朝鮮支配を正当化するものとして解釈することはできるだろうか。日本は人種主義的思考と軍事力を組み合わせてこの問いに答え、二〇世紀最大級の帝国を築いた。そのことが、今日にいたるまでふたつの文化の関係に害を及ぼしている。

かつて日本はほとんどの外国に対して門戸を閉ざしていた。アメリカ海軍代将マシュー・ペリーが蒸気フリゲート、サスケハナ号を率いて江戸湾に来航した一八五三年七月八日には、鎖国の開始からおよそ二〇〇年が経っていた。ペリーが大統領ミラード・フィルモアから託されていた親書は、アメリカとの貿易や石炭・食糧の補給などを求める内容だった。だが一〇年ほど前から近隣諸国が西洋列強の支配下におかれていくのを見ていた日本側は、不安を募らせていた。水上兵力が小規模なうえ、近代兵力も貧弱だった日本は、開国に応じた。福沢諭吉も、〈此文明〔西洋文明〕東漸の勢に激して之を防ぎ了る可きの覚悟あれば則ち可なりと雖ども、苟も世界中の現状を視察して事実に不可なるを知らん者は、世と推し移りて共に文明の海に浮沈し、共に文明の波を揚げて共に文明の苦楽を与にするの外ある可らざるなり。……西洋の文明国と進退を共に〔すべし〕〉と、「脱亜論」のなかで述べている。

一八六八年一〇月二三日に明治改元の詔書が出され、翌月には一六歳の天皇が京都御所から東京に居を移した。新政府が歩んだ道は、鎖国を続けた前政権とは大きく異なる。五箇条の御誓文には〈智識を世界に求め、大に皇基を振起すべし〉とうたわれた。日本はこののち世界各国に学び、これを模倣し、追い越そうと邁進する。明治初期の日本人は新しいもの好きで、新奇なものならなんにでも挑戦しようとした。〈新しい波はとにかく、今しがたようやくの思いで脱却した旧い波の特質やら真相やらもわきまえるひまのないうちにもう棄てなければならなくなってしまった〉とは夏目漱石の分析である。初代文部大臣を務めた森有礼は、白人との婚姻を通じて優良人種をつくること、英語を国語にすることを提唱している。[※1] 日本は鉄道を敷設し、公教育制度を整え、近代的な病院を建設したほか、銀行や郵便の制度をつくり上げ、近代的軍隊を創設した。封建制が終わりを告げ、人々は親の職業を世襲せず、職業を自由に選ぶことができるようになった。工業分野での発明は、新たな職業を生み出した。子供が無償で公教育を受けられるようになって識字率が向上すると、書籍や新聞の発行部数も増えた。

日本が一方的に西洋を崇拝していたわけではない。アメリカでは、一八七六年にフィラデルフィアで万国博覧会が開かれ、八〇〇万もの人が訪れ、三五カ国から出展された三万の展示物を見物している。アメリカはジョージ・H・コーリスの蒸気機関、アレグザンダー・グレアム・ベルの電話、シンガーのミシンなどを展示していたが、日本の投資はそのアメリカに次ぐ規模だった。日本館のなかは精巧なつくりの売店が並び、周囲に設けられた日本庭園は手入れが行き届いていた。日本の展示に比べると、他の国のものは「月並みで、低俗と言ってもいいほど」と『アトランティック・マンスリー』には書かれている。「観光で美しさや珍しさを求める向きが第一に見るべきもの、それは日本の展示だ。日本の展示品は華麗でいて繊細でもある」[※2]展示を見た人たちは、日本のデザインの端正な線やシンプルな優雅さをほめそやした。米国独立一〇〇年を記念するこの万博ののち、アメリカには「日本熱」が広がった。とくに自然愛好家や超越主義者の多いニューイングランドの人々の熱狂ぶりは相当なものだった。日本好きのジャーナリスト、ラフカディオ・ハーンはこう述べている。「なんと古代ギリシャに似た世界であることか、と驚きを覚えずにはいられない──神話や伝説、宗教の伸びやかさだけでなく、その優美な芸術や美的感覚も古代ギリシャを思わせる」[※3]

エドワード・シルヴェスター・モースも、このエキゾチックな国の魅力に惹きこまれたひとりだ。動物学者で腕足類（二枚の殻に覆われた貝のような動物）を専門にしていたモースは、『ペリー提督日本遠征記』を読み、日本の海岸でペリーが見つけた貝の記述に魅了されたのだった。経歴だけ見れば、モースの歩んだ道はおよそ学者らしくない。一八三八年にメイン州ポートランドに生まれ、子供のころは落ち着きがなかった。教室にいるよりも、遠足で歩き回っているほうが生き生きしているというような、知的好奇心旺盛で想像力豊かな男の子だったという。[※4]長兄のチャールズが腸チフスで亡くなった一二歳のとき、葬儀を執り行った牧師が、洗礼を受けなかったチャールズは永遠に地獄で生きることになると言い放った。教会の役員だった父はますます宗教的な厳格さを増し、科学に夢中になることは神への侮辱だとエドワードを叱りつけた。しかし母は牧師の言葉に憤り、二度と教会に足を踏み入れないと心に決めた。エドワードも反抗的になってゆき、一七歳になるころには学校から四回も放校処分を受けていた。モースは生涯のうちに何度か立派な学位を授与されているが、彼自身がそのために努力したわけではない。

エドワード・シルヴェスター・モース
(Wisconsin Historical Society)

田舎臭さの漂うポートランドでの息苦しい暮らし。モースは、メイン州の海岸へ貝を探しに出かけ、気分をまぎらしていた。ポートランドには国際的な港町としての豊かな歴史がある。そんなことから世界各地の不思議な形の貝が船員たちによって持ち込まれ、その一部は大変な高値で販売された。モースが採集したニューイングランドの貝類の標本はかなりの規模となり、国中の研究者の関心を集めた。モースは一七歳のときに、ボストン博物学協会に論文を提出している。協会はモースの名にちなみ、彼の発見した新種に「Tympanis morsei」という学名をつけた。標本に関する噂はハーヴァード大学初の動物学および地質学教授ルイ・アガシーの耳にも入った。スイス出身のアガシーは世界でも有数の著名な科学者で、地球がかつて広く氷河に覆われていたことを証明し、一世を風靡した人物である。優れた才覚ももち、保守的なニューイングランドのエリートを説得して科学研究に対する支援を取りつけたほか、自身の採集した標本を展示することも視野に入れ、世界最大級の比較動物学博物館を設立するための資金も獲得している。アガシーの目に映ったモースは、自分の集めた膨大なコレクションを目録にまとめられるほどの知性と活力を兼ね備えた青年だった。そしてモースの目に映るアガシーは、実父とは違って自分の研究を応援してくれる、まさに父親のような存在だった。「[アガシーほど] いい人はこの世にふたりといない」とモースは日記に記している。モースはアガシーの助手となり、生活費と二五ドルの月給をもらう身となった。アメリカで最高位の自然史家、あるいは博物館長の座を約束されたエリート集団の仲間入りを果たしたのだ。ヨーロッパで伝統的な教育を受けていたアガシーは、モースたちの上司であるとともに心の師でもあった。部下たちを科学という近代の宗教へいざなうとともに、歴史や文学、哲学も学ばせた。モースは仲間のなかで自分だけが大学を卒業していないことを意識し、動物学や古生物学、魚類学、発生学、比較解剖学の講義に出席して熱心に学んだ。それだけでなく、助手になって最初の一年間で三万もの標本を目録化している。

マサチューセッツ州ケンブリッジのハーヴァード大学にモースがやってきたのは一八五九年一一月。チャールズ・ダーウィンが『種の起源』を上梓した月だった。牧師の息子だったアガシーには、天地創造物語を捨て去って進化論に乗り換えることに抵抗があったのだろう、彼はダーウィン批判の急先鋒となった。モースは胸を高鳴らせながらダーウィンの著作を読んだが、その革新的思想の妥当性を認めつつも、恩師との対立を避けようと慎重に振る舞っていた。しかし結局、一八七三年にダーウィンの理論を完全に受け入れるにいたった。「自分の意見を改めることを阻む「心の硬直」に陥らないよう意を用いなければならない」とモースは書いている。「自らの立場が誤っているなら、潔く放棄する。……それより立派なことはない」モースはダーウィンに論文を送った。進化論に基づき、腕足類を軟体動物でなくムシ（worm）に分類した論文に、ダーウィンは「「貝」だと思っていたこれらのものを「ムシ」と考えねばならないとは。この年老いた動物学者にとって、実にうれしい発想の転換だ」という言葉で応えた。

恩師と袂を分かったモースはハーヴァードをあとにした。自分が話術に長けていることに気づき、科学知識を普及させるために講演して回り、一年で五〇〇〇ドルを稼ぎ出したという。講演では細かいところまで描き込んだスケッチを使ったり、両手を同時に使ってチョークで絵を描いたりした。[※5] サンフランシスコで講演を行った際、日本の近海にはアメリカで知られていない腕足類が何十種類もあるということを知った。そして一八七七年春、モースは「ＳＳシティ・オヴ・トキオ」の船上の人となる。

船は六月一八日の夜に横浜沖およそ五キロのところへ投錨。モースはその翌日、〈犢鼻褌（ふんどし）だけを身につけた……恐ろしく強〉い三人の日本人が漕ぐみすぼらしい小舟に乗って、陸地まで運ばれた、と著書『日本その日その日』には書かれている。モースは街の活気と異国情緒にすっかり魅せられた。〈我々にとって珍しからぬ物とては、足の下の大地と、暖かい輝かしい陽光と位であった〉彼はデーヴィッド・マレー博士にあてられた紹介状を携えていた。マレーはラトガーズ・カレッジの教授で、日本の文部省で顧問を務め、小学校から大学にいたる各段階にアメリカ式の公教育制度を導入する責を担っていた。日本にも私設の学校ならば明治以前から存在したが、カリキュラムは中国文化を核に据えており、大まかに言えば儒教の教えという枠をはめられていた。日本人は、ヨーロッパが何世紀もかけて築き上げた大規模教育施設に匹敵するような大学を早急に設立したいと考えており、そのための財源として、政府予算の三分の一を文部省に割り当てていた。マレーには、東京大学設立までに二年の準備期間が与えられている。

外国人は条約港に定められた境界線の外に出ることを禁じられていた。腕足類を探して回るには特別な許可が必要だったため、モースはマレーに口添えを頼もうと考えたのだった。敷設されたばかりの鉄道を使って一七マイルの距離を移動し、東京大学――わずか三週間前に最初の学生を受け入れていた――にあるマレーの事務所へ行くことにした。大森のあたりを走っていたころ、列車はふたつの塚を通り抜けた。線路工事の際にできた盛り土に貝殻が混じっているのを、モースは見逃さなかった。〈メイン州の海岸で、貝塚を沢山研究したから、ここにある物の性質もすぐ認めた〉という。それは五〇〇〇年前のハイガイだった。

マレーはモースを日本人研究者に引き合わせている。やはり科学に対する情熱を燃やしていたこの日本人たちはモースの興奮に共鳴し、破格の提案を行った。東京大学に動物学科と考古学博物館を開設してもらえないか。実験室は提供するし、引っ越しにかかる費用はもちろん、教授職の給与として年間五〇〇〇ドルを支払うと。日本にダーウィニズムが入ってきたのは、その文化が根本から変わろうとしていた時代だった。日本人研究者たちは、この外来思想を説明してくれそうな欧米の専門家を必要としていた。[※6] モースは近代科学の方法に関する授業を受け持ち、ダーウィニズムについての連続講座を行うことになる。数百人という聴衆の多さと、進化論に対する好意的な反応にモースは感激した。〈米国でよくあったような、宗教的の偏見に衝突することなしに、ダーウィンの理論を説明するのは、誠に愉快だった〉と書いている。日本人はキリスト教を信じていなかったし、明治政府もこの宗教を政権への脅威ととらえていた。「宗教を真理探求の基準にしてはいけない」というモースの言葉は日本の官僚と科学者のいずれをも喜ばせたに違いない。

マレーのおかげで、モースは数週間後に学生を連れて大森に行くことができた。〈私はうれしさの余りまったく夢中になって了った……我々は手で掘って、ころがり出した砕岩を検査し、そして珍奇な形の陶器を沢山と、細工した骨片を三個と、不思議な焼いた粘土の小牌（タブレット）一枚とを採集した〉モースと学生たちは一層ずつ掘り進めていったが、こうした方法が日本で用いられたのはこのときが最初だった。[※7] モースの『大森介墟編』（一八七九年）は東京大学が出版した最初の書籍である。

ダーウィンの『種の起源』はさまざまな分野に大きな影響を及ぼしたが、初期人類の研究にも一大変化をもたらしている。学者たちは文字記録のない時代、つまり「先史」という概念に引き込まれ、遺跡を使って「野蛮」から「文明」にいたる文化の発展段階をたどろうとした（ダーウィンはのちに『人間の由来』［一八七一年］のなかで、文化の発展段階という考えを押し広げている）[※8]。ダーウィン後の学者らは、人間の発展過程を究明しようと各地で手がかりを探し求め、ひとつの場所――例えば大森もそうだが――に太古から住んでいた人類の記録に注目するようになった。しかし大森で見つけたものは、モースを戸惑わせた。貝殻や土器の破片、動物の骨以外に、人骨片があったのだ――埋葬場に普通あるようなものとは異なる。「貝塚のここかしこに、大きなヒト大腿骨や上腕骨、橈骨（とうこつ）、尺骨、下顎骨、頭頂骨が見つかった。その壊れ方は鹿の骨とまったく同じで、煮炊き用の土器に入れるため、あるいは骨髄を取り出すために折られていた」とモースは書いている。[※9] 大森にかつて住んでいた人間は人を食していたという結論を否定するのは不可能だった。人骨の年代からして、この食人種は日本人〈物静かな落着いた人々〉とモースは賞賛していた）とも、アイヌ（食人の風習がない）とも直接にはつながっていない。大森の人工遺物は太古の先住民、つまり日本人以前、アイヌ以前の種族によってつくられたものだというのがモースの出した結論だった。

モースの発見は近代日本人類学の誕生につながったが、この学問領域を以後七五年にわたって悩ませることになる問いをも生み出した——日本人の先祖は誰なのか、どこから来たのか、それは急速な近代化を進める明治の日本人とどんな関係をもつのか。西洋の技術のおかげで自身の未来を支配できるようになった日本人は、ダーウィニズムのおかげで過去を理解するための道具を獲得した。ちょうど新世界の地図をつくった探検家のように、人類学者たちは日本人の起源を語る近代的な地図をつくる旅に出たのだ。

高名な医者の息子、坪井正五郎はモースの一番弟子である。二二歳の坪井は、このころ地質学や生物学、社会科学の分野に起きていた大変化に関する膨大な知識を身につけていた。勉強会をつくり、週末には大学の近くで発掘調査を行って夜間には調査結果に関する議論を重ねた。コスモポリタン的な知識人でもあり、ロンドンの大学で人類学の泰斗、エドワード・バーネット・タイラーのもとで三年間学んでいる（タイラーはダーウィンの分類法に基づき、人類を分類した）。[※10] 坪井は帰国後、一般向けの雑誌に寄稿したり人類学や進化論に関する講演を各地で行うなどして、日本に新しい理論を紹介した。

西洋の生物学的な人種の概念は、この時代以前は存在しなかった。[※11] モースの論文「日本における古代人の形跡」が、日本にそれを適用した最初の例だ。明治以前の日本で身分や階級を決めていたものは血統ではなく、古くからの慣習だった。アジアの文化は何千年にもわたって中国の影響下におかれ、国の文明度は中国皇帝からどれだけ離れたところにあるかによって決まるという考えが根づいていた。例えば朝鮮は、中国の近くに位置していることが、日本に比べて自国の文明が進んでいることの証だととらえていた。だが坪井のような知識人の影響で、人種という概念は、それまでとは違う生物学的・科学的な意味合いを帯びていく。

坪井は日本人の起源を研究するにあたり、歴史人類学を積極的に用いた。ダーウィンの理論を使いつつ、文化は種と同様、不均一に進化するものだと論じた。いわく、一足飛びに前進して環境に順応する文化もあれば、孤立したまま、いつまでもひとつところに止まっているものもある。坪井によると、同時代のヨーロッパ人考古学者は、当時ニューギニア先住民が使っていた道具と石器時代人のつくった道具の類似点を指摘していた——つまり、これは古代文明の痕跡が現代の原始文化のなかに化石として残っているかもしれないことを意味する。西洋の学者が試みたのと同じ類比を、日本の学者が行えないはずはなかろう。坪井は、食人種説を唱えて反感を買ったモースが日本人類学の祖と言われていることに苛立ちを抱え、これからは日本人こそが日本人類学に取り組むべきだと思っていた。坪井は東大初の人類学教授に就任したとき、モースの標本を博物館から撤去し、日本人研究者が集めた〈これ以上のもの〉と入れ替えたとい

鳥居龍蔵（右から２番目）と坪井正五郎（１番右）（徳島県立鳥居龍蔵記念博物館）

う。坪井が思い描いた日本人類学とは自己完結的な社会科学であり、日本に住む日本の人々の歴史を、日本人の学者が研究するというものだった。〈研究の材料は身辺に堆積して居ます〉と坪井は書いている。〈我々は大なる人類学博物館中に在る〉

日本人とほかのアジア人とはどこが違うのか。肌の色で区別することはできなかったため、研究者たちは、両者の違いは日本が到達した「文明度」と関わりがあると論じた。ここでは人種の純血性に重きをおいていない。坪井も人種的多様性に価値を認めており、日本の人種的多様性と、イギリスにおけるアイルランド人とスコットランド人、イングランド人との混血を比較した。〈人種は純粋であるのが宜い、複雑なのは不利益だと云ふのは謬見である〉、さらには、〈混ざつて居ると云ふことは誠に仕合せであるといふことを云ひたいのであります〉と述べている。しかし日本にやってきた西洋の科学には、一九世紀の人種偏見が組み込まれていた。何より、「白人」は有色人種に比べて高い位置づけにあったし、肌の色と人の文明度のあいだには相関関係があると考えられていた。日本人が突き当たった問題、それは人種という西洋の概念を利用しつつ、世界の序列のなかで低い場所に押し込められずに済むことが可能かどうか、という問題だった。日本人は肌の白い西洋人と、肌の色が濃いアジアの隣人のどちらに近いのか。結局のところ、人種科学は諸刃の剣だった。だから日本人研究者の多くが生物学的な「人種」という言葉を「民族」と言い換えたのも、当然と言えば当然だろう。[※12]歴史と文化を共有する集団を指す民族という概念は人種よりも曖昧で、おかげで日本人は世界における自分たちの位置づけを戦略的にとらえ直すことができるようになったのである。

鳥居龍蔵は子供のころに『ペリー提督日本遠征記』（一八五六年）を読んで長い午後の時間を過ごし、開国したころの日本に思いを馳せたという。明治維新から二年を経た一八七〇年、四国に生まれた鳥居は、恵まれた子供時代を送った。たばこ問屋を営んでいた家には使用人が大勢いた。〈私は何不足なく買いたい物は買ってもらえた〉と、自伝『ある老学徒の手記』（一九五三年）のなかで、さらりと書いている。

明治時代の教師の多くは士族で、刀を書物に持ち替えた人々だった。とはいえその服装たるや、兵児帯に羽織袴、白足袋という具合で、小学校時代の鳥居の目に、それは日本に起きつつある大変動をまったくわかっていないしるしと映った。だからこうした教師の授業を、必ずと言っていいほど逃げ出した。一番好きな教師は進歩的な考えをする人で、暗記よりも経験を大事にしていた。天気のよい日には授業を学校近くの大滝山で行い、草木や川、周りに見える小高い山々を教材に、植物学と地理学を教えたという。自然の世界を探るだけで多くを学ぶことができるというのは、鳥居にとって大きな発見であり、喜びだった。その教師が土曜日に読み聞かせてくれた『ロビンソン・クルーソー』の冒険譚にも心を掻き立てられ、同じような冒険をすることを夢見たのだった。

鳥居龍蔵（徳島県立鳥居龍蔵記念博物館）

鳥居は九歳のときに学校をやめた。〈ある教師は私に学校卒業証を所持しないものは、生活はできないといわれたから、私はこれに反対し、むしろ家庭にあって静かに勉強して自己研磨して学問をする方が勝っていると自個説を主張した〉と自伝には書かれている。

鳥居は、サミュエル・スマイルズの『自助論』（一八五九年）に感化されていた。努力の重要性を説くいかにもヴィクトリア朝的な同書は、このころ日本で広く読まれていたのである。「人は誰しも、果たすべき素晴らしい使命と開発すべき貴い能力、全うすべき偉大な運命を有する」とスマイルズは唱える。「学ぶための手立て、大いなる天分を自由に伸ばすための手段は誰にでもある」鳥居の親は息子の決断を尊重し、日本で最初の和英辞典も含め、欲しい本はなんでも買い与えた。鳥居は午前中を家庭教師と過ごし、英語を教わった。午後には近所の遺跡で土器やいろいろな遺物を採集した。夜になると科学や歴史書、考古学の書物を読みあさり、自分の収集したものについて研究した。

ある日、『小学読本』の記述が目に止まった。人類を肌の色で分類した、挿絵つきの教科書である。冒頭に掲げられた文章が、世界観を一変させた。そこには、〈凡そ世界……の人類は五つに分れたり。亜細亜人種、欧羅巴人種、亜米利加人種、亜弗利加人種、馬来人種、日本人は亜細亜人種のうちなり〉とある。「欧羅巴人種」や「亜細亜人種」は知っていたが、それ以外にもいろいろな人種があるのだということに、鳥居は驚きを覚えた。〈世の中に人間は皆同じと思うていた〉からだ。人種とは何を意味するのか。そんな疑問にとらわれた鳥居は、近代世界のなかで日本人が拠りどころにすべき国民意識をつくりだすという、明治の人々が進めていた活動に飛び込んでいく。

一八九〇年九月、二〇歳のときに、四国から遠く離れた東京へと旅立った。四国にいたころから、鳥居は当時の科学の粋を集めた地質学や考古学分野の文献を読み、日本人類学の状況を把握していた。坪井が会長を務める東京人類学会の機関誌に、四国で行った調査についての論文も投稿している。そんな積極的なところに感心した坪井は、この青年を東京に呼び寄せ、人類学教室の標本整理の仕事を与えるなどして支えた。明治の若者らしく、鳥居は「都会熱」にうかされ、東京の街に魅了された。書店に通い、ドイツ語を学んだ。[※13]

東京人類学会の機関誌を近代的学術誌の中心的存在として学界に浸透させようと、坪井は実地調査に基づく論文のみを受けつけるという決まりを設け、象牙の塔にこもりきりの研究者が書いたような軽めの小論を受理しないことにした。[※14] 雑誌には、シベリアの最北端や遠い南太平洋の島など、世界各地での調査の報告が必ず掲載されていた。坪井は勇気ある探検家を求めていた。鳥居はそれに進んで応えようとし、日本のインディアナ・ジョーンズになった。冒険を記録した書籍は、ベストセラーになる。坪井と同様、鳥居も真のコスモポリタンだった。インカ帝国の遺跡を調査したこともあり、著書はフランス語に訳され、パリ学士院からパルム・アカデミーを授与された。人類学者としてはかなり早い時期に、フィールドワークの調査報告で写真を使っている。「異国の原住民」が写った写真を用い（鳥居自身が一緒に写っていることもしばしばあったが）、文章の内容を具体的に説明した。

坪井のもとで学んだ鳥居は、人種に対する強い関心を吐露している。〈文明とか人類の連帯性という見地から眺めると、明らかに不幸な状態であり、憐憫に値する〉と台湾の原住民について書いたうえで、〈しかし人類学者にとっては眼前に開かれている驚嘆すべき研究領域といえる。これらの原住民はいかなる人種に属するのであろうか〉と付け加える。フィールドワークに行く機会があれば必ず行き、ときにはモンゴル史の研究者でもあった妻のきみ子を伴った。大学からは給与を支給されていたが、新聞や雑誌にも寄稿し、多額の原稿料を得ただけでなく知名度も上げた。実際上も比喩的な意味でも、鳥居はその職業人生を通じて、日本の植民地主義が歩んだ道をなぞっていた。日本兵がどこかに行くと、いくらもしないうちにその地へ赴いている。日清戦争で日本が勝利を収めた一八九五年に中国へ渡っているし、満洲とモンゴルに行った一九〇五年には、日本軍がロシア軍を負かした地域で調査を行った。最初の朝鮮旅行をしたのは一九一一年、シベリアに初めて行ったのは一九一九年だ

鳥居龍蔵、1896 年（東京大学総合研究博物館）

が、いずれも日本軍による占領の直後である。

日本人の起源をめぐる議論はふたつの陣営に分かれていた。日本人は何千年にもわたって同じ場所で大きな変化を経験することなく住んでいた単一民族であるというのが、一方の側の説だ。もう一方は、朝鮮や中国といったアジアの人々から最もよい部分を受け継いだ混合民族であると主張していた。これらの説はいつも共存していたが、政治的環境によってどちらかが優位になった。明治政府の指導者が天皇への臣従を徹底するイデオロギーを考案したはじめのころは単一民族論がもてはやされ、日本帝国がアジアの隅々にまで拡大すると、日本人はアジアの雑多な民族の寄せ集めだという説のほうが妥当とされた。[※15]

混合民族論を唱える陣営のなかで最大の影響力をもっていたのが鳥居の発言である。満洲と朝鮮、インドシナ、インドネシアの先住民文化の最良の部分が混じり合って日本人になったのだと、鳥居は唱えていた。それを裏づけるものとして考古学上の証拠を示しただけでなく、同時代の日本人に大陸的な顔の人と南方的な目鼻立ちの人、縮れ毛の人がいることを指摘した。鳥居は雑多な文化を取り入れた石器時代の人々を「固有日本人」と名づけている。これはアイヌのあとに日本に来た人々で、金属器の製作、古墳の造成といった高度な風習を持ち込んだ混合民族を指す。[※16] そのなかで朝鮮は大事な役割を果たしていた。そして鳥居の活動においても、朝鮮は大きな存在だった。〈朝鮮と最も親しい関係がある〉という鳥居は、〈確にこれからは大陸と日本内地の中間地帯、中心地として文化や経済や物資などを輸入する、または迎入する所とならねばならぬ〉と述べている。また〈日本のいわゆる神代のころに神々が朝鮮を以て母の国と称えていた〉ことを根拠に、両者がひとつになることを支持した。一九三九年に発表した論文でも、〈本土と此処とは、今や畿内と九州や中国位の地理的区別となつたのである〉と論じる。また朝鮮人と日本人は〈よし父母あるいは兄弟姉妹の関係はなくとも、伯父・甥・姪・従兄弟ぐらいの関係は存在しているほどの類似点を持っている〉という。鳥居は両者の言語、物質文化、宗教、習慣の類似性を示す研究を紹介しながら、次のようにも述べている。〈朝鮮人は我が内地人と異人種でない、同一群に包含せらるべき同民族であります。これはもはや動かすべからざる人種学上、言語学上の事実であります〉[※17]

当時は混合民族論という思想が優勢だった。日本人はこの列島に渡ってきた複数の人種が混じったもので、その文化はほかの国の国民よりも優れている――つまり、アジア人のあいだには人種的類似性があるが、なかには日本人のように、ほかの国民よりも大きな進歩を遂げたものもある――と考えられていた。その進歩が日本の統治制度によってもたらされたのか文化的な能力のおかげなのかは明確にされていない。しかし、日本帝国が拡大してさらに多くの人種を抱え込むようになると、多くの類似点をもつ人々に対して日本人が植民地支配を行うことなどできるのかという問いが生じ、日本の人々は答えの手がかりを鳥居のような知識人に求めたのだった。

第3章　北朝鮮での再会

北朝鮮に来て二一カ月が経った一九八〇年五月、蓮池薫は初めてうれしい知らせを受けた。呼び出されて部屋に行くと、指導員たちがいた。いったい何があったのかと身構えていると、実は、一緒に拉致された祐木子も北朝鮮にいて、今は隣の部屋にいるのだと聞かされた。彼女に会いたいか。薫は「はい！」と即答したが、気持ちの高ぶりを相手に気取られたようで、ばつが悪かった。[※1]

祐木子をおいてきたという話は、薫に日本への未練を捨てさせるための策略だった。現状を受け入れざるをえないように仕向けたのだ。あとでわかったところによると、祐木子も薫と同じような教育を受けていたという。彼女もまた、この摩訶不思議な国で生きていけるのだろうかと不安を抱えながら、朝鮮語を習い、体制のイデオロギーを学んでいた。ふたりとも、自分は孤立無援だと思わされていたが、北朝鮮ではよくあるように、それは仕組まれた孤独にすぎず、薫たちは互いに一、二キロしか離れていないところに住んでいた。しかも同じ指導員が、ふたりのあいだを行き来していた……。いろいろなことがあったが、今は少なくともひとりは、自分の経験してきたことを理解できる相手がいる、そう感じた。

薫と祐木子が拉致されたころ、北朝鮮は拉致作戦を完成させていた。一九七〇年代にはこの国を出港する船舶という船舶が韓国の情報機関に探知されていたため、工作員は北東のオホーツク海に出てから日本方面へ引き返し、日本の漁船に紛れ込んでレーダーをかわしていた。国際水域に入ると、積載していた小舟をなかから出す。小舟は日本の漁船に偽装しており、海水を排出して、搭載する高速エンジンの存在を目立たなくしていた。

　拉致の具体的な手口は、海岸や公園から若い日本人カップルをさらって引き離し、北朝鮮に連れて行くというもの。孤独に追い込まれた拉致被害者の取り扱いは、その後の成り行きを大きく左右する。はじめに朝鮮語や政権のイデオロギーであるチュチェ思想を学ばせるが、一年半もすると被害者のなかに無力感が芽生えてくる。ことが計画どおりに運んだ場合は、被害者が完全な絶望状態に陥る一歩手前で梃入れをする。北朝鮮の絶対的な管理下におかれたことで、被害者はこの時点でおとなしく、従順になっている。複数のカップルに対してこうした手法が使われたが、パートナーがいるために当局に従わなかったり、ふたりで結託したり、ときには反撃する場合もあった。反対に、完全な孤立状態があまり長く続くと、それ以上に難しい問題が生じる。孤独はともすると鬱病を引き起こすためで、自ら命を絶った人もいる。だが孤独をコントロールしつつ、カップルを引き離し、訓練を施し、再会させれば、政権にとってはその後の選択肢が広がる。被害者たちは工作員や語学教員として国家のために働くようになるし、カップルの片割れを人質として使い、他方を脅したり、政権の意のま

蓮池（旧姓：奥土）祐木子（共同通信社）

まに操ることもできるだろう――北朝鮮では同様の戦略を、外交官やアスリートなど、海外に送り出す人員すべてに採用してきた。

　薫と祐木子は再会三日後に結婚した。「再会した日の朝に結婚したいくらいだった。待ちきれなかった」と薫は言う。北朝鮮の結婚式は欧米とは違って華美や豪華さとは無縁で、いたってさっぱりしている。新郎の薫は散髪して真新しいシャツとネクタイを着け、新婦の祐木子は花模様の簡素なドレスを着た。列席者は六人。薫と祐木子の指導員（生活全般を監視し、教育を担当する人）がひとり、指導員の上司にあたる党幹部がふたり、そして運転手と結婚式の料理係の女性、薫の髪を切った理容師。宝飾品は好ましくないとされているので、指輪の交換はない。列席者のなかで最も序列の高い人物が式の進行を司り、はじめに偉大なる指導者金日成（キム・イルソン）の名前を唱えた。次に薫と祐木子が、社会主義の楽園へ迎えられたこと、結婚の許しを得られたことに対する感謝を述べ、どこの家や事務所の壁にもかかっている偉大な指導者の肖像の前で深々とお辞儀をする。それから全員がグラスを手に「乾杯（コンベ）」と言い、朝鮮労働党の定番曲を歌った。家族や友人が祝ってくれる、自分たちの夢見ていた結婚式とはもちろん違うが、祝いごとに参加するのは、拉致されてから初めてのことだ。そして結婚は、未来に待ち受けているものがなんであれ、ふたりで一緒に乗り越えることを意味する。

　新生活を始める家は、北朝鮮の新婚夫婦が受け取る贈り物のなかで何より大切なものだ。私有財産は認められていないので、家は国家から供与されるが、奪われる恐れも常にある。蓮池夫妻が最初に住んだ家はピョンヤンから南へ車で一時間ほどのところにある平屋だった。瓦屋根の白い住宅で、間取りは２ＬＤＫで浴室はひとつ。家の裏には庭があり、しばらくすると薫は茄子や胡瓜、サンチュ、白菜、唐辛子などを栽培するようになった。種や肥料は近所にあった共同農場の人にたばこと交換してもらった。種まきの前に牛を手配して畑を耕しもしたが、そのほかは自分たちの手作業だった。北朝鮮に来たばかりのころはキムチで胃腸をこわしたが、次第に好きになった。伝統的な方法でキムチもつくった。白菜や唐辛子などを入れた甕を庭に埋め、発酵させた。

北朝鮮には「人民班」なるものがあり、二〇から四〇の世帯で構成されている。社会組織の最小単位で、班員の任務はお互いを監視すること。何かの行事の際に無償で労働する場合もある。班長は担当の分駐所員と協力して、班員の家族構成に変化がないか、国家の放送以外を受信できないようラジオやテレビがしかるべく改造されているかなどを確認する。また国家安全保衛部が情報提供者のネットワークを張り巡らせていて、一説によると、五〇人につきひとりの情報提供者がおり、総計三〇万人が活動しているという。[※2]薫と祐木子も、監視の気配のあるなしにかかわらず、注意は常に怠らなかった。

家はピョンヤン郊外に点在する一、二キロ四方の招待所区域にあった。招待所は居住者の自由を制限するとともに、煩わしい部外者を遮断している。その名称が暗に示しているのは、「招待」された人だけが入れるということ。「招待」されなければここに足を踏み入れてはいけないということは、暗黙のメッセージの読み方を熟知した北朝鮮の人なら誰にでもわかる。名称には婉曲な表現が使われているが、ここは見栄えをよくしただけの檻――広々として手入れの行き届いた秘密主義国家の監獄――なのだと、薫は思っていた。この地区にいた人々は、拉致被害者や工作員、外国語専門家といった奇妙な取り合わせで、その人たちの外国に関する知識は政権が練り上げた公式のストーリーを破綻させる危険性があった。住人が手荒に扱われることはない。それどころか、住環境や食生活については一般の人よりも恵まれていた。国外からの情報の流入を制御するため、北朝鮮は外国人にほとんどビザを与えないし、与えた者に対しても一週間以上の滞在を許さない。だから日本人拉致被害者は、将来日本に潜入する工作員に対し、「檻のなかの動物」の行動を観察する貴重な機会を与えていたことになる。

招待所区域は中央棟から扇状に住宅の列が広がっている。列のあいだには人工の小山があり、住人同士が自由に付き合うことはできない。通りの集まる中央地点に大きな建物があり、ここに会議や学習のための部屋が設けられている。月曜日は学習日とされているが、金日成の新政策が示される日や新年の辞が発表される日などと重なる場合は、何日間か連続して学習させられる。

薫は自分を拉致した人間のことは憎いと思っていたが、普通の人々のなかには優しさや人間らしさを見ることもあった。招待所で食事をつくってくれた管理員はたいてい五〇代の女性で、朝鮮戦争で夫を亡くした人である。アシスタントの接待員は二〇代の未婚女性が多い。この職に就けば労働党員になれるチャンスが増え、良縁を手にすることも不可能ではないので、接待員の仕事は人気がある。管理員の「キムおばあさん」は、ふさぎ込みがちだった薫に優しく接してくれた。絶望感と食べつけないもののせいで体重が減ったときには、味つけを按配してほうれん草の和え物や白菜漬けをつくり、肝臓を悪くし、薬も手に入らなかった際には、植物の根や葉を使って漢方薬を煎じてくれた。キムおばあさんは薫に家族と同じように信頼をおき、事故で夫を失ったことや、軍需工場で働いて三人の子供を育て上げたことなどを打ち明けた。週末に孫の顔を見にピョンヤンへ行き、お菓子や飴をやったという話をしては、薫の心をなごませた。まったくの孤立無援状態だった最初のころには、薫は時々、女性管理員たちと一緒に食事をとっている。ある晩、アルコールのせいで自制心を失い、薫は自分が日本から拉致されたことを話してしまった。片言の朝鮮語と身振り手振りを使って、殴られ、袋に入れられ、ボートに乗せられたことを説明した。指導員からは拉致のことを口外してはいけないと言われていたが、この人たちなら自分の苦しみをわかってくれるのではないかと思ったのだ。〈おばさんたちは最初信じられないような顔をしていたが、だんだん同情する様子を見せていた〉[※3]ほんの数人とのあいだにしろ、薫は絆を感じることができた。ところが翌週、国家機密を漏洩したと指導員から叱責された。同情していた女性管理員のうちの誰かが義務感に負けて、薫の軽率な行為を上司に報告したことは間違いない。北朝鮮では国家への忠誠が何よりも重んじられることを、薫は学びとった。

蓮池夫妻は週に二、三回、標準的な配給を受けていた。北朝鮮で飢饉が発生し、大勢が窮乏生活を強いられた一九九〇年代も変動はなかった。政権にとって、配給は社会を統制するための一手段である。小規模な農民市場で食料を手に入れることもできるし、個人農地で作物を育てる人もいるが、必需食料品（米や野菜、肉、魚）は基本的に食糧配給制度を通じて配分される。穀物配給量は職業によって違うが、労働者の場合は一日あたり七〇〇～八〇〇グラムで、高齢者は三〇〇～六〇〇グラム、子供は年齢に応じて一〇〇～五〇〇グラムとされている。白米が最も好まれるが、不足した場合は小麦やとうもろこし、粟などの雑穀が配られた。蓮池夫妻は政府機関の「従業員」だったので、一日当たり一〇ウォン相当の食費を充てられていた。市場で買い物をすることもできたが、値段は法外だった。白菜、胡瓜、茄子は安かったが、林檎や梨、肉は高価だった。運よく豚肉を入手できても、半分近くが脂身ということが多かった。物の豊かだった日本とは天と地ほどの差だが、それでも与えられたものには満足していた。普通の人に比べて自分たちがいかに恵まれているか、痛感することもあった。〈国民みんなが、あなたたちぐらいに食べられたら、共産主義社会は実現したといえるだろう〉とある人に言われ、薫は〈その言葉に、「特別待遇」されている私たちに対する妬みの響きを感じた〉という。

薫は家庭生活を少しでも心地よいものにしようと考えた。〈子どもの頃は、何の道具もなくても、また遊び相手がいなくても、一人で「遊び」を創って楽しんでいたものだ。それと同様、招待所生活でも、私は自分で「遊び」を創って遊んだ〉と、当時を振り返る。[※4]木の板を切って麻雀をつくり、やり方を妻に教えた。日本でゴルフをしたことはなかったが、招待所前の庭をきれいにし、パー5のロングホールがひとつだけのゴルフコースをつくった。ボールは木綿を丸めてボンドで塗り固めたもの。テレビで観戦したときの曖昧な記憶しかなく、ルールはうろ覚えながら、夢中になってプレーした。〈バカバカしいと思いつつも、「遊び」に飢えていた私には楽しくてたまらなかった〉ときには日本にいる自分を思い描く。招待所の窓から、生家の近くにあった砂山によく似た丘が見えた。柏崎にいたころは、その砂山に登って海を眺めたものだった。ピョンヤンには海がなく、自分でも馬鹿げているとは思ったが、〈あの丘に登ってみよう。きっと向うには海があるに違いない〉と考えるようになった。ある日薫は招待所を抜け出して丘のてっぺんまで登った。眼下に広がっていたのは、土埃の舞い上がる大地。〈だけど、不思議なことに自分の目で確かめたその後も、窓から見える丘の景色のむこうには、海があるような気がしてならなかった〉[※5]

蓮池夫妻にも、結婚後すぐに生活のリズムができていった。毎朝、各家庭や職場にあるスピーカーから聞こえて来る音で起こされる前に、祐木子は味噌汁〔テンジャンチゲ〕とご飯、卵料理、キムチという朝鮮風の朝食をつくった。薫は食後にジョギングし、同じような白い家が並ぶ通りを抜け、木々のあいだや丘を走った。何キロも走ったわけではない。数千メートルも行くと木の上にある鉄条網が視界に入ってくるからだ。

週に一回、近くにある中央棟の二階で映画が上映された。たいていは革命プロパガンダ一色の教育映画で、とくに薫が最初に観た作品は彼個人のために選ばれたものらしかった。『4・25チーム』は日本に遠征した北朝鮮のサッカーチームが傲慢な日本人のチームに連戦連勝するというまったく露骨な内容の映画だった。映画は人民に政権の意思を伝える主要なメディアのひとつで、どんなに小さい町にも映画館がある。〈映画芸術は、文学・芸術全般の発展にとって重要な位置をしめる芸術であり、革命と建設の強力な思想的武器となる〉と金正日（キム・ジョンイル）は『映画芸術論』（一九七三年）のなかで述べている。彼が最初に就任したポストが党中央委員会宣伝扇動部の指導員で、ここは映画その他のメディアを通じて人民に革命精神を吹き込むことを目的とする部門だった。当時最も人気のあった映画に『名もなき英雄たち』がある。全二〇部からなり、ストーリーは冷戦を軸に展開する。北朝鮮のスパイがアメリカの邪悪なＣＩＡエージェントと戦うという内容だが、チャールズ・ロバート・ジェンキンス（一九六〇年代に韓国から北朝鮮に越境し、のちに日本人拉致被害者と結婚した人物）が悪役のひとりを演じていた。『プルガサリ』（一九八五年）も人気の高い映画だ。メガホンをとったのは韓国の映画監督、申相玉（シン・サンオク）。一九七八年に、元妻で女優の崔銀姫（チエ・ウニ）（韓国のエリザベス・テイラーとして知られる）とともに金正日が拉致させた。自国の映画産業を活性化させようと考えた金正日は、申相玉と崔銀姫を（人質にとった）王族のように扱い、パーティーや晩餐会で接待し、ふたりはその見返りに映画を七本つくったという。テレビは政府系放送局の朝鮮中央放送と開城（ケソン）テレビがあり、放送は午後五時から一一時までだった。薫と祐木子は毎晩どちらかのニュースを視聴した。八時になるとニユースが終わり、映画が始まる。運がよければ停電に妨げられることなく最後まで観られるが、そうでなければ早めに床についた。

北朝鮮にいたころ、蓮池夫妻は転居を一〇回経験した。別の招待所区域に移動することもあれば、区域内を移動することもあった。引っ越しから一週間で別のところへ移った経験もあるし、一〇年間同じ場所に住み続けた経験もある。単純に住宅供給上の事情から引っ越しが決まるときもあれば、拉致被害者の存在を目立たせないようにする目的で、住民の少ないところへ移動させられるときもあった。日本で拉致問題が大きく報道されると、薫と祐木子は荷物をまとめて引っ越した。自分たちの要望や希望を当局に伝えることはなかった。政権は絶対的な権力を朝鮮公民に対して行使している。三五年間「天皇の赤子」として植民地支配下で暮らしていた朝鮮人の多くが強いられていたように、薫と祐木子は朝鮮公民として自分たちの願望を押し殺し、全能の偉大なる指導者金日成のために自らを捧げたのだった。

第4章　日鮮「同祖」論

西洋の帝国主義を研究するうちに、明治の知識人は世界の列強が植民地を保有していることに気づいた。[※1] 植民地の所有はその国を国際的で近代的なものに見せるステータスシンボルだった。一八七六年から一九一五年までのあいだに、西洋の半ダースほどの国が世界の四分の一を支配するまでになっている。[※2] 一九世紀当時は植民地主義が国際法で容認されており、日本は国境を拡張するに際し、法手続きに違反することのないよう注意を払っていた。[※3] また、西洋の植民者と自分たちとを周到に区別し、西洋人を権力欲と金銭欲に駆られてやってきただけの邪魔者として扱った。それにひきかえ日本人は、西洋からアジアを守る義務を負った統率者であって、征服者ではないという。世界の歴史を眺めても、自国民と民族的に類似した民を従属させた国は――ウェールズやスコットランド、アイルランドを合併したイングランドの例は知られていたが――きわめて少ない。日本流の植民地主義は、誕生のときから特異な性質をもっていた。日本の汎アジア的な政治レトリックを支えていたのは「日鮮同祖論」である。日本の国境拡張に合理的妥当性を与えるべく、考古学と人類学という新しい科学を混ぜ合わせてつくり上げた理論だ。確かに、近代それ自体を旗印にする国の軍隊から攻撃されて、おのれを守ることのできる国など、当時はほとんどなかったろう。とくに、完璧で多様性のある日本人という鳥居龍蔵の分析――アジア人のもつ最良の部分を総合した「固有日本人」という概念――は国境拡張の活動に知的な粉飾を施すことになった。この考えの根底には、自然淘汰によってつくられた人々の国だからこそ日本は優れているという含みがある。日本は最初に中国を打ち負かし（一八九五年）、講和条約によって、日本の台湾獲得と冊封体制からの朝鮮の離脱が決まった。日本はヨーロッパで最大の軍隊を擁していたロシアも屈服させ（一九〇五年）、近代国家としての評価を高めた。非白人国が白人国に戦勝を収めた例は過去になく、まさにダーウィンが唱える「適者生存論」のとおりであると、日本のみならずアジア全域で喜びをもって受け止められた。

日本が西洋から学んだことは、ほかにもある。近代国家は歴史研究や考古学調査への資金投入、博物館での遺跡の展示などを通じて、国家の過去を「体系化する」ということだ。[※4] 帝国の歴史を組み立てていた明治政府はそれを記録に残すべく、一八九五年を皮切りに、人類学者や考古学者を数十人単位でアジア各地に送り込むようになった。鳥居龍蔵は、〈一般の人種学、民族学の中より殊に特別に東洋人種学、東洋民族学を我が国に設くるの必要を、最も感じて来た……日本は今や昔日の日本でなくして、既に学術上最も面白味ある殖民地の諸民族を有す〉と述べている。[※5] 手始めに、朝鮮に関する全三六巻の叢書〔朝鮮史編修会『朝鮮史』〕が刊行された。これは日本で初めて書かれた朝鮮の通史だが、そこでは朝鮮の過去が東洋史という日本の新しい枠組みのなかに取り込まれていた。人類学者の朝鮮半島に対する関心は種々様々の多岐に及んでいたが、学者たちは二重の役割を果たしていたと言える。ひとつは歴史の記録を保存することだが、もうひとつはもっと実際的なこと――植民地の行政官を悩ませることになる文化や習慣を記録するという役割である。

かつては、朝鮮が「王政復古した」明治天皇を中国皇帝と対等な存在と認めなかったことが日朝間でひとつの火種になった。中国の意向を考慮して行動することを何百年にもわたって続けていた朝鮮の王室には、ふたりの皇帝がいる世界を想像できなかった。日本からの使者を幾度も冷遇したのはそのためだったが、日本はそれを外交上の口実にして、朝鮮を開国させようとする。

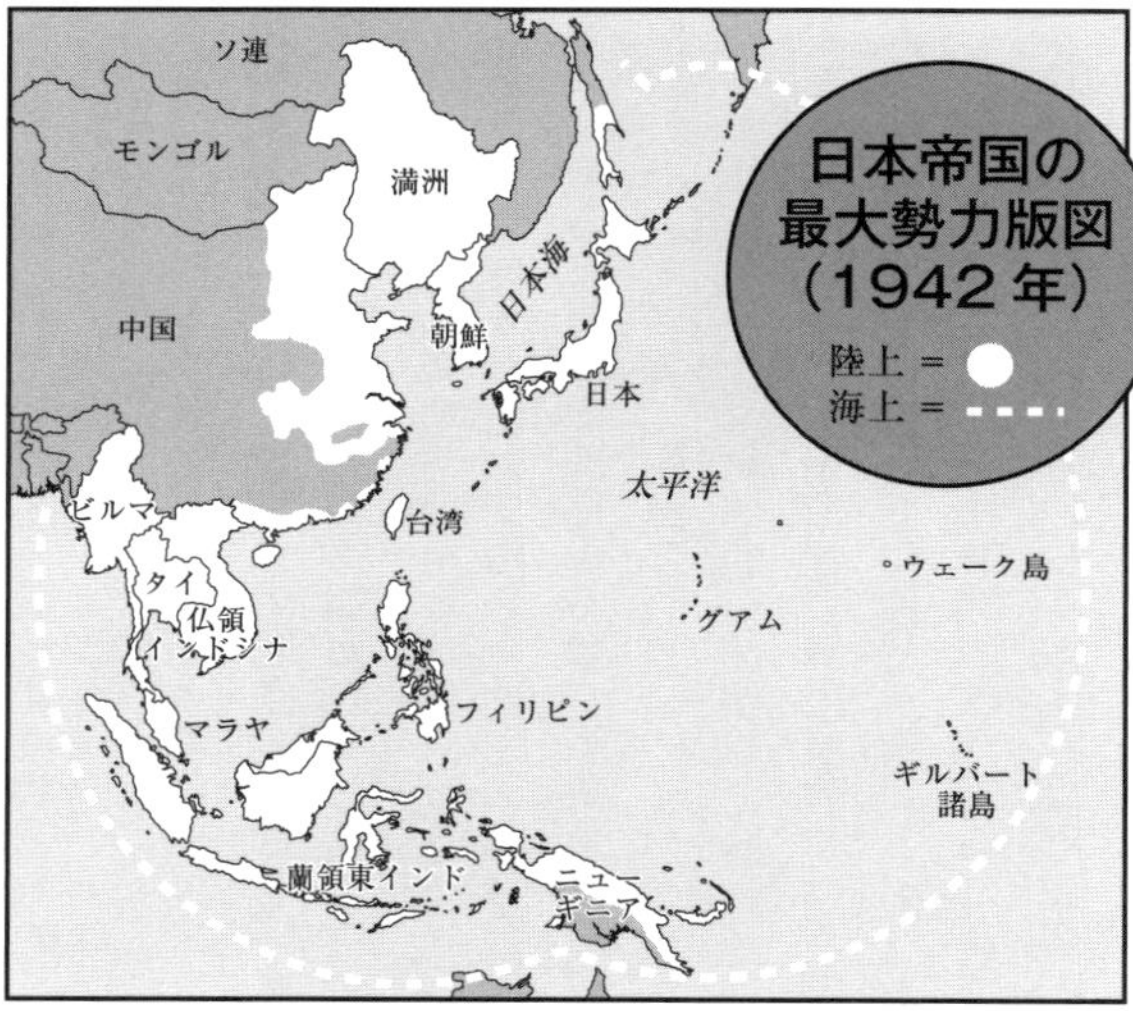

一八七五年九月二〇日、日本は小さな軍艦、雲揚号をソウル〔漢城（ハンソン）〕の西方約五〇キロの場所にある江華島に停泊させた。朝鮮人は日本側に砲撃を加えたが、これは国際法に基づく防衛行動だった。しかし朝鮮側は近代的装備を整えていた日本側にあっさりと敗北を喫する。その後、日朝修好条規が締結され、二〇年近く前にアメリカが日本に強制したのと同じ条件を朝鮮は押しつけられる。開国を強いられたのだった。

それは緩慢な植民地化の始まりだった。日本は一九〇五年に日韓保護条約を締結、朝鮮に統監府をおいた。翌年には公式な地図上で朝鮮を日本統治下の地域として表示することをアメリカに約束させている。一九〇七年には朝鮮王の高宗（コジョン）が退位し、軍隊が解散させられた。そして一九一〇年八月二九日、日本は公式に朝鮮を併合する。列強は、朝鮮についての日本の説明を受け入れた。朝鮮は腐敗し、失政を重ねている。自治能力を失っているこの国にとって、日本の監督下に入ることは益になる、と日本は主張していた。日本人は朝鮮の指導者（無能で腐敗している）と朝鮮の民衆（潜在能力の豊かな原日本人）とを巧みに区別し、朝鮮は日本帝国の一部となることによって栄えるのだという立場をとった。朝鮮を「新領土」に分類し、併合については地図への追加と説明した。併合の真の性質を覆い隠す婉曲表現と言える。[※6]

朝鮮の併合はやむをえないというのが、日本のメディアの論調だった。『大阪朝日新聞』は「日韓合併は自然なり」との見出しを掲げ、〈日韓両国人が同種に出でたりや否やは未だ定論にあらずと雖も、其頗る密接なる関係あるは、歴史上人類学上言語学上より見て確なり〉と主張。[※7] 日本社会の最高位にいた人々にも、朝鮮との強いつながりがあるとされた。『太陽』一九一〇年一一月号は古代朝鮮と日本の皇室との生物学的つながりに触れている。「朝鮮人の血は多くの貴族にも流れており、皇族とて例外ではない」[※8] 宗教家の海老名弾正（だんじょう）は、朝鮮人が日本に抵抗するのは〈開国当時の日本人が西洋人を睨み付けて通つたと同様である〉と断じた。歴史家の久米邦武は、〈合併に非ず復古なり〉という簡潔な表現で、日本は朝鮮を救うために自国の近代化経験を再現したのだと述べている。[※9]

純粋で素朴だった古（いにしえ）の日本のような理想郷として朝鮮半島をとらえている人々は、併合に賛意をあらわした。[※10] 朝鮮は骨の髄まで西洋化された日本人にとっての解毒剤なのだった。郷愁を売り物にしたパックツアーに参加して、鳥居龍蔵のような探検家たちが発見した遺跡や寺院を訪れる人々もいた。一九〇六年に訪れた新渡戸稲造は、〈予は千年の古へ、神代の昔に還りて生活するが如きの感をなす〉と述べている。朝鮮は「帝国のなかで気候が最も快適」で、夏の避暑地に最適な場所としてもてはやされた。[※11] 一九一〇年になると朝鮮についての旅行ガイドブックや旅行記などが次々に出版され、朝鮮は拡大する多文化帝国について理解を深めたい日本人が目指すべき場所となった。あるパンフレットには、〈鉄道からかけ離れた地方でも、今では大抵の所へは内地同様、自動車が行渡つてゐるから、先づ朝鮮内の旅行には交通機関其他総て内地同様に開けておるものと思つて少しも差支ない〉と書かれている[※12]。

日本の苛烈な支配は朝鮮から有形無形の資源を奪ったが、一方では残酷なまでに顕著な効果をあげた。しかし自国の目的のために朝鮮文化を搾取するような日本の行動の多くは、日韓・日朝関係と韓国・朝鮮人の民族意識に何よりも深刻な影響を及ぼした。多くの朝鮮人の目に、近代化を推し進める明治日本はまぶしく映っていた。近代主義的なレトリックのなかに植民地主義的なレトリックが編み込まれていたせいで、強烈な民族意識をもつ朝鮮人にとってすら日本による支配を全否定することは難しかった。「侵略および搾取と同時に、驚異的な発展も見られた。そして実践を通じた学習も。教育や軍、政治、経済を近代化することは可能であるということが、経験によって学びとられていった」と歴史家のブルース・カミングスは言う。「つまり日本人は愛憎葛藤を植えつけ、それは今にいたるまで韓国・朝鮮人の民族意識を蝕み続けている[※13]」

日本は朝鮮併合後、もっぱら武力に基づく支配を続けていたが、およそ一〇年を経た一九一九年三月一日、二〇〇万の朝鮮人が民族独立を求める抵抗運動を起こした。日本軍は武力をもって鎮圧したものの、行動の根底に朝鮮人の情熱を見た政府は、武断政治には効果がないことを悟った。

一九二〇年から三〇年代半ばにかけて、日本は朝鮮支配を幾分か緩和した。朝鮮人を厳しく統制しつつ、制限つきで表現の自由を与えたのだ。朝鮮の文化は被征服民族の文化というより、少数民族の下位文化のように扱われた——例えば朝鮮語は、日本語の「方言」として扱われている。日本はひたすら暴力の脅しに頼るのではなく（暴力を用いる可能性は常に残されていたものの）、朝鮮人の誇りを奪い去る代わりに、自分たちの都合のいいように使った。[※14] 民族意識と国民意識の関係が曖昧であることを利用し、知的活動の領域で朝鮮人に民族の誇りと日本に対する愛国心とを同時に実感させる、というようなことを可能にしたのだった。[※15]

一九三〇年代終盤から四五年にいたる期間は、植民地支配が苛烈を極めた時期として記憶されている。日本は朝鮮人の同化を加速、日本語を強要し、日本名を使用させ、神社を参拝させた。朝鮮人男性の一部は日本の工場や鉱山で働かされ、女性の一部は日本軍のために「慰安婦」という性奴隷にされた。

しかし、日本統治下で遅れた封建制から二〇世紀的資本主義へと朝鮮経済が飛躍的な変化を遂げたことを朝鮮人に理解させるのに、策略や強制を用いる必要はなかった。農村が都市化するのと並行して、鉄道や鉱山、工場が建設されていった。近代的な農業技術と新しい化学肥料のおかげで米の生産量が増加している。死亡率は下がり、識字率は上がった。[※16] 植民地臣民にも日本国籍が与えられ、（制限つきではあったものの）日本生まれの日本人と同じ権利を享受できるようになった。[※17] 一九二〇年には内地に住む朝鮮人に参政権が付与された。[※18] 日本人と朝鮮人の結婚も奨励された。朝鮮の英親王李垠（イ・ウン）と日本の梨本宮方子の結婚は広く知られている。

改革が行われたことで、同化された朝鮮人からなる新しい階級が誕生した。教育を受け都市に住むこうした人々は数こそ少なかったが、日本統治下でも立身出世は（簡単ではないにしろ）可能であることを示す証人だった。出世の機会が増えたのは、戦争動員によって以前よりも多くの朝鮮人が体制のさまざまなレベルに参入するようになったからにほかならない。[※19] 出世のルートとして高い人気があったのは警察と軍隊で、一九四三年には朝鮮の警察官の三分の一を朝鮮人が占めていた。[※20] 二二万の朝鮮人が帝国陸海軍で戦い、勇猛果敢な兵士という評価を勝ち取っている。人種隔離が行われていたアメリカ軍とは異なり、日本軍は朝鮮人を将官など、日本兵を指揮する立場に据えることもあった。[※21] 金日成（キム・イルソン）の弟も中国で日本兵のために通訳をしていたし、[※22] 朴正熙（パク・チョンヒ）（韓国の元大統領）も、満洲国軍に奉職する際、〈日本人として恥ぢざるだけの精神と気魄とを以て一死御奉公の堅い決心でございます、しつかりやります、命のつゞく限り忠誠を尽す覚悟でございます〉と誓っている。[※23] 日本人が朝鮮人の市民的・政治的・文化的活動に許容範囲の枠をはめていたことから、半島に住んでいた朝鮮人は皆、普通に生活するだけで「親日行為（コラボレート）をする」ことになった。他の権威主義国家、例えば今日の北朝鮮で暮らす人々と同じく、選択肢はほとんどなかったのだ。

第二次世界大戦末期には、四〇〇万人の朝鮮人が母国外に、また（軍人、民間人合わせて）一〇〇万人の日本人が朝鮮に住んでいた。[※24] 日本帝国がアジアの混合民族国になったのは、まさに帝国の活動が瓦解したときだった。そして帝国が瓦解したことで、日本人の国民意識に関する新しい理論が求められるようになる。日鮮同祖論のひとつの役割が日本を植民地と結びつけることだったのだとしたら、それを剝ぎ取られた戦後日本にとって、この理論はもはや意味をなさない。歴史学的・考古学的記録に照らして見れば日鮮同祖論も大枠では肯定できるものの、当時の政治状況は、かつてほど攻撃的でなく、野心的でない日本という新しい物語を必要としていた。それからほどなくして、日本の知識人は、鳥居の理論が不人気になったことでできた空白を埋めていく。

一九四八年、明石市付近で発見されたという人骨（寛骨（かんこつ））に関する論文を、長谷部言人（ことんど）（元東京帝国大学人類学科主任教授、のちに日本人類学会会長）が発表した。[※25]「明石市附近西八木最新世前期堆積出土人類腰骨（石膏型）の原始性に就いて」という論文で、長谷部はこの人骨をジャワ原人や北京原人と同じ段階のホモ・エレクトゥスのものとし、明石原人と命名。[※26]長谷部の考えによれば、明石原人は日本列島に石器時代から人類がいたこと、その形質は現代とまっすぐにつながっていることを示すものだった。戦後の社会学者は明石原人の発見により、混合民族帝国の日本という機能不全の軍国主義的物語を新しいものに取り替えるための第一歩を踏み出すことができた。長谷部は自説を発展させ、一九四九年に「新日本史講座」の一冊として『日本民族の成立』を上梓している。

戦争に疲れ、帝国を疎ましいものと思っている人々にとって、単一民族という静的な日本人像はすこぶる心地よいものだ。この理論枠組みはたちまちのうちに絶大な影響力を獲得し、日本人論を活発化させた。思想家や歴史家、心理学者らが日本の文化的特徴を分析した。そこで前提にされていたのは、日本は平和を愛する農民や漁民からなる国で、人々は外国人との接触からも大きな影響を受けることなく、ずっと孤島に住んでいたという考えだった。一九四五年以前に鳥居を支持し、混合民族論や日鮮同祖論を唱えていた学者は片隅に追いやられ、弱小大学の教壇に立つはめに陥った。[※27]

戦後の朝鮮で南北の考えに一致が見られるとすれば、それは「朝鮮半島には純粋なる朝鮮人がずっと住んでいた」という一点に限られるのかもしれない。人種的純粋性のレトリックが消えずに残った理由の一端は、双方がナショナリズムの政治をあおったことにある。どちらが純粋な「朝鮮らしさ」を体現しているかをめぐって争う南北朝鮮は、相手に対抗するためにナショナリズムを利用している。そしていずれもが、日本の同化政策という過去の清算を目指している。[※28]

純粋なる朝鮮に日本が残した汚点を消し去ろうという試みは現代も続く。韓国は二〇〇四年になるまで日本のＣＤやＤＶＤの輸入を禁じていたし、二〇〇五年に設置した「真実和解のための過去史整理委員会」は、一世紀近く昔に親日行為を働いた朝鮮人のリストを完成させることを任務のひとつにしている。研究者のＢ・Ｒ・マイヤーズはこう指摘する。「かつて日本人に導かれて世界で最も純粋な人種集団に引き入れられた朝鮮人が、一九四五年になると、そこから日本人を叩き出した」[※29]

二〇〇一年一二月、天皇は誕生日の会見のなかで、〈私自身としては、桓武天皇の生母が百済の武寧王の子孫であると、続日本紀に記されていることに、韓国とのゆかりを感じています〉と述べ、自身の先祖に朝鮮人がいるとの認識を示した。儒教や仏教、宮廷音楽などさまざまなものが朝鮮半島を通じて日本文化に伝わったことに触れるなかで、天皇はこのようにも述べている。〈こうした文化や技術が、日本の人々の熱意と韓国の人々の友好的態度によって日本にもたらされたことは、幸いなことだったと思います〉天皇はこの記者会見で日本を取り巻くさまざまな状況について語り、記者たちは的確な形で記事にまとめた。ところが皇室の先祖と朝鮮との関連に関する発言は、『朝日新聞』の簡単な報道を除けば、記事にされることはまったくなかった。日本と朝鮮が先祖を同じくするという考えは帝国時代の日本の野望とあまりにも強く結びついているので、左翼も右翼も思い出したくなかったのだろう。韓国と理想を共有し、関係を改善しようという天皇の試みは無視された。

第5章　北朝鮮での生活

生き残るためには朝鮮語を学ばねばならないと、蓮池薫は拉致されて間もないころに思いいたった。子供の時分から優等生だった薫は、自ら進んでハングルの暗記に取り組み、学習用の機器も会話の練習相手もないなかで勉強した。語学教師役を兼任する指導員もひとりいたが、薫はほとんど独学で朝鮮語を覚えたという。教材は、金日成総合大学の留学生——ごくわずかだが、交換留学制度でソ連や東欧などの共産圏から来ていた——のためにつくられた教科書。勉強に没頭すると辛い現実を忘れられたし、日本語と朝鮮語の構造が似ていることは、大きな発見だった。九カ月もすると、辞書を引きながら労働党の機関紙『労働新聞』を読めるまでになった。記事は日本で読んだこともないようなもので、金日成(キム・イルソン)に対する賞賛のあいだに、韓国や日本、アメリカを糾弾する文言がちりばめられていた。いつも北朝鮮に賛辞を送ってくれる共産主義国の首脳のことは好意的に書かれている一方で、それ以外の国々は、北朝鮮に敵意をもつ危険な場所、善良で純真な朝鮮の民を経済制裁や軍事的脅威をもって屈服させようとする勢力として描かれていた。[※1]

薫は指導員から日記をつけるように言われていた。指導員は日記を読んで修正を指示することになっていたが、いくらもしないうちに、それは語学力を伸ばすためではなく、思想を知るためであることがわかった。なんでも好きなことを「自由に」書いていいと言われたが、薫にはその言葉が引っかかった。実のところ、北朝鮮では自由という言葉を、負の意味合いを込めて使っている。自由民主主義などの言葉も、米軍国主義を支える敵対的思想をあらわすものとされている。常に監視の目にさらされていた薫は、自分が手にしているごくわずかな自由を大事に思っていた。考える自由もそうだ。だから自分を拉致した者たちに、心の奥底までは覗かせまいと意志を固めた。〈本心を知られまいと〉自分の家族や故郷のことには触れないようにしたという。結果、日記は小学生の宿題のようなものに仕上がった（〈朝六時に起きて運動をし、朝食後九時から学習をし……〉）。[※2]

指導員から〈もっと他に書くことはないのか〉と言われ、〈ここの生活は毎日同じじゃないですか？〉と、薫はできるだけやんわりと反論した。指導員はその率直な反応に少し驚いたようだったが、〈それもそうか〉という顔をした。のちには政府の開発事業など、北朝鮮の人々が得意に思っていることがらにも触れるようになったが（〈北朝鮮のダム建設はすごい規模だと思った〉など）、そうすると指導員は安堵したような表情を見せるのだった。再教育の成果として、上司に示すことができるからだろう。この指導員は大きな機械の歯車にすぎず、北朝鮮の人間なら誰しもそうであるように、マイナス評価を受けるのが怖いだけなのだと薫は思った。拉致されたばかりのころは、北朝鮮の人間をすべて悪人のように考えていたが、人間らしいところのある人と、虎の威を借り、祖父の代の日本人がなしたことに対する腹いせを薫個人にしようとする狐とを分けて考えるようになった。

はじめにあてがわれた指導員は植民地時代に日本語を学んだという人物で、海外で暮らした経験もあり、外の世界のことを知っていた。日本の文化に関し、自分のもてる知識を動員して、薫の心をまがりなりにも理解しようとした。しかし後任者はずっと若く、どう見ても外国に行った経験はなさそうだった。厳格な共産主義しか知らないような人間で、言うことも原理原則の一点張り。〈拉致されてきたことはとても恥ずかしいことだ。だから、他人に一切口外してはいけない〉と、その人物は初対面の薫に言った。[※3]殴りたい衝動をぐっとこらえる薫。〈拉致されたのが恥ずかしいなら、拉致したことはいったいどうなるのだ?〉と思ったが、口には出さなかった。何カ月も政治教育を受けるうちに、この無知な指導員の陰険で傲慢な面も見えてきた。あるときなどは、こんなことを言い放ったという。〈おれが、あんたの古い思想をきれいに洗い落としてやる。そしてチュチェ型の革命家に生まれ変わらせてやる〉

薫もこの種の戯言には免疫ができたが、話が個人的なことになると黙ってはいられなかった。例えば、〈日本にいるとき何度泥棒したことがある?〉と尋ねられたこともある。

〈泥棒だなんて、したためしがありませんよ〉と薫。

〈そうかい? 資本主義社会では、みんなが泥棒をやっているっていうじゃないか?〉それが指導員の返答だった。外の世界について、まるで漫画のようなイメージをもっている。プロパガンダ一色の教科書しか学校で読んでいないからに違いなかった。

〈朝鮮にはひとりも泥棒がいないっていうんですか?〉と薫は皮肉を込めたが、〈いるわけがない〉と相手は返す。

怒りが込み上げたが、朝鮮語をうまく操れなかったため、自分の考えを伝えることができなかった。だが、武器がひとつ残されていた。薫は日記にこのやりとりを詳細に記し、こういう聞く耳をもたない人の指導を受けていると北朝鮮を敬うことも難しくなる、とあてこすった。日記を読む指導員の顔が恐怖で蒼白になる。このページを廃棄するよう懇願してきたので、薫はそうした。これを最後に、この指導員は薫や日本人を侮辱するようなことを言わなくなる。

招待所の住人は週に一回行われる「生活総括」で思想の健全性を点検されていた。全員が自分の反省すべき点をほかの人の前で発表するのである。自分の悪いところについてはっきり語ることは、北朝鮮では美徳とされている。毎回、自己批判で始まり、それに対するほかの人の意見が続く。日記の場合と同じように、薫は総括にふさわしい題材を探すのに苦労したが、同士愛、学習、仕事など、いくつかのよさそうな題材を使い回し、本筋から外れた瑣末なことをくだくだしく語ることを思いついた。だが半ば個人的な日記とは違い、公の場で何カ月にもわたって表面的な反省の言葉ばかり述べていると、もっと正直に話したいという衝動が沸き起こる。そうすることで他人に自分の正直さを知ってもらい、あるいは信頼を得ることができるかもしれないと感じる。薫もまた、妻への愛のほかに、確固たる何かを自分の数奇な人生のなかに求めた。日本で得ることができないのなら、ここで手に入れればいいではないか。政権は薫が大切にしていたものを周到に奪ってゆき、好ましい思考習慣へと転換しようとしていた。〈党が求めているのは、自分の思想的病巣をさらけ出〉すことだった。薫はやや個人的な題材を取り上げるようになったが、ある日親切な人が助言をくれた。〈生活総括では、差しさわりのないことだけを取り上げろ。人に知られていない自分の過ちや、組織に問題視されるような内容をわざわざ持ち出して自分の首を絞める必要はない〉

北朝鮮に拉致されたころの薫はこれといった政治観の持ち主でもなかった。法律の勉強も、役に立つ知識を身につけるという意味合いが日本では多分に強い。だから北朝鮮の当局者が思想的・哲学的な議論を持ち出してきたとき、薫には相手に反駁するのに十分な理論武装ができていなかった。頭はよかったが、とくに思索的なタイプでもなく、哲学がもつ本当の意味はわかっていなかった。「世界を観察するためには哲学が必要なのだということを教わった。確かにそのとおりだと思えた。哲学は役に立つことがわかってきた。そのときは学生だったので、北朝鮮のチュチェ思想とはどんなものなのだろうと興味を覚えた。第一、当局の側にはチュチェ思想以外、何もなかったのだし」[※4]と薫は述懐する。

英語で「self-reliance」（自立）と訳されることの多いチュチェ思想は変幻自在な理念の集合で、その内容は北朝鮮の歴史のなかで政権の必要に応じて変化してきた。言葉自体が登場したのは一九世紀末で、そのときは「subject」をあらわす和製漢語（「主体」）だった。二〇世紀前半に民族自決や日本からの独立を求める朝鮮人ナショナリストがこの言葉を使ったことで、広く通用するにいたる。金日成は自決権という西洋の概念を中国語の翻訳で学んだ。「チュチェ」という言葉を初めて使ったのが一九五五年の演説、「思想活動において教条主義と形式主義を退治して主体を確立するために」である。ここでチュチェは、スターリン思想を創造的に応用したもの、当時の朝鮮に最も適した形でマルクス主義を解釈したものとされている。〈われわれは、あるよその国の革命をしているのではなくまさに朝鮮の革命を行なっているのである〉と金日成は主張する。一九七〇年代はじめごろには、チュチェについて書かれた金日成の文章を子供たちに暗記させ、成績のよい子は表彰したという。[※5]一九七二年憲法では、ほかの理念がいっさい排除され、チュチェは国家の公式な「指導思想」となった。この思想はほどなく金日成と等号で結ばれるまでになった。事実、息子の金正日（キム・ジョンイル）も「チュチェ思想について」という一九八二年の論文のなかで、こう述べている。〈チュチェ思想は、金日成主席の深奥かつ多面的な思想・理論活動のとうとい結実であり、チュチェ思想の創始はその革命業績のうちで最も輝かしい地位を占めています〉

一九七〇年代の平和な日本から来た薫は、北朝鮮の人にとって戦争が日常的な話題であることに驚きを覚えた。戦争は薫にとって他人事だった。子供のころにはヴェトナム戦争の映像をテレビで見て、日本に飛び火しないかと恐怖に震えたものだった。親の世代は戦争を経験し、少し上の世代は反戦運動をしたが、薫の世代は戦争を話題にすることさえ避けていた。その多くは政治に関心をもたなかった。無気力・無関心・無責任のいわゆる「三無主義」である。受け身の姿勢と平和主義が時代を覆っていた。薫自身も、〈日に日に豊かになっていく生活のなか、音楽やファッションなど自分の好きなことだけに興味を示し〉ていた。※6

しかし北朝鮮では、戦争は避けられないものと考えられていた。アメリカと韓国が合同軍事演習を行う毎年春には国全体に危機感が漂い、毎日のように灯火管制がしかれ、避難訓練が行われた。こうしたものが特定の時期だけに行われるのであれば薫もさして悩まされることはなかったのかもしれないが、北朝鮮の日常生活には軍国主義的な雰囲気が充満していた。現代でも戦争を思わせる表現がいたる場面で使われている。工場では労働者が生産目標達成のために「戦闘」を行うし、生徒は戦争を題材にした算数の問題を解き（〈人民軍の勇敢なおじさんたちは最初の戦いでアメリカ帝国主義者どもを二六五人やっつけました……〉）、大量の死者を出した一九九〇年代の飢饉は「苦難の行軍」と呼ばれる。※7『血の海』や『世に燃えあがる炎』、『正義の戦い』などの映画にもあらわれているように、北朝鮮の大衆文化も戦争の色に染まっている。国営テレビ局は毎晩、朝鮮戦争や金日成の抗日闘争を描いた映画を放映する。朝鮮戦争で従軍した人の家族は、戦歴がどんなに貧弱であろうと、社会で高い地位に就いている。男性は皆、一〇年の兵役が義務づけられている。そのようなわけで、薫は周りの人から戦争体験を延々と聞かされることがあった。朝鮮戦争で従軍したというある人は、砲撃を受けて吹き飛ばされた戦友の内臓が木にぶら下がっているのを見たという。もうひとりは対空砲で搭乗機を撃墜された米軍のパイロットのことを話した。米兵は安全のためパラシュートを使って着陸したにもかかわらず、北朝鮮の兵士にその場で射殺された（戦争捕虜は司令部に護送しなければならなかったのだが）。薫の周りでは射撃訓練や軍用機、戦車、自動小銃の音が響いていた。問題は戦争が起きるかどうかではなく、いつ起きるかなのだった。〈必ずもう一度、われわれはアメリカと戦争することになります。その日のために準備しましょう〉とは「祖国解放戦争勝利記念館」の女性講師の発言である。

北朝鮮で語られる話とは、端的に言えば戦争――この国の建国者にして保護者である「永遠の主席」、金日成による終わりなき戦い――の話だ。この物語は歴史のなかに深く根を張っている。北朝鮮の公式史によると、金日成の祖父は一八六六年に、朝鮮開国を要求した武装船ジェネラル・シャーマン号を撃退する戦いに身を投じている。そして祖父と父は日本と勇敢に戦った人物と言われる。金日成は一九一二年四月一五日にピョンヤンで生まれた。信仰にあついキリスト者一家の長男で、弟がふたりいた。ピョンヤンはかつて教会の多さから東洋のエルサレムと呼ばれ、この地の信徒は強い信仰を胸に、激しい抗日闘争を繰り広げていた。説教師をしていた叔父もやはり抗日運動に加わっていたが、警察に逮捕され獄死している。一九一九年、金日成七歳のとき、一家は満洲に移住。金日成はその後のおよそ二一年を満洲で過ごすことになる。一七歳だった一九二九年に共産党の地元青年組織に参加して逮捕され、短期間だが投獄された（学校も退学）。一九三五年には、傀儡国家満洲国を拠点に抗日闘争を行う中国共産党指導下のパルチザン組織、東北抗日連軍に参加。長年にわたる満洲暮らしで培った中国語力のおかげもあって、軍内で頭角をあらわした。また着実に戦果を重ねたとも言われ、最終的には三〇〇人の朝鮮人兵士を率いる指揮官となった。

朝鮮に対する愛と日本に対する憎しみによって結びついていた兵士たちは、金日成の新しい家族となった（のちには側近集団として権力の掌握と維持に手を貸すことになる）。人数が少なかったために、規模にまさり装備の整った日本軍と正面から戦うことは自殺行為に等しかった。そのため金日成の部隊は一撃離脱戦法を用いて村々から金品を「解放し」、戦列に加わるよう若者たちに要求した。新兵に対しては共産主義の素晴らしさを語り、いつか朝鮮全土を解放すると誓ったという。[※8] 日本軍は遊撃隊指揮官に対する徹底的な追跡作戦と、情報を提供した捕虜の免責という二本の刀を使い分けていた。その結果、遊撃隊員のなかに一種の偏執症と猜疑心が生まれ、仲間のあいだに亀裂が走った。金日成は対敵協力者と目した相手を容赦なく切り捨て、その名を知られるようになる。[※9]

金日成と金正淑（ＡＰ／アフロ）

金日成たちによる活動のなかで最もよく知られているのが、普天堡（ポチョンボ）という朝鮮の町での戦闘である。一九三七年六月四日に日本の警察の駐在所を襲撃して警部を含む七人の警察官を殺害、駐在所に火を放った。日本軍を手こずらせた金日成の首には一万円の懸賞金がかけられるまでになった。一九四〇年八月、金日成は同胞とともにソ連に渡り、その地で部隊の料理人をしていた金正淑（キム・ジョンスク）と結婚した。正淑は一九四一年に金正日を産んでいる。金日成はここで初めて正式な軍事訓練を受け、赤軍の将校としても活動したが、その過程でスターリンの指導手法――敵を粛清し、自分を中心に個人崇拝をつくり上げ、近代的工業国を建築するという手法――を学んだ。北朝鮮の子供は、金日成の朝鮮人遊撃隊が単独で日本を打ち負かしたと教わっている（広島のことも長崎のことも教えられていない）。だが実のところ、金日成は一九四五年九月一九日、つまり日本の降伏後一カ月を経たあとに、ソ連軍大尉の服に身を包んで朝鮮にやってきたのだった。スターリンは当時三三歳だった金日成をこの国の「最高指導者」に据えた（結局金はその後五〇年のあいだ、この地位にとどまることになる）。個人崇拝は急速に進んだ。例えば北朝鮮の英字紙『ピョンヤン・タイムズ』は「比類なき愛国者、民族の英雄、鉄の意志をもつ百戦百勝の輝かしき指揮官……何千年にも及ぶわが人民の歴史上最も偉大な指導者」と金日成を形容している。[※10]

権力の集中と厳しい治安維持活動、個人崇拝に基づく統治組織。金日成の遊撃隊内で働いていたこれらの力学が、北朝鮮国家の土台となった。[※11] 六〇年代半ばになると、遊撃隊出身者以外はすべて指導的地位から追放された。政権は常に厳戒態勢をとっている。一九五〇年から五三年にかけておびただしい兵力を投入して熱い戦争を戦い、今日にいたるも冷たい戦争を戦っている。金日成は国家構造の範をソ連にとったが、個人崇拝は一九一〇年から三五年間に及び、あらゆる日本人と朝鮮人の心を支配していた人物に原型をおいている。金日成が自身のためにつくり上げた役柄とは、いろいろな点を総合してひと言で言うなら、朝鮮版の天皇である。[※12] どちらも神のような存在で、純粋な人種的血統を引き、すべての臣民と直につながっていた。天皇の場合と同じように、金日成は政治的・精神的崇拝の対象だったし、[※13] 今も北朝鮮の日常生活のあらゆる場所に個人崇拝が行き渡っている。朝鮮公民は国家ではなく、金日成に忠誠を誓う。「親愛なる指導者」の肖像が、各家庭や事務所に掲げられている。一六歳以上の公民はすべて、金日成バッジを身に着けねばならない。全国にある金日成の銅像や石膏像は三万四〇〇〇体と言われ、最も大きいものは高さ二二メートルで、つくられた当初は金箔で覆われていた。金日成の名前が印刷物に登場するときには太字にされる——要は、イエスの言葉を目立つように表示する、一部の聖書と同じ方法である。

朝鮮公民で知らぬ人はいないアメリカとの最終戦争のシナリオは、まるで黙示録のように禍々(まがまが)しい。三八度線に対する米韓軍の奇襲攻撃で始まり、北朝鮮はロケット砲でソウルを攻撃して侵略者を撃退する。しかるのち南朝鮮にいる何千人もの「潜伏」工作員を北側の特殊部隊と合流させ、南のインフラを破壊。アメリカが撤退し、ソウルを数日内で掌握して数週間で半島を統一する——。

このシナリオの実現可能性はほとんどないと薫は思っていたが、それよりも不測事態に対して北朝鮮が計画していたことのほうが怖かった。北朝鮮が敵軍に占領された場合、全員が地下トンネルや山に移動し、金日成ばりのゲリラ戦を展開せねばならない。そのときのために、薫は蠟燭やマッチ、食料を入れた背嚢を用意した。かりに山へ連れて行かれるような事態になれば、選択を迫られることになる。脱走して北朝鮮の兵士に銃殺される。あるいは米侵略軍に投降する。ただしゲリラと間違われて撃たれる危険性もある。〈拉致されたうえに、戦争に巻き込まれてしまうのか〉と、やるせない思いがわき立った。米軍と遭遇したときにそなえ、英語のメッセージも覚えた。〈われわれは拉致された日本人だ。助けてくれ[※14]〉

第6章　政策としての拉致

海岸や町で普通の日本人を拉致する。生半可ではいかないことだが、北朝鮮はいったいなぜこんなことを行ったのか。この問いが何年ものあいだ、頭から離れなかった。だがそれは私に限った話ではなく、日本や韓国、アメリカの北朝鮮ウォッチャーのあいだでは、この国の内部で起きていることについて憶測を交わし合うのが、一種のなぞ解き遊びのようになっている。これまで北朝鮮ほど仔細に観察され、分析された国はないだろう。なぜ拉致が行われたのかについて、私は研究者や記者、工作員の説明を聞いたが、必ずしも納得のいくものではなかった。最終的に私が導き出した結論は、動機はひとつでなかったということ。拉致はおそらく、朝鮮半島を統一して金日成思想をアジア全域に広め、日本人に屈辱感を与えるという壮大な計画のなかの一部分をなしていたのだろう。そう考えるのが最も妥当だ。「拉致という一見無分別な作戦は語学教師を獲得するには不釣り合いな方法だが、そのように考えるのではなく、拉致被害者や北朝鮮工作員を革命細胞として送り込み、日本を（そしてあわよくば他のアジア諸国をも）不安定化させるという夢と関連づけて見ると、おぼろげながら理解可能になる」と歴史家のテッサ・モーリス＝スズキは言う。「訓練を施した北朝鮮の革命分子に行動を起こさせれば日本社会が混乱の渦に陥るという考えも、かつては今ほど牽強付会に見えなかったの

かもしれない」[※1]

一九七四年八月一五日朝、韓国の朴正熙（パク・チョンヒ）大統領はソウル国立劇場の演壇に立った。政府高官や他国の外交官を前に、祖国解放二九周年を記念する演説を述べることになっていた。一九四五年八月一五日を日本は「終戦記念日」と、韓国では「光復節」と呼んでいるが、ここに両国間の心理的・言語的距離があらわれている。演説が始まると、若い男が通路を走り、朴正熙をめがけて拳銃を撃った。大統領のそばにいた六人の男性はすかさず席を立って難を逃れ、銃撃犯は取り押さえられた。だが混乱の最中に大統領の妻〔陸英修（ユク・ヨンス）〕が弾丸で頭を撃ち抜かれ、椅子から崩れ落ちた。暗殺犯が身柄を拘束され、妻が病院に搬送されると、大統領は演説を続けた。妻はその晩に死亡している。

暗殺犯は二二歳の在日韓国人〔文世光（ムン・セグアン）〕で、朝鮮総聯の配下にあった人物。出身地である大阪の派出所から盗んだ拳銃を持って、合法的に韓国に入国していた。北朝鮮は過去にも朴正熙の命を狙ったことがあるが、結局このときが二度目にして最後の機会となる。このあと韓国は治安機関をさらに強化し、入国する在日韓国人の身元調査を一段と厳しくしたのだ。この事件は日韓関係も緊張させた。韓国は日本が総聯による対韓工作の脅威を看過したと非難している。

韓国ではすでに、韓国人に偽装した北朝鮮工作員への対策が徹底されていた。そこに加えて在日韓国人にも厳しい監視の目が注がれることになれば、北朝鮮は深刻な問題に直面せざるをえない。韓国人になりすましたり、在日韓国人を代理に使うことができないとあれば、どんな方法で南に浸透し、破壊工作をすればいいのか。日本人を使って韓国に浸透するというのは、そんな状況でひねり出された奇策だった。一九七七年ごろの日本はどちらかと言うと朴正熙の抑圧的な軍事政権よりも、金日成（キム・イルソン）の政権のほうに好意的なまなざしを向けていた。日本の左派系メディアや知識人、政治家は依然、朝鮮に対する日本の植民地支配に贖罪意識をもっていたことから、韓国や北朝鮮に関しては批判的なことを述べてはならないとの立場をとっていた。だから拉致についての噂がたまさか持ち上がったとしても、朝鮮人に対する偏見の産物として一蹴した。蛮勇をふるって北朝鮮に批判的な記事を書いた新聞記者のもとには、読者から怒りの電話や手紙が届いたという。「リスクを冒しても得るものはないから、北朝鮮について書くのはタブーになった」と、ある記者は私に語っている。

一九七〇年代終わりごろまで、拉致はあくまで朝鮮半島内の問題だった。朝鮮戦争中に北朝鮮側は南部を二回占領したが、北側へ撤退する際に大勢の韓国人を拉致している。戦争に先立つ数年のあいだに官僚や警官、技術者といった専門職者が越南したことの穴埋めとして、五〇万の専門職者を北部に連れ去ろうとしていた。一九四六年の時点で、金日成は「南朝鮮からインテリを連れて来ることについて」という指令を出している。この作戦は、けっして場当たり的に実行されたのではない。「朝鮮戦争拉北人士家族協議会」の崔光奭（チエ・グアンソク）は言う。「北側の兵士は長大なリストを手に、拉致すべき特定の個人を探して一軒一軒回っていました」[※2] 警察官だった崔光奭の父親の名もリストのなかにあり、当時一〇歳だった彼はその後二度と父に会うことはなかった。推計によると、合計八万四〇〇〇人の韓国人が連れて行かれ、うち六万人が人民軍に入隊させられたという。北部に連れ去られる人の数は休戦を境に大幅に減ったが、拉致に終止符が打たれたわけではない。韓国統一研究院の報告によると、一九五三年以降に拉致された韓国人の数は四〇〇〇人にのぼり、そのほとんどを漁業者が占めるが、五人の高校生（一九七七〜七八年）とノルウェー旅行中の教師（一九七九年）も含まれている。

朝鮮戦争後の二〇年間に拉致された人の大半が漁業者だ。まだＧＰＳが開発されていなかった時代には、船舶が北方限界線（海上における韓国と北朝鮮の軍事的境界。だがその正確な位置について南北の見解は一致していない）を越えることがしばしばあった。おびただしい数の漁船が北朝鮮海軍に乗っ取られ、北の港に曳航された。拉致された人々は社会主義の楽園に迎えられ、無学な労働者が南では望みえないような手厚い扱いを受けた。一九七〇年に拉致された経験をもつ漁業者の李在根（イ・ジェグン）は、まるで英雄のように迎えられた当時のことを語ってくれた。[※3] 船を降りると、抱えきれないほどの花をもった六人の女性に出迎えられ、「南には戻らないでくださいね！　この地上の楽園でともに暮らしましょう」と言われたという。拉致された漁業者のほとんどは数カ月あるいは数週間のうちに南に戻されるが、そこには北で受けた厚遇や享受した生活水準の高さについて宣伝させるという狙いが秘められている。その一方で、しがない漁師は資本主義国よりも社会主義国でのほうがましな生活を送ることができるという（おそらくは正しい）確信に基づいて、自分の意思で北にとどまることを選ぶ人もごくわずかながらいた。北朝鮮は常に希少価値の高い人材を探していた——正式な教育をきちんと受けていなくとも地頭（じあたま）がよく、役立ちそうな人間だ。李在根を含む多くの人が北朝鮮工作員としての特殊訓練を受けた。李在根のように北朝鮮から脱出する人はごく少数で、大半は韓国に戻された。今も五〇〇人の韓国人拉致被害者が北朝鮮にいる。

　拉致計画は金正日（キム・ジョンイル）が権力の階段を上がるに従い、進化していった。一九七四年二月に金正日が党中央委員会政治委員会委員に選出されたことは、彼が父の後継者になったことを示していた。金正日にとって、自身の能力を示すことは、普通の人が思うほど簡単ではなかった。中央委員会の会合に遅刻したり、酩酊状態で来たりして、幹部の面前で父親に叱責されたこともある。[※4] 従来の任務に加え、新たに情報機関を指揮することになった金正日は、ほどなく体制強化の必要ありと結論づけた。敵側に拘束されても指示どおりに自殺しない工作員や、外国の情報機関から賄賂を受け取って寝返る工作員の存在が、とくに問題だった。不純分子を片づけるときが来た。世界各地に送り込んだ工作員を呼び戻して再訓練を施し、不適格と判断した者は排除する。十数人を処刑し、あるいは遠隔地の収容所に送る。そして一流の学校や大学からエリートを選び、自分だけに忠誠を誓う工作員として補充する──。

一九七四年の国際情勢は、父親を取り巻いていた一九四八年の世界よりもずっと複雑だった。金正日は情報活動を多様化、拡大した。外国の言語や文化を工作員に教える教師を獲得する目的で、マレーシアやタイ、ルーマニア、レバノン、フランス、オランダなどで現地人を拉致している。日本人が拉致されたのは、ひとつにはその身分を使い、偽造旅券をつくるためだ。標的になったのはたいてい、失踪しても気づかれないような、貧しく孤独な未婚男性だった。日本では七〇年代後半になっても家族関係情報（戸籍）が一元管理されておらず、旅券が偽造されたものかどうかをすぐに判別できるようなデータベースはなかった。しかも日本の旅券を持っていれば、地球上のほとんどの国に入国できた。

〈ようこそ、よくいらっしゃいました。崔先生、わたしが金正日です〉[※5]韓国随一の有名女優、崔銀姫（チェ・ウニ）は、その名を耳にしたとたん身震いした。北朝鮮西部の南浦（ナンポ）の港に彼女の乗った船が着いたのは一九七八年一月二二日。その一週間前、崔銀姫は香港にいた。元夫の映画監督、申相玉（シン・サンオク）とともに運営していた「申フィルム」を閉じたあと、俳優養成学校を運営していた彼女は、香港の学校との提携について話し合うためにこの地に来ていた。しかしいかんせん、話し合いは北朝鮮当局に彼女を拉致させるための計略だった。金正日が握手を求めてきたとき、〈わたしはうなだれたままためらっていたが、手を差し出した〉と崔銀姫は手記のなかで書いている。突然、カメラマンがシャッターを押したが、彼女は〈この瞬間のことは記録に残したくもないし、またこの惨めな姿を人に見せたくもなかった〉

カメラを覗く金正日（©Polaris／amanaimages）

崔銀姫が香港で姿を消してから二週間後、申相玉は彼女を探しに出た。二年前に離婚したとはいえ、ふたりは固い絆で結ばれていた。香港に招かれたという話を崔銀姫から聞いたときに不審な点が多いと思っていた申相玉は、彼女を救出する決意だった。韓国のオーソン・ウェルズとも称される申相玉が製作した映画は三〇〇本に達する。申フィルムは韓国で最大の映画会社だったが、朴正熙政権の不興を買い、登録取り消しに追い込まれていた。元妻が拉致されたころ、申はハリウッドに渡って映画の仕事を続けることを考えていた。各地を転々として香港に到着し、その何日か後に、彼もまたピョンヤンに連れて行かれる。

申相玉は、元妻ほどは素直でない「客」だった（彼女は金正日が所有する邸宅のなかで最良の家にいた）。何度か脱出を試みたため、罰として三年半の懲役刑に処されている。二度と逃亡しないと約束し、ようやく釈放された。一九八三年三月六日、ふたりを再会させるため、金正日によるパーティーが開かれる。〈抱擁しなさい。なぜ立ったままでいるのですか〉と金正日に促され、ふたりがそのとおりにすると、会場から盛大な拍手が起きた。そして親愛なる指導者が口を開き、会場は水を打ったようになった。〈みなさん、申先生はこれからわたしの映画顧問です〉申相玉には相当な誘引力があった。韓国で最も創造性が高く、影響力をもっていた彼が「亡命」したとなれば、それは韓国の体制に対する批判として受け止められる可能性もあった。彼は金正日にとってまさに理想的な映画監督だった。日本と中国で教育を受け、アメリカで映画を製作した経験もあり、欧米の最新技術にも明るい。しかも朝鮮戦争以前の北部に生まれているので、北朝鮮が西欧帝国主義に屈したとの非難を受ける危険もない。

一九四八年に金日成は潤沢な資金と創作の自由を約束して南部から映画監督をおびき寄せ、以来、映画は北朝鮮で大きな役割を果たしてきた。映画ほど民族意識を高めるのにうってつけなメディアはないと金日成は考えていた。映画が製作されると何十本もの複製がつくられ、カラーのものは大都市、モノクロのものは地方での上映に使われた。金日成についての映画は必ずカラーで、フィルムもアメリカ（コダック）か日本（富士フイルム）の最高級品を使っていたという。

本格的な政治の世界に入る前の金正日は文化芸術部副部長の任に就いていたこともある。大変な映画マニアで、毎晩映画を鑑賞していた。北朝鮮の大使館に外交郵袋を使わせ、何千本もの映画フィルムを入手していた。[※6]とくに好きな映画は『13日の金曜日』、『ランボー』、それに『ゴジラ』。申相玉は釈放後、すぐに映画文献庫へ連れて行かれた。ピョンヤン中心部の一般人統制区域にある三階建てのその施設は、湿気と温度の調整装置が完備され、一万五〇〇〇本のフィルムが収められていた。職員は翻訳者、字幕専門家、映写技師など合わせて二五〇人。だが人民を真の共産主義者に育て上げるうえで映画監督ほど重要な存在はない。〈この歴史的な課題を成功裏に遂行するためには、映画創作事業を総合的に掌握していく演出芸術から革命を起こすべきである〉と金正日は一九七三年に上梓した『映画芸術論』のなかで述べている。北朝鮮の映画界を改革し、国際映画祭に出品できるような作品を製作することを金正日は目指していた。自分たちの映画をカンヌに送り込めば、世界共産主義の理念が広まることだろう。

韓国で運営していた映画会社を政治的圧力と資金難のために閉じることになった申相玉をめぐり、故国では映画製作を続けるため自ら進んで亡命したという噂が広まっていた。拉致されたことを韓国の当局者にはっきり示すためにも、申相玉には証拠が必要だった。一九八三年一〇月一九日、ふたりは金正日の事務室に行った。崔銀姫はハンドバッグに、以前購入した小型録音機を忍ばせている。三人は飲み物の載ったガラスの円卓を囲んだ。崔銀姫がハンカチを取り出すふりをしてバッグに手を入れ、そっと録音機のボタンを押す。ふたりは交互に遠回しな質問をして、金正日自身に語らせた。なぜふたりを北に連れて来たのか。どのように拉致を仕組んだのか。見るからに上機嫌な様子で、金正日はまくし立てた。〈（お二人を連れてくる）過程については話さないようにしましょう〉〈いってみれば〔韓国の映画人と比べて〕われわれには水準の差異がちょっとあるというのです。……ここではただ出勤して、ただ楽に（仕事を）しているから……わが俳優たちの中では新人が育たない。……わが新人たちというのは一つか二つの作品で使うと、顔だけ一度売り込めばただそれだけだということです。演技力というのはまるでないから、みんな……二度目の作品、三度目の作品（で）はただその顔だけで見て、観客が魅せられるが……演技力がないので身動きできないということです〉金正日は痛し痒（かゆ）しの立場におかれていた。自分の統制力をいっさい損なうことなく、外国のよいものを自国に取り入れるなどということが可能なのだろうか。東ドイツやチェコスロヴァキア、ソ連に映画監督を留学させたが、日本や欧米には派遣できなかった。だからこそ申相玉が必要だったのだ。しかしわざわざ「拉致」した理由はなんなのか。〈わたしはもっぱら申監督に対して目を付けはじめたわけですがね。やむをえずです。（部下たちに）あなた方、申監督をそのようにしようとすれば、ちょっと、工作組織に話をして、申監督をちょっと引っぱってこい、（彼を）引き寄せる事業（仕事）をして（みようという、ということになった）〉

会話が終わりに近づくと、金正日は謝罪らしき言葉を口にした。〈わたし自身が自己批判したことだが、わたしが構想を具体的に下の人々に知らせなかったんですよ。……そしてなんとしてもお二人が必要だから連れてこい、ぜひとも連れてこいというと、この同志たちが、このように「執行」（拉致のことか）してきたわけだが……そのようにしたので、おたがい誤解も生じ……そうしたこともあります〉[※7]カセットテープ片面分の四五分で録音は終わったが、あまりにも危険だと判断した崔銀姫は、続きを記録しなかった。それでも十分だ。必要な証拠は手に入れたのだから。

その後およそ三年にわたり、申相玉たちは映画をつくった。メガホンをとった作品は七本、プロデューサーとして関わったものは一一本にのぼる。金正日はふたりに対する信頼を深めてゆき、海外への渡航も許すようになった。当初は東側ブロックだけだったが、西側への渡航も許した——ただし監視員つきである。一九八六年三月一三日、ふたりはベルリン映画祭に出席したのちにウィーンへ移動。監視員の追跡を振り切ってアメリカ大使館に助けを求め、ようやく脱出に成功した。

脱出の報に接した金正日は、ふたりがアメリカに誘拐されたに違いないと考えた。自分がこれほどまでに目をかけてやった芸術家が逃げるという事態は、想像すらできなかったのだ。ピョンヤンへ戻れるようにしてやるとメッセージを送ったが、返事はなかった。

意外な話だが、金正日が雇った最も有名な日本人は、拉致された人ではない。

一九八二年、藤本健二[※8]は寿司職人の求人募集に応募した。店の名前と具体的な場所は知らされなかったが、月給は東京でフリーランスの板前として当時得ていた金額の二倍だった。北朝鮮のことはあまりよく知らなかったので、ピョンヤンに開店予定の店が調理師の訓練も任せられる日本人寿司職人を探しているのだということがわかっても、とくに戸惑わなかった。

藤本は寿司業界に今も残っている徒弟制度のもとで、厳しく長い修行期間をくぐり抜けて板前となった。店の掃除をし、魚市場へ行く板前に随伴する見習いから仕込みを担当する脇板になるまでに、普通は一〇年を要する。序列の最上位に位置するのが板前だ。藤本は一番安い品でも一貫三〇〇〇円（たいていの店は一五〇〇円）するという銀座の高級寿司店で見習いから始め、五年で板前になった。「東京の一流店で修行をしたおかげで、すぐに第一線で働けるまでになりましたよ。最高の技を基本から叩き込まれたので」と、藤本は私に語っている[※9]。

藤本健二（共同通信社）

藤本が金正日に初めて会ったのはピョンヤンに来て数カ月したとき。招待所で開かれたパーティーに呼ばれ、寿司を握ったのだ。その時点では相手が誰なのかを知らなかったが、翌日の新聞に掲載された写真を見て、自分が誰のために寿司を握ったのかを知った。しばらくして、藤本は再びパーティーに呼び出される。会が終わって支払いの段階になると、金正日は白い封筒を藤本の足元に投げた。藤本はすっくと立ったまま封筒を一瞥し、思った。「自分のために真面目に仕事をした相手には、それなりに気持ちのこもったお礼をすべきなんじゃないか」金正日は機嫌を損ねると何をするかわからない。そんな指導者に藤本が不遜な態度をとったことに、側近たちはおののいた。通訳官が封筒を拾って藤本に手渡したが、藤本は頭を下げ、黙ってその場をあとにした。

驚いたことに、藤本はその翌週にも呼び出され、金正日から謝罪を受けた。〈先日は、失礼なことをした。許してくれ〉藤本はその当時の心境をこんな言葉で表現した。「目の前にいる政権ナンバー2が、俺に対してすまない気持ちでいるとは」自分が小さい人間に思えると同時に、金正日に親しみを覚え、「すっかり惚れ込んだ」のだという。

ふたりは一緒に射撃や乗馬、水上スキーを楽しむ友人同士となった。金正日は藤本にベンツを二台贈っている。北朝鮮の女性（歌手）との結婚も許した。そして現在の指導者、金正恩（キム・ジョンウン）の「おじ」のような存在になった。しかし恋愛がえてしてそうであるように、ふたりの関係も破局を迎えた。何年ものあいだ金正日の料理人として仕えたにもかかわらず、藤本は自宅に軟禁されたのだ。おそらく、政権に対する背信行為を働いたと受け取られたからだろう（食材の買い付けのために日本に帰った際、誤解を招くような話を日本の警察当局にしたようだ）。最終的には復帰できたが、藤本は恐ろしくなって日本に戻り、今は身を隠して生活している。その後、金正日についての本を四冊ものしたが、最初に出した『金正日の料理人』はベストセラーになった。また北朝鮮の「専門家」として日本のテレビで話をし、収入を得ている。二〇一二年には、金正恩と精神的に強い絆で結ばれている人物として、アジア全域の新聞で大きく取り上げられた。

藤本はなぜ金正日の興味を引いたのか。たばこの煙が漂う東京の喫茶店で彼に会って、理由がわかった。腕と指には金のロレックスとダイヤモンドの指輪をつけ、筋肉の発達したいかつい身体を引き立たせるタイトな黒のTシャツとジーンズを好んで着ている。頭には黒のバンダナに大きなサングラス。そして四角く整えた顎ひげ。自分を主張しながら隠していると言うべきか、「俺は変装してるぞ！」と叫んでいるかのような身づくろいだ。高級レストランで最良のワインを選ぶすべを知っているごろつき、といった風体を備えている。

藤本が金正日のために準備したパーティーは、贅沢を極めていた、というより乱痴気騒ぎに近いこともあった。刺身は新鮮なほど喜ばれたので、藤本は魚を活け造りにした。酒が入ると、金正日は客に裸踊りを命じた。なんでもない日に五万ドル〔およそ五五〇万円〕を使うことはざらで、祝いごとのある日にはその数倍の金を投じた。二〇〇〇年にアメリカのマデレーン・オルブライト国務長官が訪朝したときもそうだ。藤本は当時を振り返る。「クリントンが握手を求めてきたも同然だったから、金正日は上機嫌でした。酒を浴びるほど飲んでね。三日連続でパーティーを開いて、毎回一万から二万ドル使った。出席者全員にプレセントを用意し、最高のコニャックを出してます。あれは本当にすごかった」

もっとも、パーティーは楽しみのためにだけ開かれていたのではなく、そこには重要な政治的狙いもあった。一九九七年に韓国へ亡命した金正日のブレーン、黄長燁（ファン・ジャンヨプ）によると、「側近をパーティーに招けば、人となりをつぶさに観察できる」※10パーティーに呼ばれる幸運に恵まれたエリートは、王の「臣下」になる。金正日はしばしば藤本を買い出しに向かわせ、世界最高級の珍味を手に入れていた。専用の装甲列車に乗ってロシアと中国に行く以外、金正日は外国旅行をしなかった。それでも、どこで最高級品を得られるかは知っていたのだ。デンマークの豚肉、イランのキャビア、フランスのワイン、チェコスロヴァキアの生ビール、日本の魚介類や調理器具を買い求めるため、現地に藤本を遣わした。「でも冷蔵庫はアメリカ製が一番で、それじゃないとだめだと言ってました。私も一台、贈り物としてもらってます。とてつもなく巨大で、製氷のスピードは速いし、何トン分もの食材をそれぞれ適温で保存できるんですよ」

金正日が自分を友人としてだけでなく、ある種のステータスシンボルとして見ていたと、藤本自身も思っている――孤立した貧しい国に住んでいる自分でも、世界市民の一員になれるのだということを金正日は示したかったのだろう。「自分のために日本料理をつくっている料理人が日本人だということが大事だったんです。なんであれ一流のものが好きだったから――私も含めて」と藤本は言う。金正日はよく藤本を自分の横に立たせ、得意げに客に語った。「藤本の料理の腕は大したもんだろう？　私が引き抜いたんだ。言ってみれば愛用のクラブなんだ、大事にしなければ」

第7章　天皇裕仁から金日成へ

北朝鮮は第二次世界大戦終結以来、日本人にとってずっと謎に包まれた存在のままだが、なかにはこの若い共産主義国のことを、ふたつの制度――日本を戦争に突入させた天皇制と、アメリカが戦後日本に押しつけた冷戦資本主義――を中和する一種の解毒剤ととらえる人もいた。党勢を急速に拡大していた日本共産党から見れば、北朝鮮のあげた成果や中国の共産主義革命は、共産主義こそが新しい近代思想であることを物語るものだった。しかし北朝鮮の共産主義に潜んでいた暗黒面が一九六〇年代から七〇年代ごろに明らかとなり、この国を熱烈に支持していた一部の人は、一転して非常に痛烈な批判を向けるようになる。

一九四八年五月。朝の明るい光のなか、リバティ型貨物船がカリフォルニアの沿岸を航行していた。サンフランシスコ湾口に着くと減速し、針路を港に向ける。佐藤勝巳は眼前にそそり立つ赤さび色の吊り橋を茫然と眺めた。橋の向こうには、見たこともないような美しい街の風景が広がっている。船がゴールデンゲート・ブリッジの下でさらに速度を落とすと、ロシアンヒルに立ち並ぶ淡いピンク色の家々、うしろにそびえるオフィスビル群に、佐藤は目を凝らした。故国日本の街は焼け野原と化していたが、夢のような丘の街、サンフランシスコはきらきらと輝いていた。
「俺たちはいったい何を考えてたんだ」佐藤は頭のなかで、同じ問いを投げ続けた。「こんな橋や街を建設できる国民に勝てると思っていたとは。日本の家などは木造だし、国民にしたって大半は百姓だ。はじめから勝ち目はなかったのだ。天皇も軍人も頭がおかしくなっていたに違いない」[※1]戦時中に死にかけたことを思い出して、胸が悪くなった。夢、それも悪夢から覚めたような気分だった。友人を失い、戦争に敗れた喪失感からまだ立ち直れずにいたが、このときほど戦争のむなしさを強く感じたことはなかった。

佐藤がここまで来られたのは奇跡というほかない。戦友のほとんどは死んでいた。戦争末期の軍国少年の多くがそうであったように、佐藤は一六歳のときに高校を中退し、軍務に就いている。志願兵仲間のなかには佐藤より年少の者もいたが、当時は男子ならほぼ誰彼の区別なく徴兵の対象とされていた。志願兵の心のなかでは愛国心と焦燥感が渦巻いていた。自分が戦場に行きもしないうちに日本が勝つなどということは――勝利を信じぬ者はいなかった――あってはならない。われわれ世代の誰もが通るべき道を、自分も歩まなければいけない。

日本は朝鮮やビルマ、シンガポール、台湾、フィリピン、蘭領東インド、中国の一部地域などに勢力圏を広げ、その広さは最大時には七五〇万平方キロに達した。そのため帝国を解体する段になると、人や物資の輸送は戦時中を上回るほど複雑多岐を極めた。何百万人もの日本人が植民地や戦場から帰国し、かつて日本に協力したおよそ二〇〇万人の旧植民地臣民が故郷に帰った。また四〇〇億ドル相当の軍需・産業設備が接収、解体され、日本の支配下にあった地域へと輸送された。

戦争で商船の八〇パーセントを失っていた日本はアメリカから船舶の貸与を受けており、佐藤の乗船していたリバティ型貨物船もそのひとつだった。佐藤は戦後、旧満洲からの引き揚げ者を船で運んでいた。地味な仕事ではあったが、自身の戦争体験と不確かな未来について考える時間をもつことはできた。佐藤は一九二九年、新潟県で生を受けている。九人きょうだいの三番目。家は一七世紀から続く稲作農家で、小作農だった父は収穫の六〇パーセントを地主に納めていた。頭の切れる好奇心旺盛な少年だった佐藤は、農業を継ぐのだけは嫌だと思っていたという。高校に徴兵担当者が来たとき、学生は年齢や健康状態、体格のいかんにかかわらず、こぞって志願した。尊敬していた上級生が海軍に志願したので、佐藤も海に行きたいと思った。そこで神戸の川崎東山学校〔川崎造船所が開設した工員教育機関〕で学ぶことになったが、船員の養成が急がれていたことから、訓練は六カ月そこそこで終わった。もっとも、それ以上学校にいたところで意味はなかった。「要は洗脳教育だった」と佐藤は言う。銃が不足して訓練では竹槍を使っていたというのに、戦況は日本にとって有利に展開していると教官は語っていた。

一九四三年一二月、佐藤は六〇〇〇トン積貨物船に配属される。東南アジアの部隊のために弾薬を運ぶ任務を帯びていた。ところがマニラに向かう途中で佐藤は発病し、寄港した台湾にとどまることになった。船のほうはマニラ港内停泊中に米軍機の攻撃を受けた。積荷が爆発して街中のガラスが砕け散ったという。乗組員は避難し、全員無事だった。また、こんなこともあった。サイゴンに向かう船のデッキに立っていたときのこと、佐藤は泡が次々と発生して自分の船に向かって動いているのを見た。魚雷攻撃の前触れだと感じ、逃げようと思ったが、恐怖で身動きできなかった。だが不幸中の幸いと言うべきか、たまたま積荷がなく船体があまり深く沈んでいなかったため、魚雷は船の下を通過し、佐藤は命拾いをした。

戦争末期の四カ月間、日本人はさまざまな惨禍に見舞われた。街は焼き尽くされ、何万もの民間人が命を失い、生存者は飢えに苦しんだ。アメリカのB－29は日本の航路を遮断する狙いで機雷を散布した。一九四五年五月、佐藤は米を積んだ貨物船に乗っていたが、船は玄界灘で機雷に接触、沈没した。八月一五日時点で、佐藤と一緒に志願した四〇〇人のうち、生き残ったのは四分の一だけである。

連合軍は、占領（一九四五～五二年）を通じて日本を欧米型の民主主義国にすることを目指していた。日本の議会を通過した法案はすべて、マッカーサー（連合国最高司令官）の承認を受けねばならなかった。戦前の政府は政治家と軍人が牛耳り、人民の声をまったくと言っていいほど反映していなかった、だから今後日本人自身が自ら国を動かしていけるような民主的制度を育むべく、アメリカ人が新しい憲法を起草するのだ、という発想がその根底にあった。新憲法は天皇を降格し、日本に戦争を放棄させた。

一九四五年ごろの日本は、いろいろな意味で封建的だった。佐藤の父のような農業者が労働力の半数近くを占めていたが、耕地の三分の二は地主が所有し、そこからあがる利益のほとんどを手にしていた。農業者はいわば債務奴隷にすぎず、借金は世代から世代へと受け継がれていた。マッカーサーの農地改革計画に基づき、日本政府は耕地の四〇パーセントを地主から買い取り、小作農に安価で払い下げた。その根底にあったのは、農業者も土地を所有するようになれば、経済的に独立した参加者として新しい民主国家に加わることになるだろうという考えである。また、マッカーサーは古い天皇制に対する民主的反対勢力を育もうと、労働組合の結成を認めた。一九四五年に五〇〇〇人だった組

合員数は、四七年には五〇〇万人に達している。[※2]

一九四五年一〇月四日には刑事犯以外の犯罪者の釈放が命じられた。この日に発令された「政治的・民事的・宗教的自由に対する制限の撤廃に関する覚書」は、結社や同盟罷業の権利といった市民的権利を保障するもので、これにより長年獄中にいた労働運動家や共産主義者が自由の身になった。[※3]日本共産党は一九二二年の結党以来非合法とされていたが、平和主義の立場から天皇制軍国主義に反対した数少ない組織のひとつだった。マッカーサーと日本の左翼は以後も手を携えていくかに見えた。共産主義者はアメリカを解放者ととらえ、『赤旗』の戦後第一号でも日本の「民主主義革命」の端緒を開いたと、占領軍に感謝の意を表明した。党員数も急拡大し、同党は一九四九年の総選挙でおよそ一〇パーセントの票を獲得、三五の議員を送り込むまでになった。

勢いに乗った共産党はほどなく労働組合の上に君臨するにいたり、その後運動は先鋭化していく。一九四七年一月に全国労働組合共同闘争委員会がゼネラルストライキの実施を発表すると、アメリカと共産主義者の蜜月関係は終わりを告げた。民主主義はアメリカ側の読み以上に進んでいたのだ。マッカーサーは方針を一八〇度転換して予定前日にスト中止を命じ、それまで秋波を送られていた共産党は、日本の新しい民主主義に対する敵へと転落し、軍国主義者やファシストと同列に扱われるようになった。一九五〇年にマッカーサーは、共産党が「見せかけの正統性さえかなぐり捨て、国際的略奪勢力の手先として公然と活動している」と非難を浴びせた。およそ二万人の共産党員が職を奪われ、一九五二年の総選挙では、共産党はすべての議席を失った。

サンフランシスコでアメリカに貨物船を返還したあとも、佐藤は川崎汽船で働いた。労働組合員になったが、アメリカ人の豹変ぶりに衝撃を受けたという。「なぜマッカーサーはゼネストを禁じたのか。ストはわれわれが民主主義に対してもっていた信念の最も純粋な発露だと思っていた」佐藤もまた解雇され、アメリカが言う民主主義なるものに対する信頼を打ち砕かれた。マッカーサーも天皇と同様、信じてはいけないのだと思い知らされた。

会社から解雇を通告されたころ、佐藤は結核に感染していた。日本では戦時中からさまざまな疾病が広がっていたが、戦後の混乱と貧困により全国で異常発生していたのだ。食糧と水の供給が逼迫していたことから、コレラや赤痢、天然痘、ポリオが流行した。発疹チフス感染者は一九四六年時点で二万人。結核にいたっては四七年時点で一〇〇万人が感染しており、同年中に少なくとも一四万六〇〇〇人が死亡している。赤十字の調査によると、検査を受けた三〇歳未満の日本人のうち七〇パーセントが陽性反応だったという。佐藤の場合は症状が軽く、自宅で療養していた。仕事もなかったので、学業を続けようと高校に入学し直し、自分より一〇歳近く若い学生と机を並べることになった。だが学校で実感させられたのは、日本は革命的変化を経てきたはずなのに、実際には何ひとつ変わっていないということだった。数年前まで「天皇陛下万歳」を唱えていた教師たちが「民主主義」という抽象概念を心から支持しているかのように無批判に口にするさまを見て、佐藤は思想信条をいとも簡単に取り替えるその節操のなさに嫌悪を覚えた。「自分の頭で考えていたのではない」と佐藤は吐き捨てる。「その時々の支配的な制度に従っているだけですよ。天皇が翌週に元の地位に戻ることになったなら、連中はまた天皇を崇拝したでしょうよ」[※4]

結核は、なんの予兆もなしに症状の一進一退を繰り返す、実に嫌な病気だ。高校の卒業証書をもらわないうちに、佐藤は再び喀血（かっけつ）に襲われた。身体のなかに残っていた結核菌は強力で頑固だった。抗結核薬のストレプトマイシンは一九四三年にアメリカのラトガーズで発見されていたが、一九五〇年代前半の日本では誰もが使える薬ではなかった。佐藤はその後のおよそ五年間を結核患者のための施設、国立内野療養所で過ごすことになる。退院できたのは、体内から結核菌をひとまず駆逐できたと医者が判断したからで、万が一再発した場合はまた入院すればよいと言われた。

病気を抱える身体で、今度は患者のために佐藤は活動した。戦後経済はまだ脆弱な状態で、療養所も看護職員を大量に解雇していた。佐藤はそのことに怒りを覚えた。「看護師たちは国のために骨身を削って働いてきた。だのに日本はこの人たちを切り捨てようとしていたんです」と私に語る。患者自治会を結成し、病棟から病棟へと演説して回った。そのうちに、自分には弁舌の才があることに気づいた。聴衆の関心を引きつけながら、大小さまざまな問題について語り続けることができる――佐藤の熱弁は、ある美しい女性に強い印象を与えた。坂本民子〔音訳〕は医者の娘だったが、病を得て二年前からこの療養所で暮らしていた。自分に想いを寄せるほかの男性たちに比べて佐藤の容姿はよいとは言えなかったが、その熱のこもった話しぶりは民子にとって新鮮だった。佐藤よりも症状が軽かったため、民子は肺の一部を切除する手術を受け、退院した。佐藤は――当然のなりゆきで――彼女を意識するようになっていたが、一対一で話をすることもできなかった。第一、病院から出られずにいる男が女性に交際を申し込むなどということはありえないと思っていた。[※5]

佐藤は戦争で天皇や軍に幻滅し、民主主義を唱えていながらそれを傷つけたアメリカ占領軍にも嫌気がさしていた。このころの佐藤にとって唯一確かなものは、組合の仲間だった。誰もが互いを尊重し、ともに活動していた――天皇のためでも、軍のためでも、もちろんアメリカ人のためでもない。それまで感じたことがないような連帯感と友情を、佐藤は実感できた。

結核には感染性があるため、家族以外の人が診療所へ面会に来ることはめったになかった。佐藤のもとを訪れるのは、海員組合の仲間だけだった。共産主義については基本的な知識しかない佐藤だったが、昼夜を分かたずマルクスやレーニンに読みふけるうちに、傾倒を深めていった。もっとも、共産主義に転向した患者は佐藤だけではない――共産党はチューターに本や雑誌を持たせ、診療所に送り込んでいた。また、佐藤は実生活のなかでも弁証法的唯物論を学び取っている。ストレプトマイシンは今でこそ容易に入手できる薬だが、当時は一二本で三万円近くと非常に高価で、普通の患者の手に届くようなものではなかった。「薬を買う金のある人間は助かるが、そうでない人間は死ぬ。診療所では毎日のように、ひとりかふたりは死んでいました。これほど具体的な教えはありませんよ。資本主義社会では金のある者が生き延び、ない者は死ぬ、ということです」

両親がなんとか金を工面してくれたおかげで、佐藤はまたもや、からくも命をつなぐことができた。定職に就いたことがなく、仕事を選ぶことはできなかったため、貸本屋で働き始めた。退院して自活をするようになり、心は自然と民子のほうへ向かった。連絡先を調べ、誘いの手紙を送る。民子は躊躇なく貸本屋に向かい、それから頻繁に会いに行くようになった。最後に受け取った手紙には、結婚を申し込む言葉が、そうしなければいけない理由も織り交ぜつつ、書かれていた。ふたりは出会いから一年後に結婚し、佐藤は貸本屋の仕事を辞めて民子の家族が経営する化粧品店を手伝い始めた。店の近所に共産党系の出版物を扱う書店があり、小島晴則という青年が店主を務めていた。小島と佐藤の身の上はよく似ていた。新潟の米農家の息子で、戦争末期に軍務に就いている。ふたりは意気投合し、何時間もマルクス主義の価値について話し合うようになった。自分たちは、天地がひっくり返るような衝撃的な体験をした。けれど共産主義には、世界を正常に戻す力があるだろう。

第8章　偽りの経歴

北朝鮮の人々は皆、自身の身のほどを知っている。政府は一九五七年に、全公民を本人や親族の政治的信用度に基づいて分類する身分制度を設けた。大きく「核心階層」（抗日遊撃隊、朝鮮戦争の英雄、労働者、農業者の子孫）、「動揺階層」（商工業者、専門職者、越南者の子孫）、「敵対階層」（キリスト教徒、地主、売春婦、資本家の子孫）の三階層があり、それぞれの階層はさらに細かい成分（ソンブン）に分けられる。成分は全部で五一にのぼる。北朝鮮ではいまだに、人生の進路が身分によって決まる。核心階層は特権的地位を代々受け継ぐが、敵対階層は都市部に住むことも、一流大学に進むことも、軍人になることもできない。日本の中流家庭出身だった蓮池薫は、このいずれにも入らない。だから朝鮮公民としてエリートコースを歩むことは望むべくもなかった。

自分の抱えるハンディがあまりにも多く、事態がどう転んでも得をすることはないので、薫は隙あらば北朝鮮の制度を逆手にとるようになった。北朝鮮は世界のどの国よりも多文化主義とは縁遠く、きわめて画一的な社会で、階層構造も硬直的である。そのため、予想外の行動や異質なものに接したとき、どうすればいいのかを誰も教えられていない。招待所区域の規則は、その住人――機密度の高い情報を知っている人や薫のように存在自体が国家機密である人――が区域外の一般人と接触する可能性を減らすことを目的につくられていた。例えば拉致被害者は、指導員の同伴がなければ外に出ることはできない。だがしばらく招待所区域でおとなしくしていると監視が甘くなることに、薫は気がついた。指導員が休みをとることの多い土曜日や日曜日に、許可なく区域外に出るようになった。規則を破るスリルを味わいながら、警備員に黙礼した。自由を奪われた人間にとっては、ほんのいっときでも解放感を味わえることがこのうえない快感になる。外出時間は次第に長くなり、そのうちに釣り竿を手に、歩いて一時間半ほどのところにある池に行くようになった。その池には魚がたくさんいるという噂で、薫は餌をつけた釣り針を投げ入れると、月明かりの下、静かな夏の夜を何時間も過ごしたものだった。

招待所の知り合いと連れ立って、警察学校が管理している養殖場に行ったこともある。そこは立ち入りを禁止されていたが、かえって釣りをする快感を覚えられた。[※1]池に到着すると、ふたりは先にいた釣り人たちに会釈し、釣り糸をたらした。するとそこへ数人の安全員があらわれ、〈ここで何しているんだ〉と叫んだ。北朝鮮には賄賂を得たり自分の点数を稼いだりすることを目的に違反行為を針小棒大に扱う小役人が多いが、それにしても、この態度はあまりに大げさだと薫は感じた。少尉の階級章をつけた安全員が釣り竿をひったくろうとし、怒鳴り散らす。〈安全部の魚を泥棒するつもりか。さっさとよこせ〉

単刀直入な物言いを嫌う、言わぬが花という日本文化のなかで育った薫は、本心を覆い隠すすべを知っていた。そしてこの地でもそうするのが賢明だということが、北朝鮮で学んだ唯一のことだった。国家としてのこの国の態度は確かに好戦的だが、それでも犯罪は少なく、薫と祐木子も拉致されたとき以来、暴力を振るわれたことはなかった。だがこの瞬間、薫は数年間ためてきた鬱憤を抑えられなくなった。連れに向かって、〈この人はいったい何ですか。なんでこんな乱暴をするんですか〉と、日本語でまくし立てる。安全員は一瞬ひるんだ。薫の意図を察知した連れは仲裁役を演じてくれる。〈こちらは外国のお客さんだ。ちょっと息抜きに釣りに来ただけだ。没収なんてしたらあとで問題になるぞ〉北朝鮮では、事情はなんであれ外国人がらみのトラブルに巻き込まれた人は危険な立場におかれる。安全員は釣り竿を手から放し、帰れというような仕草をした。相手を言い負かすことができたわけではないが、少なくとも動揺させたことに、薫は満足を覚えた。

薫と祐木子はたまに旅行をすることができた。三、四年に一度だったが、ピョンヤンや金剛山（クムガンサン）へ一生に一度でも行ければ幸運という普通の人に比べれば、かなりの頻度だった。とはいえそこはやはり北朝鮮での「余暇」活動なので、革命ゆかりの地で学ぶことが目的とされていた。旅先の定番は金日成（キム・イルソン）生誕の地や、金正日（キム・ジョンイル）が生まれたとされる白頭山（ペクトゥサン）、金日成と遊撃隊が日本人を打ち負かした革命戦跡地など。しかし、薫にとって旅行は北朝鮮への愛国心を掻き立てるものではもちろんなく、心の換気という意味があった。そして自分がこの国にけっして馴染めないことも思い起こさせた。

一九八一年夏、薫と祐木子は二〇〇キロ離れた元山（ウォンサン）までドライブに出かけた。日本海を見るのは拉致されて以来のことで、薫ははやる気持ちを抑えるのがやっとだった。潮の香りで望郷の念に駆られ、波のなかに飛び込んでしまいたいという誘惑を振り払おうとした。だが〈このまままっすぐ泳いでいけば、佐渡あたりにたどり着けるかもしれない！〉と妄想してしまう。白頭山旅行の際には、ふたりは指導員に連れられ、対岸に中国の町並みを望む鴨緑江（アムノッカン）の川辺に行っている。そこには警備兵もいなかった。朝鮮側の岸では女性が石の上で洗濯をし、裸の子供たちが遊んでいた。中国側の岸には、「時は金なり」の文字——当時この共産主義国で広がっていた経済改革のスローガン——が見えた。薫はふたりで川を渡り、日本大使館や領事館に逃げ込むことは可能だろうかと、思案したという。

薫が唯一楽しむことのできたのは妙香山（ミョヒャンサン）への旅行だった。深い渓谷と清浄な瀑布、鬱蒼とした森林に、心が洗われるような気分になった。神話では、朝鮮の始祖である檀君がここに天下ったとされる。妙香山には数多くの仏教寺院も点在するが、もっと新しい見どころは、金日成父子に世界各国首脳から贈られた品々を展示した博物館だ。薫の目的は自然を満喫することだったが、指導員たちは酒盛りを開いて焼酎をあおり、歌い騒ぐのを楽しみにしていた。薫も飲酒や歌を要求されたが、適当に付き合うだけにした。そして相手が酔ったころを見計らって抜け出し、小道を歩いて渓谷の水のなかで泳いだ。浸していいのは手だけだという決まりがあることを知っていたため、道からは見えないよう、岩陰に隠れていた。

すると険しい表情をした中年男性が怒鳴りながらやってきた。そこは入水禁止なのだという。腕には管理人の腕章をつけている。その声で平穏を乱された薫は一瞬戸惑ったが、努めてしおらしげな顔をした。〈すみません。祖国の水があまりにきれいなのでつい入ってしまいました。入水禁止だとは知りませんでした〉と、外国なまりを交えて答える。表現を慎重に選び、〈私はアメリカに住んでいて今回初めて共和国北半部を訪れました〉と付け加えた。〈共和国北半部〉とは各国の北朝鮮支持者が使う言葉である。アメリカという言葉にも、薫を〈大事な人物〉に見せる効果があった。

それを聞いた管理人は表情を和らげ、〈そうでしたか。大変なところからおいでになりましたね。……祖国の山河は素晴らしいでしょう。どうか目立たないように沐浴して行ってください〉と言うと、身を縮ませながら去っていった。

薫と祐木子は再会した一九八〇年に、偽りの経歴を考えるよう当局に言われた。日本人という身分を隠し、北朝鮮の社会に溶け込めるようにするためだ。移民が珍しくなく、異文化が身近にある多文化社会でなら、もっともらしい話をこね上げるのは簡単かもしれない。だがふたりの言葉になまりがあるわけや、北朝鮮について何も知らない理由を説明し尽くせるような物語の材料は、多くはなかった。[※2]

しかし、収まりのよさそうな材料がひとつだけあった。北朝鮮にうまく適応できずにいる在日朝鮮人という身分を使うのだ。六〇年代から七〇年代の北朝鮮には、差別や貧困から抜け出そうと、日本から九万三〇〇〇人の「同胞」が戻ってきていた。さまざまな物資を送ってくれる親戚が日本にいるためには、この人々は羨望と軽蔑の対象になっていた。そうする余裕のない貧しい親戚しかいない人は、ピョンヤンから遠く離れた酷寒の山間地に追放された。強制収容所に送られたまま、消息不明になった人はおびただしい数にのぼる。薫と祐木子は帰国船の出航地があった新潟県の出身だったから、説明を肉づけすることもできた。こういう関係から薫と祐木子はそれぞれパク・スンチョル、キム・グムシルと名乗り、日本での生活を捨てて聖なる「祖国」に旅立ったというストーリーを練り上げたのだった。

第9章　帰国事業――日本から北朝鮮へ

第二次世界大戦が終結した時点で、日本にはおよそ二〇〇万人の朝鮮人がおり、一九世紀末以降に経済的理由で渡ってきた人が一〇〇万人を占めていた。一九三二年から四〇年にかけて、毎年ほぼ八万人が労働力として強制的に渡航させられていた。戦時中に日本軍で戦っていた朝鮮人は三五万人、日本で鉱山労働者や工員として働いていた朝鮮人は五〇万人にのぼる。

当時アメリカは朝鮮のことをほとんど何も知らなかった。一九四五年八月一〇日には、ディーン・ラスク（のちの米国務長官）とチャールズ・ボーンスティールというふたりの将校が半島を米ソ各占領軍のあいだで分割すべく、『ナショナル・ジオグラフィック』の地図を見て、北緯三八度線に沿って線を引いている。日本を中ソの共産主義に対する防波堤につくり変えるというのがアメリカの戦略だったが、朝鮮人のことは不安定要因、もっと言うなら破壊活動を行いかねない左翼分子とみなしていた。英連邦占領軍の諜報報告も「日本に相当規模の朝鮮人マイノリティが存在する限り、この集団は法と秩序に対する脅威になる」と断じている。アメリカは日本の朝鮮人マイノリティのことをあまりよく理解しておらず、朝鮮に帰国するものと予想していた。八〇万の朝鮮人が、占領後の三カ月、つまり八月から一一月にかけて帰国し、その後も続々と日本をあとにしたが、何代も前から日本に住み続けていた残りの六〇万人は、のちに日本で最大のマイノリティになる。

この人たちが日本にとどまったのは、ひとつには分断された朝鮮半島の情勢が不安定だったためである。北部ではソ連式の人民委員会が産業を国有化し、土地を再分配していた。南は経済が崩壊寸前だったうえに政治抗争で混乱状態にあった。日本にいた朝鮮人はあらゆる選択肢を考慮し、この地にとどまるのが安全だと考えた。植民地出身の臣民として、日本国籍を与えられていたのだ。けれどその一方で、朝鮮人は自分たちを連合軍によって解放された日本の犠牲者ととらえ、賠償を受けてしかるべきだと考えていた。これに対して、アメリカは三五万人の朝鮮人が日本軍のために戦った事実を重く見ていた。[※1] ならば、占領軍としてはどのように朝鮮人を扱うべきなのか。日本の犠牲になった解放人民として？　それとも日本軍とともに戦った破壊分子予備軍として？　しかしそこから生まれた折衷案は、誰を満足させることもなかった。その後朝鮮人は、普段は「解放人民」とみなされ、安全保障の問題が持ち上がると「敵国人」にされることとなる。

日本の占領は、一九五二年発効のサンフランシスコ平和条約によって正式に終止符を打った。日本は植民地を放棄することになったが、それに伴い、朝鮮人をはじめとするマイノリティから日本国籍を奪い、法的空白地帯に置き去りにする結果になった。一九六五年になってようやく、朝鮮人〔韓国籍保持者〕のうち一九四五年八月一五日以前から日本に居住している人に「永住」許可が与えられることになり、法的地位が定まった〔これは日韓両国政府間の協定に基づく措置なので、朝鮮籍の人は対象になっていない〕。朝鮮人は、日本に住み続けることは可能だったものの、法律家や教員、看護師、銀行員、公務員（郵便局員や消防士）にはなれなかった。また銀行で融資を受ける、奨学金を申請する、福祉制度を利用するといったこともできなかった。〔終戦直後は〕失業率が高く、民間部門での就職も難しかった。こうした制約があったことから、戦後の在日朝鮮人の多くは、ちょうどジム・クロウ法時代のアメリカ黒人と同じように主流から離れたところで働かざるをえず、スポーツや芸能、果ては組織暴力の世界に流れていった。なかには植民地時代に押しつけられた日本名を使って社会に溶け込む人もいた。はからずも、単一民族という日本人の新しい自己像を補強する結果となったわけである。

市民的権利も政治的、経済的権利もなかった在日朝鮮人の生活は戦後になってもほとんど変わらず、むしろかえって苦しくなる場合のほうが多かった。一九五二年時点で、朝鮮人の七九パーセントが失業状態にあった。在日朝鮮人は主流から締め出され、犯罪者の比率も日本人の六倍に達していた。アルコールや薬物への依存という問題も抱えていた。そこでふたつの団体が、朝鮮人に助けを差し伸べ、生活の改善を支えるようになる。資本主義の韓国を支持する人のための民団と、共産主義の北朝鮮を支持する人のための総聯である。日本共産党が積極的に働きかけたといういきさつから戦後の日本には数多くの朝鮮人共産主義者がおり、総聯の加盟者数は民団をはるかに上回る規模となった。総聯——正式名称は在日本朝鮮人総聯合会——は日本における北朝鮮の実質的な代表機関で、旅券発給などの対外関係事務を処理している。また社会福祉サービスや就職・住宅・教育分野での支援を提供するほか、北朝鮮への渡航に関わる手続きを行い、日本と北朝鮮をつなぐ窓口の役割も果たしている。

一九五六年六月、金日成(キム・イルソン)は内閣命令第五三号「日本から帰国する朝鮮公民の生活の安定に関して」を公布、在日朝鮮人の「帰国」を促した。[※2] 北朝鮮の申し出は魅力的だった。帰国者は住居と教育、医療を無料で提供されるうえ、給付金も受け取ることができるという。日本政府は何年も前から、貧しい極左の朝鮮人を排除する計画を検討していたため、岸信介首相も時を移さず、帰国に同意した。[※3]どんな人も、在日朝鮮人の帰国には何かしらの意味や利点があると考えていた。〈分極化の状況で、〝帰国〟は政治的両極をひとつに集められるテーマだった。それに、〝人間的関心〟を強くひく問題でもあった。あれほど多くの新聞や雑誌が、政治的傾向が異なるにもかかわらず、在日朝鮮人の〝祖国への帰国〟という大義を支持したことも不思議ではない〉と、歴史家のテッサ・モーリス＝スズキは『北朝鮮へのエクソダス』のなかで述べている。[※4]北朝鮮は「地上の楽園」だという朝鮮総聯の主張を日本の新聞はそのまま反復し、「帰還者に失業なし受け入れ住宅も五万人分」とか「北朝鮮の帰還受け入れ完全」といった見出しを立てた。一九五九年一二月一四日、赤十字国際委員会が仲介役となり、新潟から帰国船が出港。これを皮切りに、以後一八六にのぼる船が九万三〇〇〇の朝鮮人を運ぶことになる。

帰国船（朝鮮通信＝時事）

　この帰国船のことは日本全国で大々的に報じられた。『新潟日報』は取材に二〇人の記者を投入している。当時の高揚した雰囲気を中島欣也はこう振り返る。[※5]「帰国者の表情は晴ればれして、体からオーラのようなものが漂っていました。みんな北朝鮮を信頼しきっていて、自分たちが国の役に立てることを喜んでいた。男性のひとりは、北朝鮮で開発されたという原子力で動く装置のことを話していましたね。その装置が発する光線でどんな病気も治療できるのだと。日本にはそんなものはないが、北朝鮮では誰もが無料で利用できると断言していましたよ」中島は在日朝鮮人の夫とともに渡航した一八〇〇人の日本人妻のことがとくに気にかかったと語る。「北朝鮮についてのこういった話を妻たちが信じているのかどうか、という問題は置き去りにされていた。夫は向こうに行くことになるのだし、そういう人の妻ならば夫を信頼するべきだと考えられていたんです」

一九四一年に鯖江市で生まれた斉藤博子が未来の夫に出会ったのは、一七歳のときである。[※6] 鯖江市は良質な眼鏡の生産地として知られ、その男性も眼鏡工場で働いていた。彼は一九三六年に朝鮮で生まれ、求職中の親に連れられて日本に来たときは三歳だった。朝鮮語は少ししかわからず、話すこともできない。その男性は日本にすっかり溶け込んでいたので、博子は初対面のときにも、彼が朝鮮人であることに気づかなかった。男性の出身地を知ったときには、親が交際に反対するだろうと思い、動揺した。しかし泣きついたり怒ったりと、硬軟使い分けて親に抵抗した。「彼が朝鮮人かどうかなんて関係ないと母に言いました。本当に結婚したかった」と博子は述懐する。彼女は強く、この先どんな差別を受けようとも生きていけるという自信もあった。「日本にいる限りは結婚相手が日本人であろうが朝鮮人であろうが私には違いはなかったんです」ふたりは一九五九年に結ばれ、翌年に女の子を授かる。ちょうどそのころ、鯖江市では朝鮮総聯が朝鮮人世帯を巡回し、北朝鮮の奇跡について掻き口説くように語っていた。博子の婚家の人々は――一〇人が世帯をともにしていた――赤貧にあえいでいたこともあり、北朝鮮に行くという結論を下した。

博子はやはり日本人だった義姉と額を寄せ合って、この先どうすべきかを相談した。日本に住み続けたいし、北朝鮮ではよい暮らしができるという話も真に受けられない。かといって、子供がいる今となっては家族と別れて暮らすのも難しい。それに親の反対を押し切って朝鮮人と結婚した手前、実家に戻るわけにもいかない。それでもやはり日本にとどまるという結論をふたりは導き出し、家族には黙っていた。博子は混乱状態にあった当時の新潟のことを振り返る。「北朝鮮に行く意思のあるなしを確認する手続きがとられることになっていて、私は一人ひとり個別に面接を受けられるのだと思っていたんです。そこで「行きたくない」と答えようと考えていました」

これほどの大集団を日本から北朝鮮に運ぶということは実務上の複雑な問題を抱えることでもある。日朝間には外交関係がなかった。そのうえ第二次世界大戦と朝鮮戦争という二度の戦争からの復興も緒に就いたばかり。帰国事業は、公式には赤十字国際委員会の支援で行われることになっていたが、事業のどの段階にも日本とアメリカ、ソ連、北朝鮮の政府が絡んでいた。最も激しい対立を引き起こした問題は、思想的というより実務的な性質を帯びていた。そもそも九万三〇〇〇もの人——しかも貧しい女性と子供がその半数近くを占めている——について、自らの意思で渡航するのか否かを確認するなどということは可能なのだろうか。帰国を強制したくない赤十字は各人が納得いくよう個別に面接することを主張した。だが当時のように混乱した状況下で、「適切な情報に基づく選択」とは、いったい何を意味したのだろう。

北朝鮮側はそのような規定を設けることに猛反対し、総聯は帰国手続き業務をボイコットした。そのため、列車で新潟までやってきた朝鮮人は赤十字の宿舎に留めおかれた。数週間のうちにそうした人の数は百人単位に達し、衛生状態も悪化する。結局妥協が図られ、赤十字が面接を行うこと、世帯単位で実施することが決まった。しかもやり取りの様子をガラス張りにする狙いがあるのだろう、面接のための部屋の扉を外すという。

「思っていたのとは違って、面接は家族と一緒でした」と博子は言う。やりきれない気持ちを抱えながら、義姉とともに静かに面接を見守った。赤十字の担当者が家長である義父に自由意志で北朝鮮に戻るのかを確認すると、義父は「はい」と答えた。船は一九六三年六月一八日に新潟港を出た。乗船者数は、帰国事業が開始されて以来最大規模の一三〇〇人。自分と義姉以外にも数人の日本人妻がいて、不安げな様子だったことを博子は覚えている。

金日成が在日朝鮮人を呼び寄せた理由について正確なところはわからず、今も議論が続いている。朝鮮戦争が残したさまざまな課題を抱えていた北朝鮮が、ここまで大規模な人の受け入れを望んだのはいったいどうしたわけなのか。同胞に手を差し伸べる人道支援活動だったのか。国内の労働力不足を補うための実利主義的な試みだったのか。研究者はこうした説明に懐疑的な見方をしている。「労働によって北朝鮮に貢献できると考えていた人たちは、自分たちにできることはあまりないということに気がついた」と、ソウル大学で教鞭をとる歴史家の朴正鎮（パク・チョンジン）は言う[※7]〔二〇一七年現在、津田塾大学准教授〕。北朝鮮は在日朝鮮人の移動を外交の道具として使った。朴正鎮によれば、「帰国事業は日本と韓国が国交正常化に向けて大きく前進しつつあったタイミングで行われた」何千人もの在日朝鮮人が資本主義の日本を拒絶して社会主義の北朝鮮を目指すという構図は、国交正常化に向かう流れを混乱させることになる。日韓の交渉が一九六五年まで成果を出さなかったことを踏まえれば、金日成による介入は功を奏したと言えるかもしれない。在日朝鮮人の大半が南部の出身だったから、その人たちが北朝鮮へ帰るという事態は、韓国にとって穏やかでない。実際、憤激した韓国側は、在日朝鮮人の北朝鮮への移送を妨害するために軍事力を行使する可能性をちらつかせている。

想像するに、さまざまな動機が働いて、北朝鮮は帰国者を受け入れたのだろう。九万三〇〇〇人の帰国者は日本国内での偏見の犠牲者だったのか。北朝鮮が呼びかける民族連帯の相手だったのか。あるいはその両方だったのか。いずれにしても、冷戦の引き起こした悲しい争いで、この人たちが捨て駒として使われた面があることは否定できない。

佐藤勝巳と同じように、小島晴則もまた新潟の貧しい米農家の息子だった。[※8]一九三一年生まれで、九人きょうだいの二番目として亀田町で生い立った。偉大なる戦争で日本のために戦うことが子供のころからの夢で、チャンスが到来したのは一三歳のときだった。米軍が日本本土に向かって北上していた一九四四年、日本の戦闘機開発はアメリカに追いつけずにいた。そこで、戦闘で持ちこたえられなくなった飛行機を人力誘導ミサイルとして使ってはどうかということになった。一二七四年にモンゴル帝国が日本に襲来したときに敵軍を撃退した暴風雨を、日本では「神風」と呼びならわしている。このときに風が日本を守ってくれたのなら、今回も新しい神風が守ってくれるだろう、というわけだ。神風特別攻撃隊が最初に使われたのは一九四四年一〇月のことで、このときには成功を収めた。その後およそ二〇〇〇機が投入されたが、操縦士二五三〇人の死が戦況に変化を及ぼすことはなかった。

小島が訓練所に入所したのは一九四五年七月。自分が死ぬことになるのはわかっていたが、米軍と対決できるときを待ちわびていた。使い物になる飛行機がほとんどなかったため、練習機は古いものばかりで、ときには二〇年前に製造されたものを使った。安全のため、土を詰めた俵を実弾の代わりに装着して攻撃訓練を行った。幸いなことに、訓練所に来て一カ月後に日本は降伏した。敗戦には精神的打撃を受けたが、命拾いできたことに安堵した。だが、いったいなんのために自分と同じような大勢の若者が命を落としたのかとも思った。鬱々とした気持ちを抱えながら新潟に帰る途中で目にした東京の光景にも、衝撃を受けた。何もかもが焼夷弾に焼かれ、瓦礫の山と化していた。戦争に駆り立てられた国のなれの果て……。小島は言う。「そのときに悟ったのは、軍国主義者に日本を再建することはできない、みんなが平等に扱われる社会主義国家が必要なのだということです」

新潟にいた知り合いも一様に、小島と同じことを考えていたようだった。長い獄中生活から解放された共産主義者が理論に裏打ちされた平和主義を唱え、国会で議席を増やしていることに、小島は強い印象を受けた。学のなかった彼の家族も、左翼系の農業者団体に入っている。小島自身は一九五〇年に共産党に入り、出版関連部門に配属された。新潟で行われたメーデーの行進にも参加したし、フルシチョフが一九五九年の訪米時に資本主義を批判したことも素晴らしいと思った。社会主義の奇跡に目をみはっていたのは日本人だけではない。「アジア全域に、この思想が広がっていくように思いました」と小島は言う。「日本の著しい不平等を改めるのに、一日たりとも無駄にはできないと」そんなとき、エドガー・スノーの『中国の赤い星』(一九三七年)が目に留まる。毛沢東および紅軍とともに過ごした日々を好意的に記録したこの作品を、小島は耽読した。「中国での実験は燦然と輝き、革命の炎はアジア中に広がり、われわれ自身も、北朝鮮の誕生を目のあたりにしていました」

これが、帰国事業に参加した日本人の思想的背景のあらましである。中国は成功に近づいているように見えたが、朝鮮戦争で壊滅状態になっていた北朝鮮には同志の支援が必要だった。すでに述べたように小島は左翼系の書店を経営しており、近所には佐藤勝巳夫妻の化粧品店があった。米農家の息子で共産党員のふたりが出会ったのは一九五五年。小島は佐藤のことを「心底から信頼していた」そして、互いに相手のことを深く理解していた。一九六〇年から六四年まで、ふたりは同じビルを拠点に活動している。小島は「在日朝鮮人帰国協力会」の一員として、佐藤は「日朝協会新潟支部」の事務局長として。佐藤の任務は北朝鮮と日本共産党の交流をはかることだった。その仕事をするまで、朝鮮人の知り合いはあまり多くなかったが、朝鮮人の情熱的なところや率直さが好きになったという。「驚くほどまっすぐでした。自分を包み隠すということをしない。欠点だろうがなんだろうがさらけ出すんです」佐藤は政治的な橋渡し役を担い、小島は帰国事業の実務を担当した。たいていの場合、帰国する家族は新潟に三日ほど滞在するのだが、佐藤はその間に必要書類を整える手伝いをしていた。朝鮮総聯の担当者がいつもそばにいて、北朝鮮に持ち込むには大きすぎる荷物を帰国者と一緒に選り分けていたのを覚えている。

初期に帰国した朝鮮人は、未練を掻き立てるようなものをいっさい日本にもたない、最底辺にいる人たちだった。そのなかに手足や指のない男性がかなりいることに、佐藤は驚いた。あとでわかったのは、朝鮮総聯が積極的な平等主義に基づき、かつて鉱山や工場などで危険な労働に携わっていた人を優先していたということである。佐藤は、このような恵まれない人たちがようやく人間らしい扱いを受けたことに感激し、「これこそが共産主義だ」と思った。ときには、あたりの雰囲気が盛大な宴のように盛り上がることもあった。「あんな笑顔は見たことがなかった」と小島は回想する。[※9]「顔が破れるんじゃないかと思うような笑い方でね」朝鮮人の帰国者と日本人の共産党員は夜な夜なともに踊り、朝鮮の民謡を歌った。

北朝鮮に帰った人々の無事を、佐藤は祈っていた。あるとき、知人から一通の手紙を見せてもらった。国際郵便には薄い紙を使うことが多いが、差出人が使っていた紙は、薄いというより、持っただけで破れるような代物だった。「トイレットペーパーにも使えないような紙には、親愛なる指導者、金日成を賞賛する言葉ばかりが書かれていた」という。そして「唐辛子や調味料、ペン、紙、暖かい衣類を送ってほしい」という言葉で結ばれていた。

その後も帰国した人たちからの手紙を見た。こちらの生活は素晴らしく、教育も医療も無料だ、すべて寛大な金日成首相のおかげだ、とよいことを書き連ねた手紙ばかりだった。だがどの手紙にも、衣類や薬、食料品、それも日本で最低の暮らしをしている人でさえ持っているようなものを送ってくれという要求が添えられていた。一九六一年ごろになると、帰国者は暗号を使って本音や真実を伝えるようになった。日本語は話者と受け手の関係によって言葉づかいが変わる。親族間で交わされたある手紙は、事務連絡を装いつつ「来るな」というメッセージを伝えていた。ある人たちは、筆記用具を使い分けて暗号代わりにしていた。ペンで書かれているなら「手紙の内容は真実」ということで、鉛筆なら逆の意味になるのだという[※10]。もっと念の入った手紙もあった。暮らしぶりについての美辞麗句や金日成への賞賛に加え、帰国を促すメッセージ——を装った、裏のメッセージ——を付け加えるのだ。例えばある手紙では、おじが甥に「二〇歳になったら来い」と書いているが、佐藤によれば、その甥は生まれたばかりだったという。切手の裏に、悲惨な暮らしが綴られていることもあった。

手紙を受け取った人は、自分の感知したことについて話そうとはしなかった。帰国した家族が不満を感じていることが北朝鮮政府に知れると、その身に危険が及ぶ恐れがあるためである。また、そうした手紙は思想的に疑わしいごく一部の不満分子が不平を書いたものにすぎないという朝鮮総聯の説

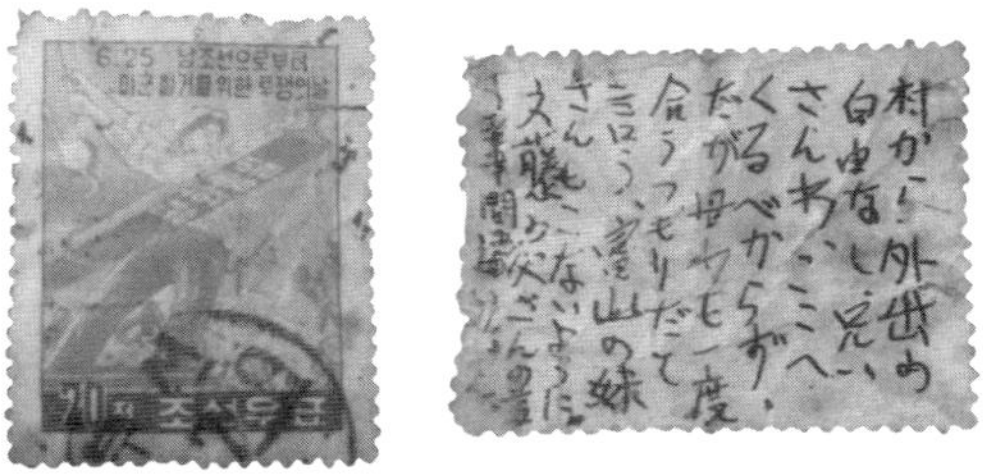

北朝鮮から届いた切手。秘密のメッセージが書かれている。（木下公勝氏提供）

明にしがみつく人もいた。手紙に書かれていることの正否は別として、新しい社会主義国家の評判を傷つけるようなことを進んでする人は誰もなかった。

帰国者を送り出すようになって五年が過ぎた一九六四年七月、小島はようやく北朝鮮訪問の許可をもらい、約束の地を見ることができた。帰国者についての噂はすでに流れていたが、それでも共産主義の事業を信じていた小島は、それまでに何度も訪問の要請をしていた。北朝鮮は当時も著しく秘密主義的で、日本と北朝鮮のあいだを行き来できるのは政府の役人だけだった。小島はピョンヤン、雲山（ウンサン）、咸興（ハムン）、南浦（ナンポ）、それに三八度線近くの非武装中立地帯（ＤＭＺ）など、主要な場所にはすべて行った。市民生活は予想を上回る悪さだったが、西側帝国主義者による貿易統制のためなのだと自分に言い聞かせた。それより厄介だったのは、当局が自分たちに監視の目を光らせていたことだった。ここでは同志が自分たちのことをスパイか何かのように見ているのだ。現地の人と自由に話をすることができず、会う人会う人、いずれも怖がっているのか、中身のないことしか話さない。しかも、前もって練習していたように聞こえ、必ず「偉大なる金日成首相のおかげ」というような言葉がはさみ込まれていた。小島は自分が送り出した人たちにぜひとも会いたいと伝えたが、返ってきたのは仕事で忙しいという答えだった。

当時の日本人旅行者の御多分にもれず、小島はカメラなしではいられなかった。このときもスチールカメラと8ミリフィルムカメラ——

日本の戦後経済の成長に一役買っていた――を一台ずつ持ち込んでいる。人と話しても得るものはないことに業を煮やし、見たものすべてをカメラに収めることに決めた。小島が撮影ばかりしていたせいで指導員は警戒し始め、カメラをしまうよう何度も注意した。雲山で昔ながらの朝鮮らしい光景――頭に籠をのせ、一列になって歩く女性たち――の写真を撮ると、指導員は恐慌をきたし、「こういう写真は撮るべきではない」と言った。村の広場でサッカーをしている上半身裸の少年も被写体として不適切と判断された。小島はとうとう指導員から、人はいっさい撮影してはならぬと言い渡される。北京行きの飛行機に搭乗する前には係官に写真を点検され、問題のあるものは全部破棄された。ありがたいことに、8ミリカメラの技術は当時まだ新しく、北朝鮮の当局者も中身を調べることはできなかった。

小島は途方に暮れる思いで新潟に戻ってきた。渡航の条件として、驚異に満ちた社会主義の楽園について報告を行うことになっていたのだ。ジレンマに陥った。滞在中に知ったショッキングな側面に触れずに、どうやって話をまとめればいいのか。考えた末に出した結論は、自分が見たもの――新しい病院や学校、アパート、道路、活気あふれる朝鮮が生産しているさまざまな製品など――に話題を絞って淡々と語ることだった。一度も確認できなかったもの――話をする自由、質問する自由、そのほかさまざまな自由――については黙っていた。「当時はまだ帰国事業に携わっていたので、運動を正当化したいという思いがあったのです。共産主義者として何年もやってきた自分にとって、現実を直視することは信じてきたものを全否定することにほかなりませんから」と小島は話す。疑念を共有できそうな相手が、ひとりいた。帰国一週間後、小島は佐藤を自宅に誘い、撮影した8ミリを見せた。佐藤は当時を振り返る。「見始めたのは夜一〇時ごろで、結局夜を明かしました。最初から最後まで何度も再生し、途中で止めては見たものについて話し合った。映像が何を意味するのか分析し、議論し、考えをめぐらせました」

小島は古くからの友人に、北朝鮮の実験に対する疑念を洗いざらい吐き出した（共産主義そのものへの疑念も、あるいは口にしたかもしれない）。北朝鮮では一挙手一投足にいたるまで干渉を受け、なんということもなさそうな写真でさえ問題視されたと語った。撮影を禁じられた写真や帰国便の搭乗前に廃棄された写真のことも細々と説明した。これがほかの人の話だったら、佐藤は疑ったことだろう。しかし8ミリの記録を見ているうちに、北朝鮮について自分が知らされていたことは注意深く編集された嘘であることが徐々にわかってきた。「そのころから私は、公式発表された写真や記事を見るたびに、どの程度の捏造が混じっているかを感じ取れるようになりました」と佐藤は言う。「北朝鮮がこちらに提供したもののなかには、一片の真実もなかった」朝日が昇っても、ふたりは押し黙ったまま座っていた。北朝鮮に送り出した何千人もの人たちのことを考えた。「あなたは独裁という言葉を目にしたことはあるだろうが、独裁そのものを自分の目で見つめたことはありますまい。独裁が現に存在するという具体的な証拠を目にし、しかも自分がそれに加担したという事実を突きつけられたことはないでしょう」佐藤は私にそう問いかけた。小島が共産党と決別したのはそれから四年後のことである。新潟の北部に呉服店を開き、政治活動をしていたころの友人を避け、帰国事業のことを忘れようとした。一方、佐藤は生理的な反応に苦しんだ。心因性喘息を患い、ときには息ができないほど呼吸が困難になったのだ。息苦しさで夜中に目覚めることもあった。はじめは結核が再発したのかと考えたが、医者からは結核ではないと言われた。

佐藤は一九六五年に家族とともに東京に転居し、「日本朝鮮研究所」で働き始める。この研究所は北朝鮮に好意的なシンクタンクで、朝鮮半島情勢に関する研究成果を出版物の形で発表していた。都市では人脈を広げ、多様な情報に触れることができる。佐藤はその利点を最大限活用して北朝鮮に関する知識を吸収してゆき、その後は研究所の事務局長になった。心因性喘息の症状もなくなり、普通に呼吸もできるようになった。北朝鮮に幻滅させられはしたが、国際共産主義運動の唱える平等と正義の価値を信じ、研究所では在日朝鮮人の権利擁護問題に積極的に取り組んだ。

一九七五年、佐藤は文化大革命終盤の中国に行った。毛沢東に対する個人崇拝が著しく、反対する者は誰であれ弾圧されていた。その権威主義は驚くほど北朝鮮に似ていると佐藤は思った。毛沢東はスターリンや金日成と同じように、社会の隅々まで支配している。北朝鮮の実験が問題を抱えているのは突然変異のせいではなく、共産主義自体にそのようなＤＮＡがあるのだ。そのことを裏づける証拠を、佐藤は中国で見つけた。終戦のときと同じように、彼は信じていたものを失った。「どんな場面でも理論を当てはめて考えられるくらい、マルクス主義理論を頭に叩き込んでいたんです。しかし自分が信じていたあらゆる理念を否定し、壊さねばならなくなった。白紙の状態から自分自身の考えを組み立てる必要があった。その後の三年間は何も書けませんでした」佐藤の思想は変化してゆき、北朝鮮に親和的な「日本朝鮮研究所」に合わなくなった。そのため佐藤は路線を変更し、一九八四年に「現代コリア研究所」を設立した。以来、同研究所は反北朝鮮の重要拠点として、論文や研究を発信している。〈私は、主観的にはよかれと思ってやったことが、他人様の人生を目茶目茶にし、命を断ってしまう（多くの「帰国者」が強制収容所で死んでいる）ことに手を貸してしまったことを認めざるをえなくなった〉佐藤が一九九五年に発表した論文には、痛恨の念が影を落としている。[※11]

第10章　招待所の隣人

政権があらゆる対策をとっていたにもかかわらず、招待所区域で情報は、人類の最も古い経路、つまり噂によって伝わっていた。薫と祐木子が最初の招待所に落ち着き、世話係の女性が挨拶に来たときのこと。自分たちの身の上をうまく説明するストーリーを考えていなかった蓮池夫妻は、とりあえず出身地だけを告げた。女性はふたりのなまった朝鮮語を聞いていたから、「日本の方だったのですか」と納得したように言い、こう続けた。「少し前にも日本人のご夫婦がいらっしゃいましたねえ。お会いになるといいですよ[※1]」

地村保志と濱本富貴恵（いずれも当時二三歳）は福井県小浜（おばま）市で両親とともに暮らしていた。ジーンズショップ店員の富貴恵と建設会社の従業員だった保志は婚約中で、一九七八年秋に挙式することになっていた。地元には海を展望できるデートスポットがあり、ふたりきりの時間を過ごしたいときには、保志の運転する車で曲がりくねった急な坂道を登り、その公園に行ったものだ。七月七日も、保志と富貴恵はベンチに座り、月明かりがほとんどない暗い空に輝く星を眺めていた。と、背後から四人の男が忽然と姿をあらわした。男たちはいきなり襲いかかってきてふたりを押さえつけ、別々の袋に入れると、袋を肩に担いで数十メートルの坂を下り、待たせていたゴムボートに乗った。男たちに担がれて崖から浜辺へ向かっていたとき、保志は通り過ぎる自動車の光を袋の網目越しに見つめていた。

青年時代の地村保志と濱本富貴恵（共同通信社）

蓮池夫妻と同じように地村夫妻もまた、お前の恋人は日本においてきたと、北朝鮮到着後に言われていた。富貴恵は拉致されたときの夢ばかり見るようになり、毎朝目覚めるたびにそのことを思い出した。保志に会いたい——秋に結婚するはずだったのに。数週間が数カ月になり、自分のおかれた状況を受け入れざるをえなくなると、富貴恵の深い絶望は厳しい道を進む決心に変化した。どんなにつらくても、くじけない決意を固めた。「ここで生きていかなければいけないのなら、そうしよう。でも神様、ここで人生を終えるのは嫌です」心のなかで、そう叫んだ。※2

富貴恵は指導員からたびたび、結婚したくないかと尋ねられた。はじめは「適齢期」の自分をからかっているだけなのだと思っていたが、この男性が言っていることは冗談などではないということが徐々にわかってきた。工作員のような人との結婚をお膳立てされたのではないかと不安になった。北朝鮮の人とは結婚したくないと思っていたので、あくまで冗談として受け流すことにした。結婚を打診されるたびに、「いやだわ、何をおっしゃるんですか。そんな気はありません」と答えていた。だからかわいらしい新品の服を贈られ、何かの式場のような装飾を施された部屋に案内されたときには思わず身構えた。すでに結婚は決められていたのだ――ただし、新郎は富貴恵の知っている人だった。一年半ものあいだ、絶望のなかで学習させられていた保志と富貴恵はようやく再会を果たし、その日に結婚することになる。

招待所の住人は秘密を抱えていたので、隣近所であっても人々は互いに距離をおいていた。実のところ薫と保志は拉致から数カ月のうちに出会っているのだが、相手が監視役のスパイである可能性を恐れて、それぞれ自分のことを語らずにいた。蓮池家と地村家は同じ招待所区域にあり、数軒しか離れていなかった。薫と保志は事前に極秘の約束をし、ふたりだけで話をすることもあったが、落ち合う場所はたいてい近くの森のなかだった。次回の日時と場所は、帰り際に決める。ふたりは次第に兄弟のように親しくなり、語らいのときが――情報を交換したり、慰め合ったりするだけではあったが――待ち遠しくなった。高校を中退している保志は理知的な薫に一目おいていて、ときには助言を求めることもあった。子供が生まれると――蓮池家は一男一女、地村家は二男一女――誕生日や公休日などに集まるようになった。ふたつの家族が和気あいあいとテーブルを囲む。そんなとき、薫は目の前の光景を眺め、自分がどこにいるのかをほんの一瞬、忘れるのだった。

政権は拉致被害者にもほかの公民と同様に労働の対価を支払い、「この人たちも普通に暮らしている」というフィクションをもっともらしく見せようとした。大きな制約が課せられてはいるものの、北朝鮮にもある種の市場は存在する――とはいえ、経済活動の生み出す自由な領域が、貨幣改革などの政策によって壊されることもあるのだが。拉致被害者に対して北朝鮮ウォンで支払いを行うと、好きな場所で買い物をする自由を与えることにつながるので剣呑(けんのん)だと考えられたのだろう、被害者は当初、政府発行の擬似貨幣で支払いを受けた。これは特定の店でしか使えないもので、政府にとっては行動の記録を残すにも好都合だった。

そのうち、拉致被害者たちは米ドルで支払いを受けるようになる。公式レートは実勢レートに比べて甚だしいウォン高で、一ドル＝二・一六ウォンに固定されていた（二月一六日は金正日（キム・ジョンイル）の誕生日なので、このレートには象徴的な意味がある）。薫は運転手のひとりに勧められ、闇のルートを通じてドルをウォンに替えたことがあるのだが、このときに提示されたレートは非常によかった。そんなわけで地元の安い店でたくさんの買い物をし、外貨ショップで数倍高い品物を買わずに済ませたという。この混乱した世界では、朝鮮公民を装った日本人拉致被害者が米ドルを北朝鮮ウォンに交換し、ヨーロッパの製品を買うということも可能になったのだ。

招待所区域の外に出ることは不可能ではなかったが、しかるべき手続きを踏む必要があった。富貴恵は外出の機会をできるだけつくろうと考えていた。外の空気を吸うことができるし、懐かしい日本製品を買いたいという気持ちもあった。富貴恵はよくピョンヤンの繁華街にある外貨ショップに行き、政府から支給された生活費を使ってセーターや木綿の下着、お気に入りのフランス製シャンプーを買い求めた。しかし富貴恵の指導員にしてみれば、外出のたびに保安上の問題に悩まされることになる。そのうちに、ひとつのパターンができていった。指導員は治安機関のマークが入っていないセダンに富貴恵を乗せると、四五分かけてピョンヤンの繁華街に行く。外貨ショップに近づくと、店の外に止めてある車のナンバープレートに視線を走らせる。北朝鮮のナンバープレートは、外交官用車両の青、軍人用車両の黒、自家用車（つまり一握りの富裕層の車）のオレンジに分かれているので、遠くからでも所有者の身分を識別できる。外国人の車両が止めてあるのに気づくと、指導員は富貴恵を降ろさずに周囲を回り、その車が店を離れるのを待つ。

意外なことに、いったん店内に入ると、指導員は富貴恵が接触する人にあまり注意を払わなかった。富貴恵がどんな行動をとるか探りを入れるため、指導員があえて外国人と接触させているのではないかとさえ思えることもあった。富貴恵はイタリアやタイ、ルーマニア、レバノンの人たちに出会ったという——その場はさながら拉致被害者の国際連合のようだったろう。富貴恵はそうした人々と話をする前に、いつも指導員のほうを見やった。「話す相手が日本人でなければ、指導員にとってはどうでもよかったんじゃないでしょうか。それに、私にしてもほかの人にしても、何もできないのだし」と富貴恵は言う。会話をするときは誰もが細心の注意を払い、北朝鮮で暮らすようになったいきさつについてはいっさいしゃべらなかった。拉致被害者たちはシャンプーや化粧品などの品物を持ち寄って交換し、それから車に乗って各自の招待所に帰ったという。

子供が生まれたことで、蓮池夫妻は北朝鮮に深く根を下ろしていく。ふたりは一九八一年に生まれた娘に重代、八五年に生まれた息子には克也という秘密の日本名をつけた。子供が生まれるまで自分自身の人生をあきらめかけていた薫だったが、子供の誕生を境に、未来に対するある種の希望を感じるようになった。〈拉致によって家族との絆をすべて失っていた私に、北朝鮮の地で、新たな絆ができた〉と彼は手記のなかで述べている。〈親が生きているうちはもちろん、死んでからも子どもたちが、腹を減らさず飯が食え、凍え死なないように服を着ることができ、家庭を築き、生き甲斐のある人生を送れるようにすること、その基盤をつくること、それが、私たちの生きる目的となった〉という薫は、〈子どもへの夢があったからこそ、二十四年の自由のない生活に耐えられたと言っても過言ではない〉と考えている。薫にとっての故郷のあり方とはまったく違ったが、北朝鮮は子供たちの故郷なのだ。ふたりがこの厳しい世界で生きていけるようにするためなら、なんでもしなければならないと思った。[※3]

金正日が公の場に姿をあらわした一九八〇年一〇月、薫の胸にはかすかな希望がきざした。老境に入りつつある金日成（キム・イルソン）は息子を後継者にするための布石を一九六〇年代後半から打っていて、新聞も折に触れ金正日のことを取り上げてはいたが（例えば一九七四年に党中央委員会政治委員会委員に選出された際など）、姿が公開されたのはそのときが初めてである。「金正日は北朝鮮の人々にとって新たな希望を象徴していました。国を新時代に牽引する、若々しく力強い人物と受け止められていた。全国が期待に沸き立ち、それは私にも理解できました」と薫は振り返る。金日成の後継者が顔見世を果たした朝鮮労働党第六次大会では、第二次七カ年計画を期間前に完遂することも発表された。計画完遂の暁には、すべての朝鮮公民がカラーテレビや新しい服を与えられ、住宅事情も改善されるという。薫はこう語る。「来るべき新時代について説明する言葉は、非常に具体的でした」

薫と祐木子がカプセルのなかに閉じ込められていたのだとしたら、子供たちはカプセルのなかのカプセルで生活していたのだと言える。息子と娘は指導員の運転する車で招待所区域外の保育施設に毎日通っていた。蓮池家の子供たちは――育つ環境のいかんにかかわらず、子供とはそういうものだが――自分たちはごく普通の生活を送っているのだと思っていた。北朝鮮で生まれ育った人にしてみれば、周囲に張り巡らされている監視網も数々の秘密も、空気のように当たり前にあるものだ。子供たちにとっての招待所も、牢獄というよりは北朝鮮版ゲーテッドコミュニティーのようなものだった。

蓮池家と地村家の子供は幸せな、と言うよりむしろ恵まれた生活を送った。薫の娘も保志の娘も、毎年秋に金日成スタジアムで行われるマスゲームに参加している。すべてが問題なく順調に進んでいたが、それも娘たちが八歳になるまでのことだった。招待所の近くで教育を受けさせることには問題があったからだ。子供たちもそろそろ自分の家と友達の家を比べるようになる。政権は招待所についての情報が広がり、この特別なコミュニティーへの好奇心が刺激される事態になりかねないと考えた。北朝鮮の沿岸地域には学校のない小さな島が点在し、政府はそうした島の子供のために全寮制の学校を建てている。そのようなわけで拉致被害者の子供たちはピョンヤンの北方三〇〇キロのところにある全寮制学校に行くことになった。子供たちがかりにここで招待所について何かを知ったとしても、大きな問題にはならない。同級生がどんなところに誰と住んでいるかという情報も、具体性がなく曖昧なままなら意味はない。拉致被害者の子供たちは冬休みと夏休みの計三カ月間を家で過ごすことができた。親の参観日はなく、電話をかけることもできなかった。小包を送っても途中で行方不明になるし、届いたとしても発送の一カ月後だった。

　親と同じように子供も朝鮮人として通っていたが、親と違うのは、自分を朝鮮人だと信じていた点だ。成長するにつれて子供は親の語る経歴に疑いをもつようになり、そのせいで親子間に緊張が走ることもあった。富貴恵と保志は、人前では朝鮮語しか話さなかったが、ときには家でうっかり日本語を使ってしまった。八歳の息子は、日本人がかつて朝鮮人を苦しめたと教わっていたから、あるときその言語を耳にすると、母に向かって「日本人め！」と大声を張り上げた。むっとした富貴恵は思わず、「お母さんが日本人ならあんたも日本人ってことよ！」と返す。富貴恵の言葉は非の打ちどころがなく、息子はぐうの音も出ない。自分は生粋の朝鮮人ではないかもしれないという考えを突きつけられ、面食らった。「でも僕はそんなやつらとは違う……。きっとお父さんは朝鮮人なんだ」そうつぶやいた。

拉致という行為と政権がそこから得られたメリットを比較すると、異常なほどちぐはぐな感じを受ける。薫は当初、工作員に日本語や日本の慣習を教えていたが、一九八七年になると——この年には、逮捕された北朝鮮工作員がかつて日本人拉致被害女性に日本語を教わったことを告白している——その仕事も終了した。その後は、日本語で書かれた記事の朝鮮語への翻訳が薫たちの主な仕事になった。もっとも、植民地時代に日本語を学んだ朝鮮人は大勢いるので、そういう仕事ならほかにできそうな人はいくらでもいたはずだが。蓮池夫妻と地村夫妻のもとには、週のはじめに日本の雑誌や新聞——『朝日新聞』、『赤旗』、『読売新聞』、『毎日新聞』、『産経新聞』——の束が届いた。雑誌や新聞には検閲官によって塗りつぶされた箇所があり、翻訳すべき箇所にはしるしがついていた（北朝鮮政府は報道可能な国際ニュースを編集のうえ公刊しており、エリートはそうした媒体を通じて限定的ながら外国メディアにアクセスできた）。翻訳は薫と保志が担い、巨大なタイプライターを使って清書するのは祐木子と富貴恵の仕事だった。「普通の朝鮮人に比べれば、私が外国について得られる情報は多かったと思います。日本や韓国の雑誌を読むことも、短波ラジオでボイス・オブ・アメリカ（VOA）を聴くこともできましたし。ワンテンポ遅かったとはいえ、世界で起きていた主要な出来事に関して、だいたいのことはわかっていました」と薫は言う。[※4] また北朝鮮の人々と同じように、拉致被害者たちも行間を読むことを覚えていった。一九八八年のソウルオリンピックに向けて急ぎ足で準備が進められていたころ、北朝鮮はあらゆる手段を使い、ライバルを妨害しようと目論んでいた。このオリンピックは一九六四年の東京オリンピックと同じように、韓国が世界の民主主義国の仲間入りを果たしたことを象徴するものだ。その前年、なりふりかまわぬ北は南の評判を傷つけようと大韓航空機を爆破し、乗客乗員を殺害した。北朝鮮は事件への関与を否定したが、その言葉使いや必死さから、薫には北朝鮮が黒幕であることがわかった。

新聞は大幅に編集されるのが常だったが、ある種の記事は検閲の目をくぐり抜けた——かつて拉致が行われていたという最高機密を検閲官が知らなかったため、この問題に関する記事が塗りつぶされていないこともあったのだ。一九九七年のその朝、『朝日新聞』の記事が富貴恵の目に飛び込んだ。拉致が疑われる行方不明者の家族が新たに会を結成したことを報じるもので、ページ上部には、富貴恵の古い写真が掲載されている。あまり写りのよい写真ではないが、それは自分たちの身に起きたことを知っている人が日本に存在することを意味していた。とにかく保志に知らせなければと、富貴恵は家路を急いだ。記事を切り抜いて保管したかったが、保志は当局が自分たちに不信感をいだくからと、ほかの新聞と一緒に返却するよう言い張った。新聞に掲載された写真を見たときに薫が真っ先に思ったのは、父親が老け込んでしまったということだった。「自分がいなくなったせいかと思うと息がつまりそうだった」という。

普通のニュースの受け手と同じように、拉致被害者たちも、世界的な大事件が起きると自分の生活や人生との関わりについて考えた。一九七九年一〇月に韓国の朴正熙（パク・チョンヒ）大統領が自国の諜報機関幹部〔金載圭（キム・ジエギュ）〕に暗殺された際には、北朝鮮のラジオが間髪を入れず大々的に事件を報じた。南朝鮮は崩壊の淵にある！　統一の日は間近だ、と。薫は南北が統一されると自分たち拉致被害者はどうなるのか、それはいったい何を意味するのかと考えた。われわれは自由の身になるだろうか——。だがその後は何も起こらず、公式メディアはこの件についていっさい報じなくなった。

ソ連の崩壊がもつ意味を読み取ることも、非常に難しかった。ただ、検閲官が塗りつぶす記事の量が増えたという事実から、北朝鮮の政権は脅威を感じているのだと薫は理解した。一九八五年にミハイル・ゴルバチョフがペレストロイカという新方針を唱えたときには、社会主義が生まれ変わると考えた。だからその四年後に東ドイツとポーランド、ルーマニア、ハンガリーで共産党指導者が失脚したのには一驚を喫せざるをえなかった。北朝鮮の友人が権力を失っただけでなく、共産党が生きながらえたソ連や中国は、韓国と国交を樹立するにいたる。薫は行間を読むうちに、ここでは何も変わることはないし、北朝鮮は今後ますます孤立することになるだろうと感じた。

第11章　奪われた子供時代——横田めぐみと寺越武志

新幹線は東京から新潟にいたるおよそ二時間、どこまでも続く水田のパッチワークのなかを走る。ふたつの川が貫流し、日本海に臨む新潟は「水の都」として知られる。年間降水日数は一五〇日。美味な米と酒の産地である新潟は、別の意味でも天候の恩恵を受けている。一九四五年にアメリカが原爆投下を検討した際、この都市も候補地に入っていたのだが、雲が多く、正確に投下することは困難との判断が下された——かわりに餌食となったのは長崎である。

熱い戦争の時代も冷たい戦争の時代も、この街は日本と外の世界をつないできた。一八六九年には日米修好通商条約の規定に基づき、新潟港が開港。帝国主義時代には、日本軍の部隊が次々とここから出港してアジアに侵攻した。一九六〇年代から七〇年代にかけては在日朝鮮人の帰国事業の統括拠点になり、九万三〇〇〇人を送り出した。北朝鮮に近いことから、一九七〇年代には金正日（キム・ジョンイル）の工作員の上陸地ともなっている。また二〇〇六年まで、日本と北朝鮮を結ぶ航路の発着地だった。蓮池薫と奥土祐木子はここからおよそ七〇キロ南の海岸から拉致された。そして拉致被害者のなかで最も有名な横田めぐみは、新潟の住宅街で、自宅から一〇〇メートルと離れていない場所でさらわれている。

日本を訪れるたびに新潟へと足を運ぶうちに、私の心のなかで、この街は「拉致の地区」と「帰還事業の地区」のふたつに分かれていった。そしてそのいずれも、朝鮮半島と結びついている。新潟駅からタクシーに乗り、国道七号線を通って北西の海岸方向に進む。信濃川が見えると、岐路にさしかかる――ちょうど現代日本が岐路に立っているのと同じように。川を渡ると、一九七七年に一三歳の横田めぐみがさらわれた拉致の地区に入る。川を渡らず右折し、国道一一三号線に入って港に向かうと、九万三〇〇〇人の在日朝鮮人と配偶者を新たな生活の地に送り出した、帰国事業の地区に入る。

タクシーで信濃川を渡り、新潟市西部の狭い通りを進んでいると、霧雨のような小雨が降ってきた。こんな天気の日に海岸に行きたいという私に、運転手は怪訝そうな声で応じたが、横田めぐみのことを調べているのだと説明すると、自分はちょうど一九七七年にこの仕事を始め、めぐみがいなくなったその年の秋のことはよく覚えていると語った。「海岸や通りを、みんながくまなく探していた」という。海が見えてくると、運転手は寂しげな景色を指差した。「見てのとおりの開けた海で、本当に無防備ですよね。こっそり上陸しようと思えば、誰にでもできる」地図を手に、私は横田めぐみの家を探し始めた。傘をさしながら並んで歩く親子の姿が目に止まる。めぐみの家の場所を尋ねると、母親は首を横に振るが、娘のほうは――黄色のレインコートにピンクの長靴というカラフルな出で立ちだ――自分は知っていると、張り切った様子で答える。そこで、奇妙な取り合わせだが、幼い女の子を先頭に、母親とジャーナリストが一列になって歩く。何ブロックか進むと女の子は立ち止まり、得意げに指差す。立派な格子門の後ろに、手入れの行き届いたスタッコ壁の家が見える。と、隣家の人が何事かと様子を見に出てくる。私が怪しい者ではないことを確認すると、その人は山下進と名乗り、新潟で生まれ育ったインテリアデザイナーだと付け加えた。山下によると、その建物はめぐみが住んでいた家ではなく、彼女の話を題材にしたテレビドラマで使われていたのだという。そんなことから、あの女の子はここをめぐみの家だと思っていたのだ。あの子にとって、めぐみはドラマの登場人物なのだった。「横田家の人々が住んでいた家は、数年前に取り壊されたんです」と、かつてめぐみの家があった界隈へ歩きながら山下は言う。先ほどよりはモダンな小さい家が立ち並ぶ地区に着いた。「横田家が転居したあと、近所の人たちは、めぐみさんが戻ってきてもわかるようにと、何ひとつ手を加えず、この家をいつもきれいに掃除していました。家が取り壊されたあとも、残された門を熱心に手入れしていたんですが、その門もとうとう撤去されてしまった」

新潟市内を案内しよう、という山下の申し出をありがたく受け、私は彼の車で、めぐみが日本に残した最後の足跡をたどることにした。山下はめぐみが通っていた中学校の卒業生だと言い、そのそばを通った。「めぐみさんはこの校門を出て右に曲がり、まっすぐ歩いていったのだと言われています。警察犬が立ち止まったのはここです」と山下は言い、めぐみが車に押し込められたと思しき曲がり角を指差す。失踪当初、新潟県警は一〇〇〇人以上を投入したという。防柵を立て、すべての車両を対象に検問を実施した。「めぐみさんの失踪当時、拉致という言葉を使う人はいませんでした。誰もこの事件と北朝鮮を結びつけることはなかった。聞くところによると、めぐみさんの両親は新潟のどこかに住む変質者にさらわれたのではと思っていたようです。あるまじきことが起きてしまったという感覚が、街中に広がっていました」そう山下は述懐する。

一九七七年一一月一五日の午後六時、横田めぐみはバドミントンの練習を終え、友人ふたりとともに家路についた。寄居（よりい）中学校の前の通りを歩き、最初の角でひとり目と、次の角でふたり目と別れた。白いラケットケースと黒い通学鞄を持ち、信号待ちをしている姿をその友人に目撃されたのが最

横田めぐみ（提供：北朝鮮に拉致された日本人を救出するための全国協議会／AP／アフロ）

後だった。時間に正確なめぐみが七時になっても帰宅せず、母親の横田早紀江は気が気でなくなったという。[※1] 父親の滋が勤め先の日本銀行から帰宅して警察に連絡、両親は警官と一緒に近所を深夜まで探し回った。翌朝には警察が誘拐事件専門の特殊班を横田家に送り、逆探知の器械を電話器に取りつけた。機動隊員は一〇人横列で海岸を金属製の棒で地面をつつきながら探した。ヘリコプターや巡視船も投入され、ダイバーは海のなかを調べた。[※2]

横田家では、めぐみが戻ってきたときのことを考え、必ず誰かが家にいるようにした。めぐみには双子の弟がいるが、一家は旅行もやめ、門灯を明るいものに替えて一晩中つけていた。滋は毎朝、浜辺を歩いて漂着物を点検した。早紀江は自転車で街中を走り、バス停や鉄道駅のなかを見回した。家の前に自動車が止めてあれば、必ず娘の姿を探す。家出という可能性も考え、めぐみが観ていた映画を観、その理由の一端を知ろうとした。早紀江と滋はテレビ番組の「尋ね人」のコーナーに何度か出演しているが、なんの情報も得られなかった。早紀江は、丸顔でおかっぱ頭の女性を見るたびに、自分の娘と結びつけて考えた。めぐみが高校生になったときや二〇代の会社員になったときの姿を想像し、似ている女性には特別な注意を払った。めぐみと雰囲気の似た女性の写真を新聞で見つけた際には、新聞社に電話をかけ、拡大した写真を取り寄せている。滋は早紀江のことを常軌を逸していると叱りもしたが、ふたりでとあるギャラリーに行き、少女の肖像画を見たときには、滋でさえ絵のなかの少女とめぐみは似ていると思った。めぐみはどこかで記憶喪失にでもなっていて、画家のモデルをしているのではないか——その場にいた画家に事情を話したが、モデルは画家の知り合いだった。

日銀は管理職を五年ごとに転勤させていたが、滋については新潟にとどまって娘を探し続けることを認めていた。だが事件から六年後、東京への転勤の話が出る。横田夫妻は可能な限り新潟にいたいと思っていたが、めぐみの弟たちが高校に入る年ごろだったこともあり、転居するなら今がいいだろうと判断した。ストレスに押しつぶされそうになることもあったから、別の環境に身をおくことは家族の心にもプラスになるはずだ、と考えた。新潟県警は捜査の継続を約束してくれた。そこで一家は一九八三年にこの家を出ることにする。転居先の住所を書いたメモをビニール袋に入れて格子門にくくりつけ、東京に向かった。それからおよそ二〇年ものあいだ、家族は政府からもメディアからも見過ごされたまま、娘がいなくなった原因を探し求めた。一九九七年に、めぐみは拉致被害者救出活動を行う家族たちの守護聖人になる。関連の催しが開かれるときには必ず、えくぼのあるおかっぱ頭の少女が写ったポスターが張り出される。めぐみの物語はアニメ映画やドキュメンタリーコミック（全二巻）、テレビドラマになり、歌もつくられた。ピーター・フランプトンや「ピーター・ポール＆マリー」のポール・ストゥーキーなどがめぐみに歌を捧げている。

北朝鮮は、めぐみが鬱病を発症し一九九四年に自殺したと述べているが、自分たちの心のなかのめぐみは自ら命を絶つような娘ではないと、両親は生存を主張している。だが双方が認めている事実もある。めぐみが北朝鮮で韓国の拉致被害者と結婚し、キム・ウンギョンという娘を授かったことだ。娘は金日成総合大学のコンピューター学科を卒業し、結婚して一女をもうけている。この点について

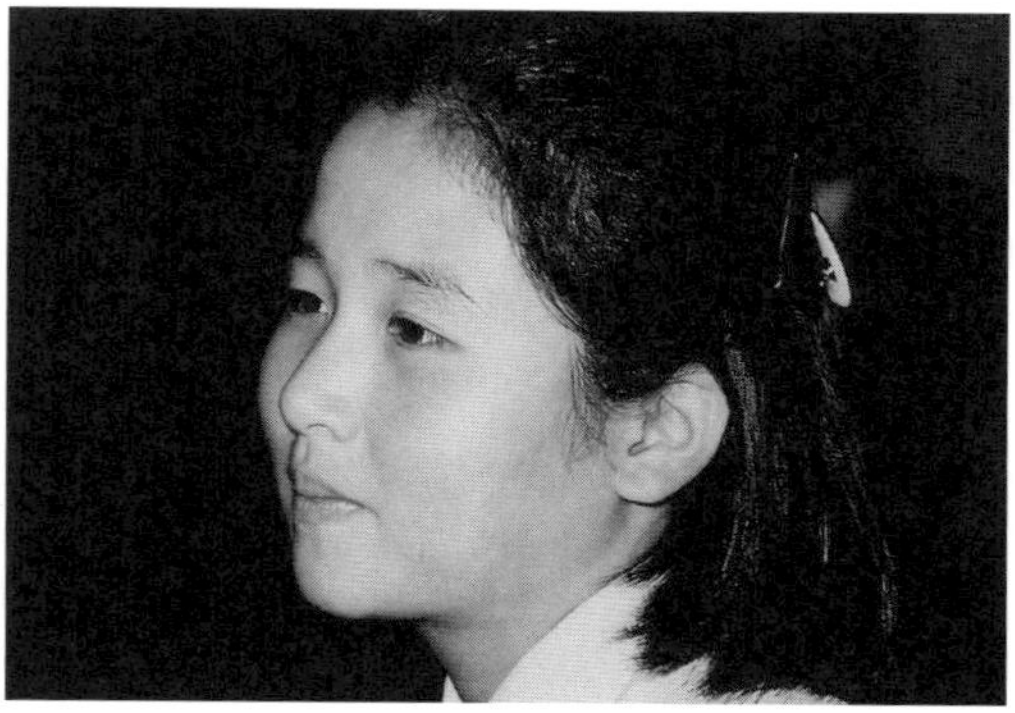

横田めぐみの娘、キム・ウンギョン（時事）

は遺伝子検査も外交折衝も必要ない。キム・ウンギョンは母親に生き写しと言えるくらいによく似ていた。

　一九七八年八月、一六歳の高校生、金英男(キム・ヨンナム)は韓国南西部の仙遊島(ソニュド)海水浴場を友人と訪れた。女子は村の民宿で、男子はテントで寝ることになっていたが、年のわりに身体が小さい金英男は先輩にいじめられた。たまらなくなってそこから離れた浜辺に行き、おいてあった小さなボートのなかで眠ることにした。「夜中に目が覚めたときには海の上で、自分がどこにいるかわからなかった。陸地は見えなくなっているし、このまま自分は死ぬのではないかと心細くなった」と後年、新聞記者に語っている。何時間か波のあいだを漂っていたが、北朝鮮の船に救われ、南浦(ナンポ)に連れて行かれたのだという。金英男は慎重に言葉を選んで、これは「拉致でもないし自主的な越境でもない。南北対立の時代にたまたま起きた出来事だ※3」と説明する。韓国では前年八月からこのころにかけて、五人の男子高校生が海岸から失踪している。

　うちふたりはソウルの繁華街を再現した「以南化環境館」という施設で働いていることを、韓国の情報機関がのちに突き止めた。この施設はピョンヤンの金正日政治軍事大学の地下トンネルのなかにあり、伝えられるところによれば、高さ一〇メートル、幅三〇メートル、長さ一〇キロにもなるという。工作員には言葉の心配こそないが、北朝鮮とは異質の韓国社会で生活するのに必要な文化的知識がない。日常生活を普通に送るには、資本主義の韓国の日常生活を覆う混沌とした市場文化を消化吸収していなければならない。この施設では警察署や高級ホテルなどソウルの主要な建物が再現されている。カフェやホテル、クラブ、レストラン、ブティックなどの看板に埋め尽くされたこの「リトル・ソウル」で、北朝鮮の工作員は韓国の消費者のように振る舞うすべを学ぶ。工作員は一週間につき五〇〇ドル相当の韓国ウォンを与えられて、髪を切る、ホテルにチェックインする、スーパーマーケットで食料品を買う、バーで飲み物を注文する、といったことを実際に体験する。リアリティを出すために、レジ係やポーター、バーテンダーに韓国の拉致被害者を使うことがある。拉致被害にあった高校生のうち、ひとりはスーパーで、もうひとりはスポーツ用品店にいた。金英男は韓国風の発音を教える仕事をしていたという。

金英男、横田めぐみ、キム・ウンギョン（共同通信社）

　一九八六年二月、金英男は自分に日本語を教えてくれるという女性を紹介される。拉致された当時、一三歳になったばかりだっためぐみは、北朝鮮に連れて来られて以来、心の問題を抱えていた。新潟で中学を終えることができなかったので、北朝鮮で高校の教科を教わった。朝鮮語の学習でつまずき、地村夫妻と一緒に補習を受けたことがある。富貴恵はめぐみに母親のように接し、ミシンの使い方を教えるなどした[※4]。めぐみは拉致された当初、もうひとりの拉致被害者、曽我ひとみと一八カ月にわたり生活をともにしている。朝鮮語の勉強を頑張れば日本に帰れると言われたが、自分をなだめるための嘘だとわかり、打ちのめされた。当局は、夫がいれば落ち着くものと考えたようだ。金英男はめぐみに出会ってから半年後にプロポーズ、八月に結婚した。めぐみは一九八七年九月一三日に女の子を出産し、それからは明るくなった、「ウンギョンの誕生を喜び、心も上向いたようだ」と金英男は述べている。めぐみは別人のようになり、日本料理をつくったり、家族のことを話したというが、拉致の話はしなかった。[※5]

めぐみと英男は、蓮池、地村夫妻と同じ招待所に転居した。富貴恵はめぐみとの再会を喜んだが、そのときの彼女は非常に暗く、沈んだ様子だったと語る。金英男によると、めぐみは数年にわたり精神病院への入退院を繰り返していた。北朝鮮当局は入院中に自殺したと説明しているが、早紀江と滋は娘の生存を確信している。「希望は捨てていません。いつかめぐみに会えると信じ、その日を待っています」と早紀江は言う。

日本海沿岸には、荒々しい美しさがある。岩がちの海岸から奇岩や巨岩が突き出し、海水に冷やされた溶岩はいくつもの自然の防波堤をつくっている。拉致の現場を訪ねてこの地方を回っていると、海岸の自然美と被害者の家族が味わった辛苦との落差に、胸を衝かれる。突然の喪失という残酷な出来事から、いったい人は立ち直れるものなのだろうか。早紀江や滋のような人々にとっては、わが子がいなくなったときから、時間は止まったままだ。

一九六三年五月一一日、寺越友枝の一三歳になる息子、武志は、ふたりの叔父と漁に出たきり行方がわからなくなった。[※6] 三人はこの日の深夜前後、メバルをとるため仕掛けてあった網を見に石川県の福浦港を出航、その様子を目撃されたのが最後だった。翌朝までには戻る予定だったが、高浜港から七キロ離れた地点で無人の船が発見された。モーターは無事だったものの船首左側が破損し、緑色のペンキのようなものがついていた。町の漁業関係者は仕事をすべて中断して沖合や沿岸部を探し、海上保安庁は他の船と衝突した可能性を考えて港に停泊しているすべての船を調査した。しかしなんの手がかりも見つからず、捜索は一週間後に打ち切られた。何も発見できなかったため、寺越家では、遺体のかわりに写真を使って葬儀を営んだが、その何日かあとに、武志が身に着けていた学生服が海の上で見つかった。武志の父はふたりの弟と息子を呑み込んだ海で漁を続ける気力を失い、採石場や飯場で働くようになった。しかし友枝は、葬儀を終えたあとも何も手につかなかった。お盆には灯台の下で線香をたき、花と武志の好物だったあんパンを供えた。占い師のところに行くと、息子は死んだ、「遺体が見つからないのは藻が絡まっているからだ」と言われた。何年かして、友枝はつらい思い出の少ない金沢に引っ越した。ところが一九八七年一月、親族のもとに一通の手紙が届いた。

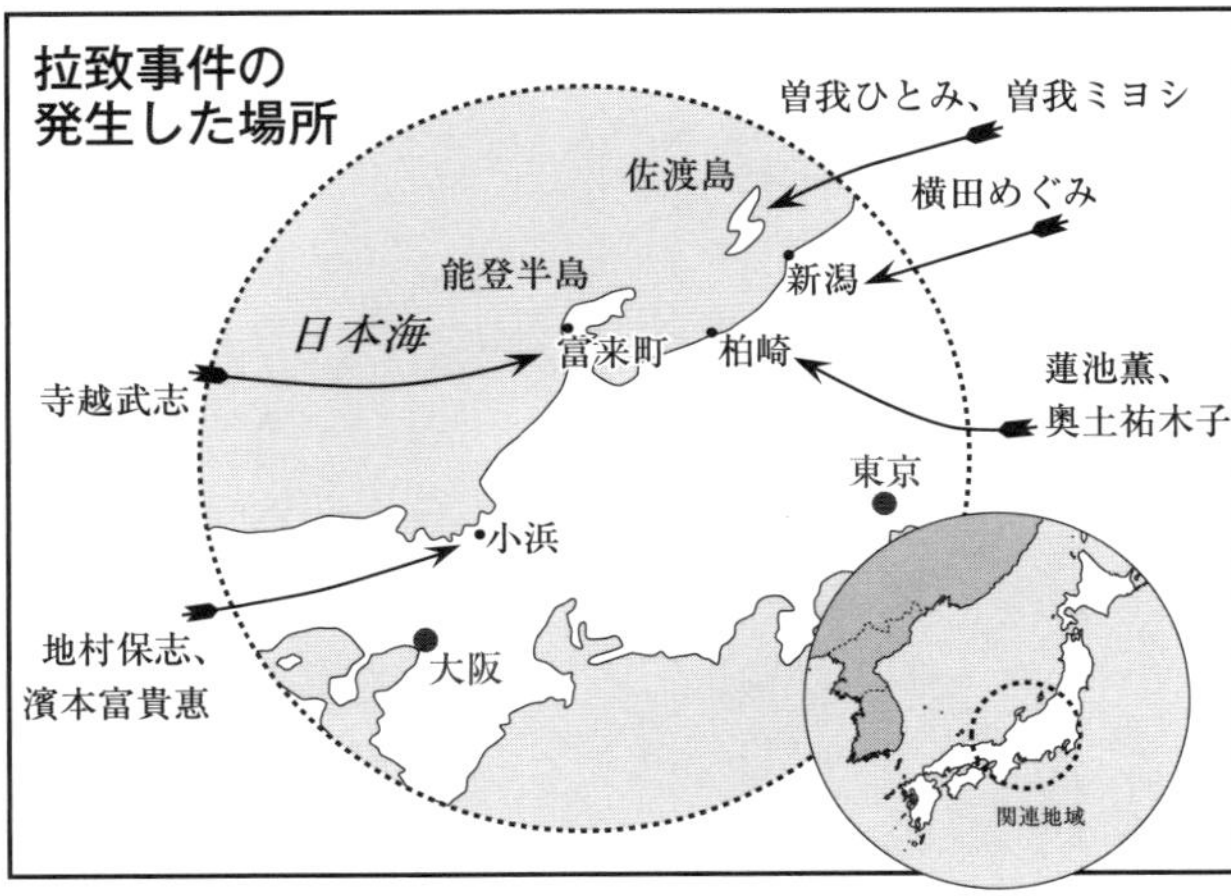

〈今年もいつのまにかすぎさり、新年を迎える今、二十五年間の長い間、何の便りも出さなかった弟からの手紙を見てびっくりするでしょう。淋しさ会いたさ見たさの気持ちをおさえきれず、手紙の文章がうまくは書けません。

昭二、外雄、武志の三人は一九六三年五月にとつぜん朝鮮に来て暮らすようになりました。

その後私達は家庭を持ち二人の子供の親となり、今四人で幸福に暮らして居りますから安心して下さい。〉

そこには叔父が北朝鮮でつけられた金哲浩（キム・チョルホ）という名と、平安北道（ピョンアンプクト）という住所が記されていた――武志は生きていると思っていいのだろうか。どうしても確認したいと思った友枝は、返事を書いた。すると何週間かして、武志から母あての手紙が届く。〈お母さんは私を確認することができるでしょう。昔、バスが組合の前で停まり、そこを降りて、――道を登ります。一軒家がありましたが、その前に祖母の田んぼがありました。そこに柿の木が四本、びわが一本ありました〉その描写は、武志が子供のころによく遊んだ友枝の実家界隈の様子とぴたりと一致していた。武志は生きている！　友枝はついに息子を見つけた。でも、これから何をすればいいのか。

友枝は武志の叔父から来た手紙のコピーを持って近所の交番に行ったが、警官はうさん臭げなそぶりを見せ、北朝鮮は管轄外だと答えた。国際機関なら助けてくれるだろうと思い、赤十字に相談すると、〈赤十字はどういうことをするところか知っていますか。……あんたの息子さんは元気でいる、というのでしょう。赤十字というところは、命が危ない、大変だ、助けてほしい、という人を助けるところなんです。あんたの息子さんにうちは何もできません〉と突き放された。市議会議員に話をしたり、政府の役人と話すために東京に電話もした。ところが北朝鮮という言葉を口にしたとたん、相手の反応は鈍くなり、厚い壁が目の前に立ちはだかる。要は、触らぬ神にたたりなしということ。だがあるとき、日本社会党の代議士に出会ったことで道が開ける。当時社会党は北朝鮮と友好関係を結んでいて、党内の日朝委員会に属していたこの政治家は、友枝が息子と再会できるよう、訪朝に必要な手はずを整えると約束した。

その年の八月に友枝は夫とピョンヤンに行き、三日ものあいだ名所をめぐった。チュチェ思想塔、凱旋門（パリの凱旋門より一〇メートル高い）、プエブロ号、そして非武装中立地帯（ＤＭＺ）への一泊ツアー。友枝は述懐する。「三日目も終わりに近づくと、自分は騙されていて、武志は死んだのではないかという気がしてきました。北朝鮮の政府は息子に似た別人でも連れてくるつもりなのではないかと。悲しくて、涙が出そうになりました」翌朝、通訳がホテルにやってきて友枝を階下に連れて行き、これから息子に会えると言った。「緊張で足がすくんでしまって。ドアが開くと、労働党の人たちの姿が見えたのですが、誰が誰だかわからず、「ああ、やっぱり嘘だったんだ」と思いました」しかし、そのなかから武志があらわれる。父とは抱き合ったが、母には少し他人行儀に振る舞った。「私は涙が止まらなかったんですけど、武志は泣かなかった。感情を表に出さないよう、指示されていたんでしょう」

武志はピョンヤン北方の遠隔地で旋盤工の仕事をしていた。妻は歌手で、金日成（キム・イルソン）のために歌ったこともある美しい女性だった。ふたりの出会いは武志が二〇代のとき。少年時代から北朝鮮で暮らしていた武志は、誰の目にも朝鮮人にしか見えなかった。北朝鮮では人種的な純粋さが重大な意味をもつので、武志が日本人であることが露見すれば、社会的地位が損なわれ、結婚相手として望ましくない人間に転落する。妻と姻戚には自分の過去を語らなかったが、心のなかではいつか真実が知られるのではないかと恐れていた。友枝が訪朝する一ヵ月前、当局は武志一家をピョンヤンに住まわせる――食生活を改善して都会的な垢抜けた趣を身につけさせようとしたのだろう。友枝の訪朝前日になってようやく、武志は自分の母は日本人で、自分の出身地は日本なのだと家族に打ち明けた。いきなり現実を突きつけられ、妻は気を失った。真実を知らなかったとはいえ敵国出身者と結婚し、親族の地位を傷つけることになったという事実に、衝撃を受けたのだろう。

友枝は奪われた年月を埋め合わせようと、数年に一回、予算の許す限りの衣類や電化製品などを持って武志に会いに行くようになった。日本にいるときは次の訪朝のためにいつも節約を心がけ、渡航の際には日本円を梅干しの壺に隠したり、ネクタイやコートに縫いつけた。梅干しの礼状で、武志が無事にお金を受け取ったかどうかはわかる。

武志の妻には思いもよらないことだったが、「故郷に戻って幸せに暮らしている在日朝鮮人」であることが判明したために、夫はむしろ政権の重要人物に一変し、大出世を遂げた。ピョンヤン市職業総同盟副委員長に昇進し、ピョンヤンに永住できるようになったのだ。今では、部屋が八室に和式・洋式のふたつのトイレがある、モダンな二六階建て高級マンションに住んでいる。

友枝の感情は時期によって大きくぶれた。あるときには周囲から勧められ、日本政府に拉致被害者認定を求めようとした。だが息子は「お母さん、もう会えなくなってもいいのですか」と問うてきた。自分は拉致されたのではなく救出されたのだから、それを母親が否定すると、事態が自分にとって好ましくない方向に進むおそれがあるというのだ。友枝は拉致認定を日本政府に求める考えをすぐに取り消し、政府もその意向を尊重している。

私は友枝に尋ねてみた。一九六三年のあの夜に、本当はどんなことが起きたと思っているかと。すると友枝は眼をそらし、「武志が北朝鮮まで歩いていったのではないということ。それだけは確かです」と嘆息した。「北朝鮮に対しても、日本政府に対しても、言いたいことはたくさんあります。これは二国間の問題ではなく、母と息子の問題なんです」自分と横田早紀江のあいだにつながりを感じるかを尋ねた。ふたりの身の上は子供が行方不明になった点こそ似ているが、友枝は長いこと会えなかった子供と、それなりの縛りはあるものの関係を取り戻す機会に恵まれた。横田夫妻らの結成した家族会に入っていたこともあり、早紀江とは面識もある。友枝は言う。「一三歳の子供と離れ離れになった母親として、心のなかでは互いに相手を応援しています。でも私たちは今、別々の道を歩んでいるのです」

第12章　ピョンヤンのアメリカ人

南北朝鮮を隔てる非武装中立地帯（ＤＭＺ）。長さ二五〇キロ、幅四キロに及ぶ、世界でも屈指の防衛体制の厳しい境界である。人口一〇〇〇万人のソウルから五〇キロ離れたここにはまた、手つかずの自然が残り（タンチョウヅルやシベリアトラ、ツキノワグマといった絶滅危惧種が生息する）、かたや一〇〇万の地雷が埋設されている。国連軍司令部、実質的には韓国軍と米軍の合同部隊が一九五三年七月二七日の休戦以来、南側の警備を担ってきた。

一九六五年一月四日の夜、チャールズ・ロバート・ジェンキンス軍曹はビール一〇本を飲み、非武装中立地帯の夜間偵察に出かけた。ジェンキンスは一五歳で中学を中退してノースカロライナ州軍に入隊して以来、軍務に就いていた。一九四〇年二月一八日にノースカロライナのリッチスクエア近くの小さな町で生まれたジェンキンスが入隊を決めたのは、ごく単純な動機による。私に語ってくれたところによると、「ほかにすることもなかったし、州軍では毎週二時間の訓練を受けるだけで陸軍の一日分の給料がもらえたからだ」という。※1 一八歳のときに陸軍に入り、フォート・ディックスで訓練を終えると第一機甲歩兵師団に入隊し、フォート・フッドでの任務を経て韓国行きを志願。この年に軍曹に昇進した。韓国と西ドイツに短期間滞在し、その後再び韓国に赴任、非武装中立地帯に接するキャンプ・クリンチという基地に配属された。しばらくして「ハンター・キラー・チーム」という四人からなる偵察隊の指揮を命じられたが、この部隊の任務には北朝鮮側に対する挑発も含まれていた。

敵軍に標的訓練をさせてやるという任務だけでもぞっとするが、そのうえジェンキンスの所属師団がヴェトナムに派遣されるとの噂も流れていた。ジェンキンスは落ち込み、深酒をするようになったが、ある考えがふと頭に浮かんだ。回想録『告白』にジェンキンスはこう書いている。〈北へ向かい、非武装地帯を越えて北朝鮮に入ることにした。向こうに着いたらソ連（ソビエト社会主義共和国連邦）に引き渡してもらうよう要求し、外交ルートで米国へ送還して〉もらおう、と[※2]。午前二時三〇分ごろ、ジェンキンスは部下に道路を点検すると言い残して歩いてゆき、境界線を越えた。自分のM―14ライフルに白いTシャツを結びつけ、〈地雷や仕掛け線を踏まないように足を高く、ゆっくり上げて歩いた〉このときのことを「自分がしでかした生涯で最も馬鹿げた行為」と、ジェンキンスは私の前であっさり認めている。三週間後、北朝鮮の宣伝放送用スピーカーから、「地上の楽園であるわが共和国は、勇敢なるジェンキンス軍曹を手厚く保護する」との声明が流れた。

米軍はほかの兵士までが脱走する事態を恐れ、ジェンキンスの件を秘密にしようとした。北朝鮮への脱走者はジェンキンスの前にもいた。その一年ほど前には同じ第一師団所属のジェリー・ウェイン・パリッシュが、三年前にはラ

軍曹時代のジェンキンス（AP／アフロ）

リー・アブシャーとジェームズ・ドレスノクが越境している。思想上の転向をしたわけではない。アブシャーは飲酒酩酊のうえ職務を怠った容疑で軍法会議を受けることになっていた。また米軍の記録で「不平不満を常に口にし、怠惰なうえ……喧嘩早く、上官に反抗的」と評されているドレスノクは、特別休暇取得許可の署名を偽造したことで、やはり軍法会議にかけられる予定だった。

ジェンキンスは北朝鮮当局から取り調べを受けると、ほかの三人と二間（ふたま）の家で同居することになった。四人は毎晩床で寝ていたが、悲惨な生活を強いられていた普通の朝鮮人と比べれば恵まれていたほうで、まるで呑んだくれの学生のような生活を送っていた。「冷戦を戦う北朝鮮にとって、私たちはいわば戦利品でした。捕虜のような扱いを受けなかったのはそのためですよ。自分たちを宣伝用の冊子や映画で使う必要があったから、健康そうに見せなければならなかったわけです」ジェンキンスはそう説明する。[※3]

四人はおもに英語教師の仕事をあてがわれた。ジェンキンスは、七〇年代に士官学校の教壇に立っている。「学生が間違うと正してやったが、そのままにしたこともある」という。四人はまた、北朝鮮の映画やテレビで西洋人の悪役が必要なときは必ず俳優として駆り出された。最も人気のあった作品が全二〇部からなる『名もなき英雄たち』で、ジェンキンスは朝鮮戦争で暗躍する悪党中の悪党「ケルトン博士」に扮した。だが彼がしてきた仕事のなかでとくに珍妙だったのは、金正日（キム・ジョンイル）のためにハリウッド映画の台詞を翻訳するというもの。一見なんのリスクもなさそうに思える仕事だが、それでもかなりの部分が秘密のヴェールに覆われていて、ジェンキンスは作品の映像を見ずに音だけを訳さねばならなかった。しかも映画はどれもぶつ切りにされ、異なる作品が入り混じっていた。〈ストーリーを楽しむどころか、前後関係もわからずにただ単語の羅列を直訳するという感じだった〉それでも『クレイマー、クレイマー』と『メリー・ポピンズ』はそれぞれ独立した作品として認識できたという。四人は夜になるとジェンキンスが手に入れた西側の映画のビデオを鑑賞した。北朝鮮に仕事や学問のために来ていた外国人から入手したものだ。ジェンキンスがいちばん信頼をおいていたのは、ピョンヤンの音楽大学で作曲を学んでいるサミーという名のエチオピア人学生だった。サミーとジェンキンスはピョンヤンの食堂で会うことにしていた。食堂の窓には床まで届くカーテンがあり、その裏にサミーがビデオを隠す。そしてジェンキンスのテーブルまでやってきて「準備はできている」と教える。夜になると四人はカーテンを閉め、音量を下げて映画を観た。ジェンキンスは「スリラー」のミュージック・ビデオを観て、マイケル・ジャクソンに強い印象を受けたと語る。一九七二年、ジェンキンスは金日成（キム・イルソン）の温かい配慮のおかげで市民権を与えられることになる。〈受け入れなかったらどうする?〉と尋ねると、〈そうしたら、君は明日はもうここにはいないだろう〉と幹部に言われた。

一九七八年になると、当局はさまざまな国から拉致されてきた女性を妻として四人にめとらせることにした。パリッシュの相手はシハーム・シュライテフという名前のレバノン人だった。シハームは月収一〇〇〇ドルの秘書の仕事があるというつくり話で騙され、ほかの三人の女性とともに北朝鮮に連れて来られた。被害者の親のなかに、レバノン政府とのあいだに太いパイプをもつ人物がいたために四人全員が解放されたのだが、シハームは帰国した時点ですでに妊娠しており、家族によって夫のもとに送り返されたのだった。アブシャーは、拉致されるまでマカオのマッサージ店で働いていたアノーチャー・パンチョイというタイ人と結婚した。ドレスノクの相手は、ルーマニア人芸術家、ドイナ・ブンベア。外国で個展を開いてやるという嘘に乗せられて、イタリアから連れて来られた女性である。

一九八〇年春、ジェンキンスはある女性を紹介するので英語を教えてほしいと当局に言われた。それまでにも、おそらく性的関係をもたせるためだろう、何人かの料理人を送り込まれていたのだが、正式に女性を紹介されたのはこのときが初めてだった。六月三〇日の夜一〇時、ジェンキンスは家のドアをノックする音に気づいた。扉を開けると、目の前には白いブラウスに白いスカートを身に着け、ハイヒールを履いた若い女性が立っている。彼は呆然と見とれた。〈こんなに美しい女性をそれまで見たこともなかった〉と、述懐する。〈彼女は夢の世界か遠い惑星からやって来たかのようだった〉

曽我ひとみ（共同通信社）

女性の朝鮮語がなめらかだったので、ジェンキンスははじめ、彼女のことを監視役の工作員だと思った。ふたりは数カ月のあいだに、一緒にたばこを吸ったり、おしゃべりをしたり、トランプで遊んだりするようになった。彼女が自分は日本人だと言ったときには、チュチェ思想を学ぶために自ら望んで北朝鮮に来た学生で、帰国を許されずにいるのだろうとジェンキンスは考えた。ある夜、トランプをしているときに、自分の意思に反して北朝鮮に連れて来られた日本人がいるという話を聞いたことがあると口にした。彼女は顔をこわばらせたが、黙って自分の鼻を指さした。彼女自身もそのひとりであることを意味していた。

一九七八年八月一二日の夕刻、当時一九歳だった曽我ひとみは母のミヨシと佐渡島の自宅を出て、近所の食料雑貨店に買い物に出かけた。佐渡島は水田と緑深い山々からなり、新潟市からおよそ四〇キロ離れた場所にある。ひとみは看護学校の学生で、数カ月後に卒業する予定だった。親子は暑さしのぎにアイスクリームを買い求め、家に向かった。すると突然、うしろから三人の男が躍り出た。ふたりは縛られたうえ猿ぐつわをかまされ、数百メートル離れた国府川(こうのがわ)まで運ばれた。橋の近くには小型モーターボートが隠されていた。ひとみが北朝鮮に着いたとき、母の姿はなかった。

北朝鮮に来て最初の一八カ月間、ひとみは横田めぐみと同じ部屋で暮らしていた。ひとみによると、めぐみは家に帰りたい、お父さんお母さんが恋しいと、いつも泣いていたという。めぐみと数歳しか離れていないひとみは、姉のような存在になった。何年かのちのことになるが、めぐみは娘が生まれた際に、ひとみの朝鮮名をとってヘギョンと名づけている〔金英男(キム・ヨンナム)の説明によると、ヘギョンは幼名。本名はウンギョン〕。ひとみがジェンキンスと一緒になるため家を出たときには、自分が拉致された当時に持っていたバドミントン用のバッグを餞別としてひとみに贈った。ひとみがめぐみに再会できたのは一九八五年のこと。ジェンキンスと一緒にピョンヤンの楽園百貨店の食料品売り場にいたときに、めぐみと指導員が入ってきた。ふたりの女性は互いの姿を認めた。めぐみはジェンキンスに日本語を話せるかと尋ね、できないことがわかると、朝鮮語で話し始めた。〈奥さんと私は大の仲よしです〉との言葉に、〈知っています。妻がしょっちゅう褒めていますから〉とジェンキンスは答えた。彼は妻たちをふたりきりにするために別の売り場に向かったが、その後めぐみの姿を見たことはない。

ジェンキンスには気に入っている指導員がひとりだけいた。ひとみとの結婚を勧めたのは、その人だった。〈一見したところではそうは見えないが、あなたと彼女は実は同じ立場にある。あなたたち二人にとって、この国には何もない。しかし一緒になれば、少なくともお互いという存在だけは得られることになる〉と彼は助言した。そのころから、ジェンキンスは毎日のように結婚を申し込むようになる。その言葉には誠実さがあふれていたが、ぎこちなくもあった。〈私を愛していないのは知っている。こんな短い期間では、誰だってそうだろう。そして正直に告白すれば、私もまだ本当に君を愛してはいない。でも愛せるようになると思う〉と言った。何週間かそういうことを続けたが、やっとひとみは同意してくれ、一九八〇年八月八日にふたりは結婚した。一九八三年に美花、一九八五年にブリンダという女の子をもうけている。

　ジェンキンスは拉致被害者を見分けられるだけの、ある種専門的な感覚を備えていった。一九八六年のある日のこと、ひとみを連れて、パリッシュ、その妻シハームと一緒に買い物をしていたときに、日本人のカップルがいるのに気がついた。〈グット・アフタヌーン、ハウ・アー・ユー〉と、男性のほうが完璧な英語で話しかけてくる。女性のほうは、シハームが出産のため病院に入院していた何カ月か前、彼女と知己を得た。女性はシハームに、自分と夫はヨーロッパで日本人テロ集団のメンバーに誘拐され、ここにいるのだと打ち明けている。北朝鮮に来てから二〇年にもなっていたジェンキンスは、政権がそういう手段を使ったと聞いても驚かなくなっていた。〈論理、秩序、そして因果関係といった法則がもはや適用できなくなった。意味をなさないことがしょっちゅう起き、説明もされなかった〉と、回想録のなかでも述べている、※4 ジェンキンスは大半の拉致被害者がしていた仕事について、ほとんど時間つぶしのようなものだと語っている。例えば看護師になるための教育を受けていたひとみにしても、二四年にわたる軟禁生活のなかで、働いたことは一度もなかった。

　では拉致の目的とはなんだったのだろう。ジェンキンスに尋ねてみると、こんな言葉を返された。

「語学教育のためと誰もが言ってますが、そんな説明は馬鹿げてますよ」ジェンキンスは謎めいた笑いを浮かべながら「本当の理由はですね」と切り出すと、すぐに答えを言わずに、一九九五年に党幹部が自宅に訪ねてきたときのことを話した。幹部クラスの訪問を受けることなどめったになく、心配が胸に浮かんでいたところへ、話題が娘たちのことに及んだため、警戒心がさらに高まった。幹部たちは「金正日同志の温かい配慮によって、あなたの子供たちをピョンヤン外国語大学に入学させることになった」と言い渡した。ジェンキンスは複雑な気持ちになった。この大学は北朝鮮の名門校ではあったが、情報戦に関する教育を行う機関でもあるからだ。「このときに、当局が美花とブリンダを工作員にするつもりであることがわかったんですよ」ジェンキンスが恐怖を覚えたのも無理からぬことだ。一九八七年に大韓航空機を爆破したテロリスト、金賢姫（キム・ヒョンヒ）もここで教育を受けている。「考えてみればわかると思いますが」とジェンキンスは言う。「娘たちはそれ以上を望めないほど、申し分ない工作員候補生になったでしょう。北朝鮮の工作員という言葉から普通の人が思い浮かべる人物像とはまったく違うんだから」言われてみれば、韓国や日本で混血の子供を見かけることは珍しくないが、北朝鮮にそうした子供がいるという話は聞いたことがない。ジェンキンスの見立てによれば、拉致とは繁殖を目的とした長期計画である。日本人拉致被害者の大半がカップル——たいていはロマンチックな夜にデートをしていた若い男女——だったのはそのためだ。あるいはそういう理由から、当局は曽我ひとみの母を必要ないと考えたのだろうか。ジェンキンスはこう語る。「北朝鮮は工作員として使える子供をつくらせるため、日本人カップルを獲得しようとしていたんです」

　だがわざわざ日本人拉致被害者の子供を利用する利点はどこにあるのか。子供たちは成長の過程で自分を朝鮮人と思い込むようになるし、朝鮮語しか話すことができない。それに親の出身地である日本の文化や言語についての知識もない。ジェンキンスは私のほうをやれやれというような目つきで見つめた。「両親が日本人なら子供は一〇〇パーセントの純粋な日本人のＤＮＡを受け継ぐ。とすれば、日本でスパイ活動をして逮捕されたとしても、警察が血液検査をしたときに、自分は北朝鮮の人間ではなく日本人だと主張できる。スパイとして完全無欠じゃないですか」[※5]

第13章　大韓航空機爆破事件

一九八七年一一月二八日午後一一時三七分、大韓航空858便はバグダードのサダム国際空港を出発した。中東各地の工事現場で働いていた韓国人労働者を乗せたボーイング707旅客機はアブダビとバンコクを経由して、ソウルに向かう予定だった。この飛行機には在バグダード韓国総領事と妻も搭乗していた。7B、7Cの席には七〇歳の日本人、蜂谷真一とその美しい二六歳の娘、真由美が座っていた。わずかな手荷物は預けずに、キャビンに入れている。

午前二時一分、操縦士はラングーンの管制塔に対し、予定された時刻にバンコクに到着する旨を報告した。その後、ビルマからタイの空域に向かっていた飛行機のなかでプラスチック爆弾を仕込んだパナソニックのラジオが爆発。機体は墜落し、乗客乗員一一五人は全員死亡した。

直ちに乗客名簿の確認が行われ、蜂谷真一と真由美がアブダビで降機したことが判明し、さらに調査が進むとふたりの旅券が偽造されたものであることがわかった。そのころ、蜂谷父娘はすでにアブダビを発ってバーレーンにおり、ローマに向かおうとしていた。バーレーンの警察はふたりの身柄を空港で確保。だが、蜂谷真一はたばこを吸うふりをして取り出した一本を口にくわえ、その場でくずおれて絶命した。これを見た女性警察官は即座に、やはりたばこを吸おうとしていた真由美を倒して阻んだ。たばこには青酸系毒物が入っていたが、真由美は死なず、意識を失っただけだった。〈暗闇が私を襲った。そして、すべてが終わった〉と彼女は振り返っている。※1

真由美はバグダードの病院で目覚めた。毒物のせいで口のなかがただれていた。二週間にわたる取り調べのあいだ、爆破事件との関わりを一貫して否定していた真由美は、その後韓国に移送され、引き続き尋問を受けた。しかし何日かのちの午後、捜査官の案内で、車中からソウルの繁華街の光景を目にする。〈自動車の波、それは文字どおり、波だった。西欧社会も見てきたが、こんなに広い道をぜんぶ覆ってしまうくらいの多くの車の行列は見たことがなかった。開いた口がふさがらず、びっくり仰天して車を運転している人たちを注意深く観察した。みんなが外国人ではなく、朝鮮人だった。……私が知っている社会構造の考え方では、理解のしようがなかった。ただ、混乱するだけだった〉市内見物の翌日、真由美は捜査官にこう告げる。〈考えさせて。明日すべてを話しますから、時間を少しください〉

真由美の本名は金賢姫（キム・ヒョンヒ）といい、彼女も「父親」も北朝鮮の工作員だった。航空機の爆破は、近く開催される予定のソウルオリンピックを妨害する狙いで、金正日（キム・ジョンイル）が直接指示していた。やや誇張気味かもしれないが、金賢姫はそれまでの全人生をこの任務のために捧げてきたと言ってもいい。一六歳のときにその優れた知性と容姿を認められ、特別な外国語教育を受けることになった。一八歳で工作員養成のための学校に入学、武術やナイフ格闘術、射撃、水泳、暗号解読などの厳しい訓練を、以後七年にわたって潜り抜けた。外国の大使館を再現した建物に侵入して金庫を開け、そこに保管されている文書の内容を記憶するという訓練も受けている。

外国語の訓練も同様に徹底していた。すでにピョンヤン外国語大学を卒業していたが、さらに日本語の訓練を日本人から受けている。教師は一九七八年六月に拉致された女性である。金賢姫と親しくなると、その教師は故国に残された子供のことを話した。ある日、普通の朝鮮人の暮らしぶりを知りたいと教師が言ったので、金賢姫は彼女を連れ、招待所を抜け出て近くの村に行った。「古ぼけた家々や通りを走るみすぼらしい子供が目に留まる。何も身に着けていない子供もいた」教師が口を開いた。「これがあなたたちの言う素晴らしい世の中ってわけ？ 哀れなものね」金賢姫の話に登場する教師は、一九七八年に東京で姿を消した女性――二二歳のホステスで、ふたりの子供がいる――と特徴が合致していた〔田口八重子のこと〕。日本政府は彼女の証言により初めて、拉致の直接証拠を入手することになる。

「写真で見るよりはるかに美しい」当時日本の外務省で北東アジア課長の任にあった田中均はそう思った。日本政府職員として最初に金賢姫に出会ったのが、朝鮮半島担当の田中だった。爆破事件直後から、アメリカは対北朝鮮制裁の発動を日本に促していたが、田中は本当に北朝鮮による犯行なのかを確認せねばならないと考えていた。韓国の情報機関は北朝鮮による犯罪事件を捏造したことがあり、アメリカの姿勢も強引にすぎるように思えた。少なくとも、日本には外交について独自の考えがあ

韓国の空港でタラップを下りる金賢姫
（Fujifotos／アフロ）

ることを示したかった。

北朝鮮による殺害を危惧していた韓国の情報機関は、山奥の安全な場所に金賢姫を保護していた。田中を乗せた車は何時間ものあいだ、曲がりくねった寂しい山道を登っていった。「金賢姫と会ってこの目で見、どんな人間かを理解しておきたかった」[※2]と田中は言う。一一五人もの人を殺害してからいくばくも経っていないにもかかわらず、この女性は浮世ばなれした趣をたたえており、田中は軽い動揺を覚えた。〈爆弾を仕掛けることで多数の人々が犠牲になることに何の躊躇もなかったのか〉田中が発した問いに対する金賢姫の返答には、彼女自身のみならず、彼女という人間をつくり出した政権の性格があらわれていた。〈私は東欧の国やマカオなどに頻繁に旅行していたし、東京やソウルの繁栄もテレビや雑誌で見てよく知っていた。けれどもそのような繁栄の裏に搾取があり、見かけだけの繁栄だという教育を施されてきた〉感情を交えずに、彼女はそう言った。自分を取り囲む世界を虚構と信じ込んでいる。そういう人を実際に目の前にして、田中は衝撃を受けた。まるで〈造花〉だと思った。美しいが、人間を感じさせるところがない。[※3]

第14章　金日成の「金の卵」

　夫と四人の子供を送り出し、有本嘉代子が朝の茶を一服していると、電話の音がした。一九八八年九月、晩夏の午前一〇時過ぎのこと。電話の向こうから覚えのない声が聞こえてくる。その女性が口にした名前を聞いて、嘉代子は受話器を落としそうになった。「有本恵子さんのお宅でしょうか」そう女性は尋ねた。[※1]一九八二年四月、嘉代子の娘、恵子はロンドンに語学留学した。そんな遠いところに行くことを親たちは快く思わなかったが、翌年に帰国する条件で送り出すことにした。恵子は条件を受け入れたが、ロンドンに到着して間もなく職探しを始めた。一九八三年一〇月、有本夫妻は恵子から短い手紙を受け取った。〈まだ仕事があるので、日本に帰るのはもう少し遅くなりそうです。……では、また少し時間ができればお手紙書きます〉それを最後に、娘からの連絡は途絶える。

　一九八八年九月の朝に電話をかけてきた女性は、私たちもお宅と同じような状況にあるのですと語った。女性の息子、石岡亨も八年前にスペインに行ったきり行方がわからなくなっていた。ところが息子から手紙が届き、恵子の家に連絡してほしいと書かれていた、そこで手紙のコピーを送りたいという。息子は〈事情あって、欧州に居た私達は、こうして北朝鮮にて長期滞在するようになりました〉と述べ、彼と恵子がもうひとりの日本人男性とともにピョンヤンで暮らしている旨を伝えてい

有本恵子（共同通信社）

た。〈基本的に自括（ママ）の生活ですが当国の保護下、生活費も僅かながら月々支給を受て（ママ）居ます。但し、苦しい経済事情の当地では、長期の生活は苦しいと言は（ママ）ざるを得ません。特に衣服面と教育、教養面での本が極端に少く、三人供（ママ）に困って居ります。取り敢へ（ママ）ず、最低、我々の生存の無事を伝へ（ママ）たく、この手紙をかの国の人に託した次第です〉

　一枚の便箋に書かれていたその手紙は、切手ほどの大きさに折りたたまれており、裏には英語で「この手紙を日本に送ってください（差出人の住所は手紙のなかに書いてあります）」と記されていた。ポーランドの消印のついたその封筒は、ポーランド人旅行者が投函したものと思われた。そこには三枚の写真が同封されていた。一枚目には亨が、二枚目には恵子が写っていたが、三枚目はコピーが不鮮明で、誰をとらえたものなのかはわからなかった。ふっくらしていた恵子の頬はげっそりしていた。すっかり痩せてしまったように見えたが、それでも娘が生きていることがわかって、嘉代子はうれしかった。でも、恵子はなぜ北朝鮮に行ったのだろう。それに三枚目の写真に写っているのは誰なのか。

　有本恵子と北朝鮮は、一九六九年一一月、山梨県の深い森のなかで赤軍派が警察の手入れを受けたときに、因縁の糸で結ばれたという言い方もできるかもしれない。赤軍派は当時、首相官邸の襲撃を計画していた。第三世界をはじめとする各地の被抑圧民のため、暴力によって「世界同時革命」を起こすことを唱えていたこの組織は、西ドイツやイタリア、アメリカの新左翼ともつながりをもっていた。赤軍派の起源は日米安全保障条約延長に対する反対運動（安保闘争）にさかのぼることができる。一九五一年締結のこの条約は、アメリカが部隊および軍用機その他の兵器を日本に配備する権利を認めており、日本の左翼はこれにより日本が軍事基地と化し、朝鮮や（のちには）ヴェトナムでの戦争に対するアメリカの介入に手を貸すことになると考えた。

一九六九年一一月に警察の手入れを逃れることができたのは一部のメンバーだけだった。同志のほとんどが投獄されたため、リーダーの田宮高麿は海外に活路を求めた。カリスマがあり才気煥発な田宮は、飛行機をハイジャックして北朝鮮に渡り、その後キューバで軍事訓練を受けるという計画を立てた。当時キューバのフィデル・カストロと金日成（キム・イルソン）は良好な関係にあるとされていた。田宮は「出発宣言」という文書のなかでこう述べている。〈われわれの大部分は、北朝鮮に行くことによって、それ自身を根拠地化するように最大限の努力を傾注すると同時に、現地で訓練を受け、優秀な軍人になって、いかなる困難があろうとも日本海を渡り帰日し、前段階武装蜂起の先頭に立つであろう〉

一九七〇年まで、日本人による航空機のハイジャック事件が発生したことはなく、日本の空港には金属探知機も設置されておらず、警備も貧弱だった。ハイジャックは想定外のことだったので、赤軍派の犯人に逮捕状を出す際、法に基づいて問うことのできた罪状は機体に対する「強盗罪」のみだった。ハイジャック犯の計画では、福岡行きの朝の便に鉄パイプ爆弾や日本刀、モデルガンなどを持って別々に搭乗することになっていた。メンバーは東大の教室で椅子や机を並べ替えて飛行機の客室に見立て、予行演習をしている。離陸後に田宮が立ち上がり、コックピットへ行くようほかのメンバーに合図することになっていた。予定日の朝に田宮は搭乗し、すべてが目論見どおりに進んでいたように思えた。が、田宮が周囲を見回すと、同志のうち四人しかいないことに気づいた。その場にいないメンバーは飛行機に乗ったことがなく、確実に搭乗するには予約が必要だということやどこでチケットを買えばいいのかを知らなかったのである。田宮は計画を中止し、五人は福岡で飛行機を降りたが、所持金では帰りのチケットを買うことができなかったので、夜行列車ですごすごと東京へ引き返した。四日後の一九七〇年三月三一日午前七時三〇分、日本航空351便、通称「よど号」は東京を出発した。今回は九人のメンバー全員が搭乗し、ベルト着用のサインが消えると、すぐさま行動に出た。〈われわれは赤軍派だ。北朝鮮のピョンヤンへ行け〉と田宮が叫ぶ。〈北朝鮮へ向けて飛行しなければ、われわれは爆弾を持っているからここで爆発させる〉と言うと、ダイナマイトを振ってみせた。パイロットが、北朝鮮へ行くには燃料を補給せねばならないと説明する。飛行機が福岡に着くと地上職員が給油作業を開始、ハイジャック犯は乗客のうち二三人を解放した。北朝鮮までの航路を飛んだことがないパイロットは、空港側に地図を要求。職員たちはあちこちを探し回り、ようやく一枚だけ見つけて機内に届けた。ところが、その「地図」を目にしたパイロットは絶句する。中学生用地図帳のコピー……。だが地図の上部には、〈航路図なし、121・5MCをつねに傍受せよ〉という走り書きがあった。

〈北朝鮮側に連絡はついているのか〉離陸後にパイロットが田宮に尋ねると、〈連絡はついていない。受け入れてくれるかどうかも着いてみなければ、わからない〉という答えが返ってきた。パイロットは慄然とした。一九五三年の休戦協定に基づき、非武装中立地帯（DMZ）の上空を許可なく飛ぶ飛行機は撃墜される。高まる戦慄を抑えながら、パイロットはピョンヤンの管制塔へ連絡を続けた。そしてついに、間欠的にではあるが、応答を得ることができた。〈こちらピョンヤン、進入管制

周波数134・1MCにコンタクトせよ〉
無線の向こうの声は、パイロットに指示を与え、飛行機は福岡を出てからおよそ一時間半後に着陸した。空港のスピーカーは、〈ここは朝鮮民主主義人民共和国です。みなさんを歓迎します。すぐに降りてきて下さい。わたしたちは日本帝国主義に反対するみなさんの到着を歓迎しています〉というメッセージを流し、伝統服に身を包んだ何人もの女性がにこやかに微笑みながら駐機場に立っている。だが空港職員が機体にタラップ車を取りつけているあいだ、田宮は何かがおかしいと感じた。ここがピョンヤンなら、北朝鮮の国旗や金日成の肖像画がないのはなぜか。コックピットの窓から外を覗くと、シェル石油のマークのついた給油車、ノースウェスト航空のロゴのついた飛行機――北朝鮮にあるはずのないもの――が見える。〈ここはソウルですね?〉窓の外にいた空港職員に大声で尋ねた。いきなり話しかけられて動転した職員は、反射的に本当のことを答えた。ハイジャック犯は騙されていた。着陸したのは韓国だった。
飛行機は軍用車両に囲まれた状態で四日間止まったままとなり、日本のテレビは睨み合いの続く滑走路の様子を生中継で伝えた。特殊部隊の突入や催眠ガスの注入を警戒していたハイジャック犯は、飛行機のドアを閉じ、空調も止めさせた。暑さと、あふれ始めたトイレから漂う悪臭は、耐えがたいほどになる。韓国政府には、田宮の要求に応じるつもりはなかった。およそ三カ月前にも韓国機のハイジャック事件が起き、飛行機が北朝鮮に着陸させられ、乗客乗員の半数以上は送還されたものの、一一人が囚われの身となっていたためである。最終的に、日本の運輸政務次官〔山村新治郎〕が乗客の身代わりになり、ハイジャック犯とともにピョンヤンに行くことで話がまとまった。ソウルでの最後の夜、乗客とハイジャック犯は残っていた握り飯とジュースでパーティーを開いた。〈世界の抑圧されたプロレタリアートのために、われわれは最後まで戦い抜く。最後まで、頑張りたい〉と別れの挨拶のなかで、田宮は言った。〈みなさんには御迷惑をかけたが、これも日本を愛するため、日本を変えていきたいが故の行動と理解してもらいたい〉被害者であるはずの乗客たちはハイジャック犯に情を感じ始めていた。「彼らが帰国した暁には、職員として採用するよう日本航空に推薦したい」と乗客のひとりは語っている。「灰皿はきれいにしてくれたし、床に落ちた紙くずも拾っていた。私には雑誌を持ってきてくれた」また、この真面目な若者たちは自分のしていることを本当にわかっているのかと心配する人もいた。最後に飛行機を降りた乗客は、〈体に気をつけて〉と、声をかけている。

「日本人革命村」は、「よど号」グループが北朝鮮での住処としている場所である。ピョンヤンから二〇キロの郊外にあるこの地区は、三方を森に囲まれ、一方は大同江(テドンガン)に接する。近隣の農村や道路からは切り離され、警備の兵士が配置されている。この村には居住棟、管理棟、講義室など十前後の建物が建っていて、テニスコートもある。それぞれの世帯の間取りは3DKで、洗濯機やテレビは日本製。身の回りの世話にあたる人員が派遣されていて、医者や看護師のほか、各種食材を取りそろえた台所を切り盛りする料理人、数人の運転手がいる。ラジオの性能もよく、日本の新聞や雑誌も届けてもらえる。住人は日の出とともに起床して運動で体をほぐすと、赤旗を掲揚する。ピョンヤンの社会科学院より派遣されてきた教授から昼まで思想教育や朝鮮語の授業を受け、午後の時間は自習にあてる。

一年あまりこんな生活を続けるうちに、田宮は焦りを感じるようになった。当局はなんらかの軍事訓練を行うと約束していた。でもいったい、いつになったら受けさせてくれるのか。田宮が尋ねると、あなた方には朝鮮の思想と言語に対する理解を深める必要があると、指導員はいつも答えた。訓練を受けたのちに日本に戻るつもりでいた田宮たちにとって、そんな学習にはなんの意味もないように思えた。なぜ朝鮮語を学ばねばならないのか。思想教育にしても、日本の一流大学の学生だった彼らは「世界同時革命」という自らの理論を編み上げていた。それ以上、いったい何を学ぶ必要があるというのか。チュチェ思想にも疑問を覚え、彼らは北朝鮮の人が聞いたこともないような言葉を使って批判するまでになった。

田宮たちはわかっていなかった。思想教育も細部にわたる学習も、金日成のチュチェ思想という完璧なる統一体の一部をなしているということを。赤軍派のいう「世界同時革命」は金日成の考えたものではなく、むしろ思想的不純物だったのだ。そういう逸脱した考えに彼らがいつまでもこだわっているのは問題だった。だが幸いにして、金日成思想には抵抗する輩への対処方法が用意されていた。

日課に変化が訪れた。金日成思想に関する講義を行う教授が毎朝やってくるのはこれまでどおりだったが、田宮たちに質問攻めにされても軽く受け流し、微笑みながらひたすら講義を続けた。次の日も同じ調子だった。ほどなく「よど号」グループは態勢を崩され、自信を失っていく。目指すべきものがわからなくなり、教授が目の前でちらつかせる命綱をつかんだ。

一九七二年四月、「よど号」グループが十分に学んだと金日成は判断し、取材のためピョンヤンに来た日本の記者を集めて会見を開いた。〈彼らは……こちらに来たときはアナーキストだった〉金日成は「よど号」グループについてこう述べた。〈世界革命をやるんだ、いますぐにでも世界革命がくるんだ、と荒唐無稽なことばかり言っていた。いまでは少し良くなりました〉その数カ月前に、グループのメンバーは金日成にこんな手紙を送っていた。〈首相同志の限りなく寛大で革命的な御指導を受ける中で、われわれはようやく、首領―党―階級―大衆の結びつきがいかなるものであり、プロレタリア独裁権力の力の根源がどこにあるか、そしてそれが、なぜ社会主義、共産主義をめざした力になるのかを知ることができるようになってきました[※2]〉チュチェ思想の説明としては、百点満点と言えるだろう。

　金日成が「よど号」グループにこれほどまでの関心を寄せたのはなぜか。朝鮮戦争休戦から一七年が経ち、南北は各々の体制の優劣をめぐって熾烈な競争を繰り広げていた。一九六〇年代に九万三〇〇〇人の在日朝鮮人を「帰国」させたのと同じように、日本のエリート大学生の渡朝と思想改造には、韓国に対する抜きつけの一太刀という意味があった。金日成は彼らを「金の卵」と呼びさえし、チュチェ思想を広めるために利用することを考えた。ただ、そこにはひとつだけ問題が残されていた。「よど号」グループだけでは人数が足りない。チュチェ思想の原則に、〈革命事業を代を継いで最後まで継承し、完成させなければならない〉というものがある。どうすれば、そのための日本人を増やすことができるのか。

「よど号」グループのメンバー、小西隆裕の恋人だった福井タカ子がピョンヤンに到着したのは一九七五年のこと。タカ子の登場は、男性一色だったグループの人間関係を一変させた。ちょうどオノ・ヨーコがビートルズの前にあらわれ、決定的影響を与えたように。彼女と小西は仲睦まじげに散策し、夜間には睦言（むつごと）でほかのメンバーの安眠を妨げる。小西だけが性的欲求を満たしていたことに対する不満が高まった。日本人革命村の女性といえば、ほかには朝鮮人女性がいるだけで、日本人男性とのあいだには、張り詰めた空気が常に漂っていた。タカ子がやってきた直後のことだが、「よど号」グループの一部が女性職員を襲い、女性のひとりが被害を訴える事態にいたっている。

日朝の難しい歴史を考えれば、日本の男による朝鮮人女性の強姦など、許されざることだった。田宮は会議を開き、方針転換の意向を明らかにした。〈革命を志した人間も妻子をもつべきである〉というのがその眼目だった。〈われわれも全員が女性を獲得していかなければならない。これは革命のための任務でもある〉一見、二義的であるようにも思われるが、実のところこれは大きな戦術転換だった。「よど号」グループはそれまで、日本に戻って金日成のために福音を広める考えでいた。しかし北朝鮮で結婚して子をなせば、何年かはこの地にとどまることになる。朝鮮公民と外国人との結婚は法律で厳しく制限されているため、妻は朝鮮の外から連れて来なければいけない。

ロマンチストの田宮は、独身メンバーでヨーロッパに渡り、革命家として有望な旅行者や学生に結婚を申し込むことを当局に提案した。だが、そのやり方は複雑にすぎると当局は却下し、対案を示した。結婚相手にふさわしい女性を北朝鮮の工作員が引き抜き、こちらに連れて来るのはどうだろう。田宮は失望した。ロマンチックな革命家という自己イメージを壊され、そのうえ人生のすべてを北朝鮮当局に掌握されたということが、これではっきりしたためだ。

八尾恵は尼崎に生まれ、西宮で育った。この地区には多くの在日韓国・朝鮮人が住み、恵は幼いころから、そうした人々への差別を目にして怒りを感じていた。差別を回避するために在日韓国・朝鮮人が日本人を「装う」のは珍しいことではないが、恵はあるとき、親友のひとりが日本名を名乗っている韓国人だということを知り、意外の感に打たれる。自分の身近にある不正義を肌で感じ、これを境に在日韓国・朝鮮人にいっそう心を寄せるようになった。『ある一支部隊長の物語』という北朝鮮のプロパガンダ映画を観たときには、この国について何ひとつ知らなかった――この映画は植民地時代に抗日闘争を戦った朝鮮人兵士を描いた作品で、主人公の恋人は日本兵につかまり、自白を拒否して拷問で命を落とす――それから何日かのちに、恵は日本青年チュチェ思想研究会のメンバーから、学習会に誘われた。

一九五〇年代半ばから「非同盟」諸国と関係を築いていた北朝鮮は、チュチェ思想を解放のためのモデルとして広めようとしていた。自力更生の理念や北朝鮮の経済実績は、植民地支配を経験した国のあいだで強い訴求力をもっていた。北朝鮮政府は資金を投じて世界各国に勉強会や研究所をつくっていったが、その多くは日本に集中していた。中心組織のチュチェ思想国際研究所もやはり日本にある。勉強会については、一九七七年には各都道府県に少なくともひとつは存在した。恵は大阪の保育士専門学校に通うためにひとり暮らしを始め、同地の勉強会に移籍している。会員は学生や会社員、教員などで、誰もが北朝鮮を社会主義の「地上の楽園」と考えていた。国家がすべての人を平等に扱い、衣食住を保障する、資本主義の日本社会を反転させたようなところだと思っていた。会員には純粋な優しい人が多く、恵はすぐにうちとけていった。朝鮮語でチュチェ思想を学びたいと恵が考えるようになったころ、知人の在日朝鮮人からある男を紹介される。その男は、北朝鮮に行く手はずを整えてあげるが、このことはいっさい口外しないようにと釘をさした。恵は親に、国内旅行をすると伝えた。両親にあてて差出人住所のない葉書を四、五枚書き、出発の前日、男に渡した。滞在先の天気などを記し、旅先から送る葉書らしくするようにと、男から依頼されていたのだった。親を心配させないため、数カ月以内に日本国内で投函すると男は恵に話した。

一九七七年三月、八尾恵はピョンヤンに到着した。はじめのころは朝鮮語を学んでいたが、四月初旬になると、進度を確認するため、役人が彼女の招待所にやってきた。ピョンヤンについてどう思うか、寂しくないか、とたたみかけ、寂しいなら友達になれそうな人や男性を紹介しようかと打診した。〈革命をするには一人ではできないから、よい同志に恵まれて一緒にするのが一番よいのですよ〉と、役人は明るい口調で語った。初めてそう言われたときには、恵は断ったが、役人はそれから何週間ものあいだ執拗に同じ申し出をしてきた。実のところ具体的な候補がいるのだと役人は言った。これが単なる提案以上のものだということを徐々に理解していった恵は、気が進まぬながらその男性に会うことを承知する。柴田泰弘は「よど号」グループの最年少で、ハイジャック事件当時は一六歳だった。北朝鮮に来てから七年が経っていたが、まだ大人になりきれていなかった。それでも、恵が柴田にいだいた第一印象は悪くはなかった。少年らしさが残っていて少し神経質ではあったが、ほかの同志と違ってとっつきにくくはなかった。いずれにせよ、恵はこの件についてどうこう言える立場にはなかった。金正日（キム・ジョンイル）が結婚相手を決めたという噂も流れていた。結婚にいたる経緯は普通ではないが、当事者以外の人が決めた相手との結婚自体は珍しいことではない。見合い結婚は、当時の日本では普通に行われていたし、北朝鮮では今でもそうだ。

結婚作戦は、一九七七年五月に集中的に実行された。一週間のあいだに、「よど号」グループは続々と結婚した。結婚後に八尾恵は、金日成が一九七五年五月六日に発した「五・六教示」なるものがあることを知る。〈「よど号」ハイジャック犯メンバーにも〝結婚〟相手を見つけて、代を継いだ革命を行っていかなければならない〉と、そこにはあった。結婚ラッシュの一年以内に子供が生まれ、革命村には託児所や幼稚園、各世帯のための住宅が次々と建設された。

福井タカ子は二〇〇二年に帰国した際、旅券法違反で逮捕されて裁判を受け、懲役一年六カ月、執行猶予四年の判決を受けている。現在は北朝鮮に残っている四人の「よど号」メンバーの帰国許可を政府に求める活動の一翼を担う。自分の境遇への理解を得られると期待してか、私の取材に応じてくれたが、一九七七年五月に結婚したほかの女性が北朝鮮に来た経緯を尋ねると、急に言葉少なになった。私の目を見すえ、「二、三カ月ほどの間隔をおいて、新しい人がやってくるという感じでした」と答える。では、それまでのいきさつを女性同士で話すことはなかったのかと尋ねると、「ええ、そういうことは話しませんでした」嘘をついているとしか思えないが、私は自分の感情を押し殺した。二十数年間も顔を付き合わせていて、まったくそのことが話題にならなかったと？　「ええ、まったく。向こうにいるあいだ、一度も」と彼女は返した。[※3]

妻たちはいろいろな意味で夫たちよりも使いやすかった。いたって順調な人生を送ってきた、まっさらな経歴の女性たち。法を犯したこともなければ国際手配されたこともなく、世界を自由に移動できる。日本の公安警察によると、妻たちは結婚から一〇年のあいだにヨーロッパのさまざまな国に行き、ヨーロッパから日本に五〇回入国している。ザグレブに〈前線基地〉としてアパートを借り、ここを起点に任務の多くを遂行した。ユーゴスラヴィア政府は北朝鮮の工作員と日本の協力者に安全な通行を保証し、西欧諸国とのあいだを往来する人物の旅券に押印しなかったので、移動の明確な痕跡を残さずに済んだ。妻たちの所有物のなかで何より大切だったのが日本旅券で、何度か更新されている。女性たちは金日成の革命思想を広めるために、世界各国を回っていたようにも見える。ヨーロッパで反核運動に参加し、日本にも同志を獲得するために何度か向かっている。海外では指導員と連絡をとり、夜には決められた時間にラジオを指定の周波数に合わせ、暗号化された指示を受信した。

一九七九年の冬に、妻たちはヨーロッパの国々に旅立つ。〈了解活動〉という、途方もない事業のためだった。日本人の若者を獲得したうえ、しかるべき再教育を施して「よど号」グループに加え、勢力拡大に協力させるというのが、その究極の狙いである。『地球の歩き方』を参考に安宿を回って日本の学生に近づき、食事や観光をともにしたり、ときにはデートもした。有望と思える相手には将来の夢や学歴、家庭環境（親族に警察の関係者がいるか否か、など）をそれとなく尋ね、適格と判断したら、その若者を旅行に誘い、渡航費を全額負担してやり北朝鮮に連れて行く。ひとたび北朝鮮に来れば、チュチェ思想の偉大なる力のおかげで心からこの思想を信じるようになる、と女性たちは決めてかかっていた。八尾恵は後年、自分自身が騙した相手について、こんなことを述べている。金日成の偉大さを理解すれば自分に感謝するはずだと思っていた、と。

一九八〇年三月、石岡亨は新潟から飛行機でソ連に渡り、シベリア鉄道でモスクワまで移動した。大学の農獣医学部を卒業した彼はスペインの酪農について学ぶべくバルセロナに行き、その地で語学留学をしていた日本人男子学生〔松木薫〕と知り合った。ある日、亨と男子学生はふたりの魅力的な日本女性に出会う。それから四人は一緒に観光したり、遊んだりするようになったが、女性のひとりがふと、北朝鮮への旅行を手配してくれる人を知っていると漏らした。面白そうじゃない？　行ってみましょうよ。亨たちがバルセロナにいたことを示す唯一の証拠は、それから何年ものちに公表された写真である。動物園のベンチに微笑みをたたえながら腰掛けている亨の隣に、ふたりの女性――「よど号」グループの妻、森順子（よりこ）と黒田佐喜子だ。亨も男子学生も、今にいたるまで帰国していない。

一見うまくいったように思えたかもしれないが、了解活動にはいかんともしがたい欠陥があった――金日成に心酔している者には、想像すらできなかっただろう。チュチェ思想を学ばされたからといって、皆が皆、その教えに染まるわけではない。バルセロナから来たふたりの若者は騙されたことに憤り、ピョンヤンで激しく抵抗した。しかも、ひとりは「よど号」グループの妻に恋愛感情をいだ

スペイン・バルセロナで写真に納まる石岡亨と「よど号」グループの妻たち（時事）

いていただけに、よけいに激しく憤った。〈色じかけで騙しやがって……！〉若者たちはその直後、朝鮮労働党管轄下にある、もっと管理の厳しい場所に移された。

　この一件は、重大な問題の存在を物語っていた。その気になれば「よど号」グループも子をもうけることはできるが、成人の同志を増やさなければ、革命の成就はおぼつかない。メンバーはたびたび会議を開き、そのことについて意見を交換した。チュチェ思想の解釈に変更を加えることはタブーだったので、いきおい議論は技術的な点に集中した。標的が間違っていたのかもしれない。やり方が回りくどかったのか。妻のひとりが、孤独のせいではないか、恋人がいれば協力的になるかもしれない、と発言すると、それを受けて別の妻はこう言った。〈男だけだからうまくいかないというのなら、女も連れてくればいい〉

　有本恵子は神戸で生まれ育った。はにかみ屋でおとなしい少女だったが、英語の勉強には熱心だった。高校生のころには、元町の語学学校に通うため、実家を出て学校の近くにある叔母の家で暮らしたこともある。一九八二年に神戸市外国語大学を卒業し、勉学を続けようと、この年の春にロンドンにやってきた。経済的な余裕がなかったので、午前中はホームステイ先でベビーシッターとして六歳の女児と八歳の男児の面倒をみた。インターナショナル・ハウスの英語の授業は午後に受講した。

恵子はロンドンに友人もなく、外国人の友達をつくりたいと考えていた。化粧気がなくて、クラブにもロック・コンサートにも行ったことがなく、なかなか外国人の友達ができなかった。八尾恵は一九八三年の晩春に、ウェストケンジントンに家具付きの部屋を借りている。了解活動の一環としてインターナショナル・ハウスに通い、そこで出会った日本人学生を自分の部屋に招いていた。有本恵子と八尾恵は、すんなりと友達関係になることができただろう。年齢は四、五歳しか違わず、ふたりとも兵庫県の出身。実家もさほど離れておらず、車で三〇分ほどの距離だった。恵は恵子を日本食でもてなし、お互いの故郷の話をして、孤独を癒した。ある晩恵子は、イギリスに来てそろそろ一年になるのに、まだ仕事が見つからないと恵にこぼした。いろんな国を見たいのに、日本に帰らなくてはいけないの。そこで恵は、ある人に頼めば市場調査の仕事を紹介してもらえるかもしれないよ、世界各国を回ってさまざまな商品の値段を調べる仕事なんだけど、と持ちかけた。恵子にとっては夢のような話だった。両親は反対するだろうけど、せっかくのチャンスを逃したくない。〈少し大袈裟かもしれないけれど、人生の第一歩を踏み出したといった感じです〉一九八三年六月一三日に友人にあてた手紙のなかで、こう書いている。

〈私も今月末でロンドンとお別れです。少し寂しいけど、これからしなければならないことも沢山あるし、ロンドンでよく楽しんだし、またいつか来ることもあると思うのです。もう帰りのキップも買ったのですが、今、突然と仕事が入って来たのです。

その仕事というのはMarket research（市場調査）といって、仕事の内容は外国の商品の価格、需要、供給度などを調査する仕事なのです。この仕事だと世界中いろいろな所を見ることもできるし、やってみたいなあ、と思っています。……でも何だかラッキーだったなぁー……〉

恵と恵子は未来のクライアントに会うため、コペンハーゲンに向かった。当時ヨーロッパで北朝鮮を承認している国は非常に少なく、デンマークはそんな国のひとつだった。ところが北朝鮮政府はコペンハーゲンの大使館を西欧での情報活動の拠点に使用していた。恵と恵子はこの街を見て回り、チボリ公園ではいろいろな乗り物に乗って楽しんだ。その晩、ふたりは中華料理店で男性に会う。恵子は不安げだったが、男性が流暢な日本語を話し、優しく陽気な人だったので、すぐにリラックスした。日本語能力と人心掌握術は、キム・ユチョルが北朝鮮の工作員として活動するなかで培われたものだ。キム・ユチョルは恵子に、業務は北朝鮮で行うことになると告げ、滞在費その他の経費は会社が負担すると請け合った。調査すべき商品の写真を掲載したカタログを見せられ、恵子はその場で応諾した。恵子とキム・ユチョルは翌日にコペンハーゲンを出発することになる。親が心配しないよう、前もって手紙を何通か書いておいたほうがいいとキム・ユチョルは恵子に勧めた。

それは有本恵子の両親が娘から受け取った最後の手紙となった。そして数年後、一九八八年の晩夏に受け取った石岡亨の手紙のコピーで、母は恵子の消息を知ることになる。同封されていた不鮮明な写真、そこには存在すら知らなかった孫が写っていたのだった。

第15章　世にも怪奇な物語

一九九一年一二月、テレビ局プロデューサーの石高健次は『サンデープロジェクト』のため、ソウルで取材を行っていた。インタビューの相手は北朝鮮の元外交官、テーマは核開発疑惑だった。その日の晩、取材を仲介した韓国の情報機関職員と夕食をともにした際、一九七三年に大阪から北朝鮮に移住し、その後韓国に亡命した人を紹介しようかと打診された。「帰国事業で北に渡った人だ」と、その情報員は語った。[※1]

在日韓国・朝鮮人の四分の一が住む大阪の出身であるにもかかわらず、石高はそれまで、九万三〇〇〇人もの人を送り出した帰国事業についてはあまりよく知らなかった。この事業が始まった一九五九年当時はまだ八歳だったし、戦後の高度経済成長はその歴史を人々の記憶の片隅に追いやっていた。くだんの人物に会って話を聞いた石高は、帰国者の半数が姿を消したと聞いて、全神経を耳に集めた。その人たちはいったいどうなったのか、と思った。

日本に戻り、朝鮮総聯の元幹部に連絡をとった。『裏切られた楽土』という著書のなかで、帰国事業を正面から批判している。著者は親族の多くを一九六二年に北朝鮮に送り出していて、一九八〇年に初めてこの地を訪問した。貧相にやせて生活にあえぐ親族の姿を目にし、衝撃を受けた。八〇歳の母は、〈なぜ、お前はあのとき船のタラップで、わしの足をつかんで引き止めようとしなかったのか〉と、彼をなじったという。

　石高は日本各地の在日朝鮮人への取材を始めたが、相手は一様に北朝鮮にいる身内の安全を懸念し、匿名を希望した。ささいな過ちのせいで収容所に送られて餓死した人、あるいは処刑された人が身内にいると、その人たちは証言してくれた。そのなかに、横浜市生まれの朴春仙（パク・チュンソン）がいる。朴の兄は帰国後、アナウンサーとして活躍していた。彼女は毎晩ラジオで兄の声を聞いていたが、一九八〇年秋のある日、突然ほかの人の声に変わり、兄の消息がわからなくなったという。石高のつくったドキュメンタリー『楽園から消えた人々――北朝鮮帰国者の悲劇』は一九九四年五月に放送されたが、視聴者の反応は冷たかった。石高には脅迫電話が、上司のところには朝鮮総聯から抗議がきた。担当を替えられてしまい、北朝鮮に関する番組はもうつくれないだろうと感じた。

　石高は、もともと小説家を志していた。一九五一年に三人きょうだいの末っ子として大阪に生まれ、長じて東京の中央大学に進んだ（数学年下に蓮池薫がいる）。一九七二年夏、ヨーロッパと中東をヒッチハイクで放浪した。初めての海外旅行で、石高は異国の人との出会いや街の空気に心を踊らせた。はじめは多くの日本人と同じようにアフリカやアラブの人々に偏見をもっていたが、貧乏旅行で世界を回る若者なら誰しもそうであるように、人々との温かい交流を通じ、そんな偏見を洗い流した。どこでなら安全に寝られますか。安く食事のできるところは知りませんか――フランス語やアラビア語、英語の言い回しを身につけるなかで、心のなかにコスモポリタニズムが芽生えてゆき、詩心を刺激した。帰国後に詩集を出したが、ジャーナリズムにも惹かれた。そんなことから、大学卒業後、朝日放送に入社する。

一九六〇年代半ばごろまで、日本のテレビニュースは味気なく、端的に言えば、新聞記者が自分の記事を読み上げていたようなものだった。より多くの人にニュースを見てもらうためにＴＢＳが記者に映像技術を学ばせるようになると、朝日放送も負けじと後追いした。石高はこの研修を受けた初期の世代だが、当時は自分をあくまで言葉で伝える人だと思っていたし、映像を重視する意味についてもよくわかっていなかった。映画カメラにほとんどさわったことがなかったにもかかわらず、上司から一六ミリカメラをぽんと手渡され、「使い方を覚えろ」と言われた。

日本の大企業の新人教育には徒弟制のようなところがある。朝日放送も例外ではなく、入社後の二年間というもの、石高は先輩カメラマンが使う重い機材――レンズや照明器具や三脚――を運ばされた。三年目になって、自分で何か撮ってみろと言われた。先輩たちは撮影の秘訣をけっして明かそうとはせず、ベテランカメラマンの撮ったショットについて本人にテクニックを尋ねたところで、じろりと睨まれるのがおちだった。だが石高は同僚のやり方を盗み見て、したたかに技術を吸収していく。すぐに才能を認められ、番組制作の基本を学ぶために東京の映画学校で研修を受けることになった。学校での研修時代はエイゼンシュテインやフェリーニ、ゴダールといった前衛作家の作品に夢中になり、そこに流れる反骨精神に刺激を受けた。とくに好きだったのは、不幸な結婚生活に終止符を打ち、テレビ局の仕事を辞して恋人と逃飛行するジャン＝ポール・ベルモンドの姿を描いたゴダールの『気狂いピエ

石高健次（共同通信社）

ロ』。整った顔立ちに自然な髪型、低音の渋い声で話す石高は、ジャン＝ポール・ベルモンドを思わせる挑発的な態度を身につけてゆき、襟なしシャツを好んで着るようになった。石高の手になるドキュメンタリーは調査が行き届いているだけでなく、編集のセンスも光る。付和雷同するタイプではない彼は東京勤務を終えると、牛後よりも鶏口となるべく大阪に戻った。この地で結婚してふたりの娘に恵まれたが、日常に安住することなく、いつも特ダネを探し求めていた。

一九九四年夏、石高のもとに、朴春仙から電話がかかってきた。帰国者に関するドキュメンタリーのため、二年前にインタビューした人である。朴春仙の家族は総聯を支持し、兄をはじめきょうだいの多くが一九六四年までに帰国していたが、彼女は東京に残っていた。一九八七年に北朝鮮にいる親族を訪問した際、兄の行方がわからなくなったことについて尋ねたが、怯えた様子で何も語ってくれなかった。帰国後に徹底的に調査した末、スパイ容疑で一九八五年に処刑されたことがわかった。

一九九二年の取材で石高に兄の話を初めてしたとき、朴春仙は処刑された理由がわからないと言っていた。しかし罪の意識にさいなまれ、二年後に真実を打ち明けた。〈実は、兄が銃殺されたきっかけは、私が北朝鮮から来たスパイと同居したことだったのです〉

朴春仙が工作員の辛光洙（シン・グアンス）に出会ったのは一九七三年。夫と別れ、一男二女を抱えて苦しい生活を送っていたころだった。ハンサムで魅力的なうえ、包容力のある辛光洙は彼女の心を虜にして家に入り込んだ。辛光洙は家族の生計を支え、朴春仙の子供たちには自分の子のように接してくれた。彼女は無上の幸せを感じた。だから彼が「仕事」で留守にすることが多く、その仕事について何も語ろうとしなくても気にかけなかった。同居を始めたころ、彼女は辛から二〇〇万円を〈生活費として〉渡された。
一九七六年秋、辛光洙は朴春仙に、しばらく外国に行く、帰国はいつになるかはっきりしない、と言って家を出た。一カ月後、辛光洙からピョンヤンの消印のついた手紙が届く。朴春仙を気遣う言葉も、不在にしていたことへの説明も記されていない、用件を伝えるための手紙だった。〈預けてあるおカネを横浜のSさんから連絡があったら、手渡すように〉という指示が書かれていた。文面からは、いつになったら家に帰れるのか、そもそも帰るつもりなのかがまったくわからず、彼女は傷ついた。しかも具合の悪いことに、お金が手元になかった。知り合いに貸して、焦げつかせていたのだ。こんなことを手紙で伝えるのは失礼だと思った朴春仙は、ピョンヤンにいる兄に手紙を書き、辛光洙のところに行って事情を説明してほしいと頼んだ。

妹の手紙に記載されていたピョンヤンの住所を頼りに兄はその家に行ったが、本人は留守で、警備員は見知らぬ者が辛光洙について尋ねたことに不快感を示した。彼は二度と来るなと兄に言い、何日もしないうちに、兄は通勤時に尾行され始めた。四六時中監視されるようになり、自動車が自宅の外や職場の外にあるのに気がついた。〈兄さんはあんたの手紙のことで、すごく迷惑してんのよ！〉と、北朝鮮に行って兄と話した妹は春仙を非難した。その後、兄の音信は途絶える。

そのときは知るよしもなかったが、辛光洙の「仕事」とは、日本人を北朝鮮に拉致することだった。一九二九年に日本に生まれた彼は、第二次世界大戦後に朝鮮へ渡り、その後北朝鮮で工作員の訓練を受けている。一九七三年に日本に潜入し、八〇年にある指令を与えられる。日本人を拉致し、その身分を獲得する、という内容だ。辛光洙はつてをたどり、大阪で中華料理店を経営する人物から最適な候補者を紹介された。四三歳の調理師、原敕晁（ただあき）。原は両親と死別し、結婚歴がなく、子供もいなかった。旅券も持っておらず、犯罪歴もなく、銀行に口座を開設したこともない――失踪しても行方を追われることは、おそらくないだろう。

北朝鮮の情報機関は、短波のラジオ放送を使って工作員に暗号化したメッセージを送っている。何も知らない人の耳には数字の羅列に聞こえるが、そこには工作員に対する指示が混入されている。一九八〇年六月、平壌放送は２９６２７という五桁の数字を何度も流した。これは一九二九年六月二七日に生まれた辛光洙に対する暗号で、原敕晁を拉致しろという指示だった。それに先立ち、原は架空の貿易会社での仕事を提示されていた。数週間後に採用が正式に決まり、原と辛たちは大阪駅近くの高級料亭で祝杯をあげた。それから数日後、何も知らない原は船に乗せられ、北朝鮮に連れて行かれる。

辛光洙は原敕晁になりきるため、偽装を徹底した。料理学校に通って調理師の訓練を受け、原の名前を使って運転免許証を取得した。旅券をつくってフランスやスイス、タイに行った。しかしそうした偽装工作をもってしても、韓国の情報機関を欺くことはできなかった。一九八五年四月、辛は原の旅券を使って入国したのち、逮捕される。北朝鮮の情報機関は、朴春仙の兄がこの件に関係していると考えたのかもしれない。兄はその前にも辛光洙の家を訪問して誤解を招いていたし、日本からの帰国者であるという一点だけでも怪しまれていた。兄は辛の逮捕から二カ月後に処刑された。かたや辛光洙は国家保安法違反で有罪になり、死刑判決を受けた。だが一九九九年、北朝鮮を交渉のテーブルにつかせる「太陽政策」の一環として、金大中（キム・デジュン）政権により恩赦を与えられ、翌年九月に北朝鮮へ身柄を送還された。北朝鮮では英雄として迎えられ、「祖国統一賞」を受賞。辛光洙は今もピョンヤンで暮らしていると思われる。

この陰謀と策略の渦巻く話を、石高は半ば信じられない気持ちで受け止めた。まるで００７の映画さながらのストーリーで、朝日放送が報道番組で流せる素材ではないように思えた。辛光洙の逮捕を報じた一九八五年六月の新聞記事が、原敕晁の失踪との関連に触れているのは確認した。ただ、記事の主な情報源が韓国の情報機関だったこともあり、まだ疑念は拭えないと思った。北朝鮮のイメージを損なうため、韓国の情報機関が事件を捏造することは珍しくなかったからだ。証拠を集める必要があった。辛光洙の裁判記録を入手したが、韓国政府による編集が多く、あまり役立たない。獄中の辛への取材を試みたが、断られる。だがその埋め合わせとして、親しくしていた韓国情報機関の職員から、辛とつながりのある日本在住者のリストをもらった。辛光洙と同時に逮捕された人物に安永奎（アン・ヨンギュ）〔仮名〕なる者がいて、原敕晁の拉致に関わったという供述をしていた。安は、一九九〇年に仮釈放されている。辛と共謀して原を拉致したという証言を安から得ることができれば、この話を放送できる。

一九九五年二月、石高に追い風が吹く。かつて総聯の活動家だった梁永厚（ヤン・ヨンフ）と話をしていて、安永奎が韓国の済州島（チェジュド）に住んでいることがわかった。安の古い友人でもある梁は、石高の済州島行きに同行することを承知した。到着翌日、梁は旧友に連絡し、投宿したホテルのコーヒーショップで午後七時に会わないかと誘った。石高はふたりの会話を記録すべく、軍隊並みの手際のよさを発揮した。花瓶のなかにマイクを、カーテンのうしろにカメラを隠し、店側には店内で流す音楽の音量を下げるよう求める。

午後六時五〇分、店員が電話を梁永厚に取り次いだ。安永奎からだった。〈ホテルにはいかない。約束したがあなたとは会わない〉と言う。〈誰か後ろについて来てるんだろう〉北朝鮮は見事な訓練を安永奎に施していた。旧友が知らない人を伴って予告なしにあらわれるというのは、確かに怪しい。その晩、石高は梁と一緒に安の家に行き、原の身の上に起こったことを知りたいと伝えた。するとインターフォン越しに安永奎は言った。〈辛光洙のしたことで私は何の関係もない。辛光洙に聞いてくれ〉はからずもこの一言で、安永奎は自分が辛光洙のことを知っていると石高に確信させる結果となった。パズルのピースがひとつ、はめ込まれた。

しかし確実な証拠を得るには、安永奎と直接話をしなければならない。翌朝五時、石高とカメラクルーは安永奎の自宅近くで待ち伏せをしたが、本人は外出しなかった。その次の日の同じ時間帯に、石高はやはり家の前で待った。午前七時になると本人が姿をあらわし、周囲の様子を確認して人の姿がないことを確かめると、歩き始める。すぐに家へ引き返せる地点を安永奎が通過したのを確認すると、石高はマイクを手に彼を不意打ちした。この場面を今、録画で見ると、調査報道のための行動というよりは、追い剝ぎか何かに密着しているような気分になる。石高は早朝の薄明かりのなか、二〇分にわたって質問を投げかけながら、安永奎を追い回した。たまらなくなった安は、〈私は利用されただけです、辛光洙に〉と叫ぶと、その場にくずおれてむせび泣く。安は涙声で、辛に利用されて原を騙したが、誰も傷つけるつもりはなかったと語る。そしてすべてを認め、〈気の毒に思っています。その一言です〉とうめくように言う。奇怪な拉致のストーリーが真実だという証拠を、石高はついに手にした。

『闇の波濤から――北朝鮮発・対南工作』が放送されたのは、一九九五年五月一四日の午前七時。石高は、北朝鮮の同調者から非難を受けるだろうと覚悟していた。ところが意外にも、放送にはなんの反響もなかった。番組の内容は、普通の視聴者にとっては奇想天外にすぎたのだ。調理師が北朝鮮の工作員に拉致されるなどという話は常軌を逸している。情報源が犯罪者や工作員や情報機関の関係者だったのも、よくなかったようだ。いったい誰がそんな人の発言を信じるというのか。石高は打ちのめされた。

もっとも、なんの反応も得られなかったというのは正確ではない。石高は、放送翌日に朝日新聞の出版部門から電話をもらっている。「番組は興味をもって観ましたが、あの話は本当ですか」編集者からそう言われ、石高は笑っていいのか泣くべきなのか、わからなくなった。自社の関連会社の人まで眉につばをつけるほど奇怪な内容のドキュメンタリーを、自分はつくってしまったのか。少しむっとしながら、これはつくり話ではなく真実だと答えると、編集者は言った。「わかりました。では未来のために記録を残すという意味もありますから、番組を本にまとめませんか」昔から小説家になりたいと思っていた石高にとって、しっかりした内容の本を書くという提案は魅力的に思えた。調査にもっと時間をかける必要はあったが、今度こそは世界に対し、拉致が実際に起きたことを示そうと決意を固めた。

問題は資金だった。日本の出版社には著者に印税を前払いする習慣がないうえ、番組の放送が惨憺たる結果に終わっていたため、会社が費用を出してくれるとは思えない。そこで妻に調査を継続するための費用が欲しいと頼み込んだ。妻はしぶしぶ承諾し、定期的に決まった金額を渡してくれることになった。そのときから、分刻みの生活が始まる。自分が制作する朝の番組の仕事を片づけて翌日の準備を済ませると、午後二時。毎日この時間から、拉致の調査に全力を傾けた。金曜日は午後五時に大阪を出る飛行機でソウルに行き、脱北者や韓国の情報関係者、工作員たちに取材した。

日本では拉致被害者と思われる人の家族に、とにかく会うことにした。何年も前から警察や政府に助けを求めてきたという大勢の家族から電話や手紙をもらった。メディアの心ない仕打ちに泣かされた経験から、口を閉ざす人もいた。蓮池薫の父は家の玄関先に〈取材お断り〉の張り紙を出していた。父は石高に、〈息子のことをずっと気にかけてきたが、年とともに体が弱り、いまは、病気で自分の体を維持するのが精一杯です。もうつらい話はやめて欲しい〉と語っている。ピョンヤンの石岡亨が自分と有本恵子のことを綴った一九八八年の手紙に関する情報も、石高のもとに届いた。外務省を訪問する有本夫妻に石高は同行したが、応対した役人は苦々しげにこう警告した。〈娘さんの身柄が向こうにあるとしたら、北朝鮮を刺激しないように慎重に対応しなければならない。痛し痒(かゆ)し[※2]だ〉

ソウルで最も賑やかなショッピング街、明洞(ミョンドン)。ブティックやレストランやバーがひしめき、一日じゅう焼肉の匂いが漂っている。密談を交わすにはうってつけの場所である。一九九五年六月二三日、石高は韓国の情報機関高官に会った。その人物には、石高にどうしても伝えたい情報があるという。彼は過去に二回、日本の警察にこの情報を伝えようとしたことがあるのだが、鈍い反応しか返ってこなかった。石高なら、食いついてくるのではないか。「日本の子供が拉致された。一三歳のとき、学校でバドミントンの練習をして帰宅する途中にさらわれた。一九七六年か七七年のことだ」と、その高官は言った。[※3] だが女の子の名前も事件が起きた場所も、わからない。情報は、ピョンヤンの病院で少女に出会った脱北者が提供したものだった。少女は鬱病の治療のために入院していた。自殺の危険があったため、それが二度目の入院だったという。「私は誘拐された。一生懸命に勉強して朝鮮語を五年以内に習得すれば家に帰してくれると言われた」と彼女は脱北者に語った。少女は言われたとおりに朝鮮語を身につけたが、一八歳になっても帰国させてもらえなかった。

その時点ですでに本の執筆を終えていた石高は、この情報をどうすべきか考えあぐねた。拉致事件の調査にあたっては、細心の注意を払って日付や状況を確認することを心がけていた。ドキュメンタリーの経験で懲りていたから、冒険はしないつもりだった。北朝鮮の工作員が日本人を拉致したというだけでも異様なのに、一三歳の女の子が標的にされたなどという話を信じる人がいるだろうか。「あまりに荒唐無稽だったので」と彼は言う。「この話を本に付け加えると、ほかの拉致事件に関する記述も信用されなくなると思ったんです。そんな危険は冒したくなかった」[※4]

一九九六年九月、『金正日の拉致指令』の広告が朝日新聞に掲載される。『現代コリア』の編集部にいた佐藤勝巳はこの広告を目にすると石高に連絡をとり、ある提案をした。本の出版にいたる経緯について、『現代コリア』に書かないか。石高は同意し、原稿は「私が『金正日の拉致指令』を書いた理由」という題で一〇月号に掲載された。佐藤は石高に、本に盛り込むことができなかった情報を記事に入れてほしいと伝えていた。すぐに思い浮かんだのは一三歳の少女のことで、石高はその概略を記した。

数週間後、佐藤は新潟の故郷で、八〇人ほどの聴衆を前に北朝鮮に関する講演をしていた。共産主義と北朝鮮のために身を捧げ、その後背を向けるようになったかつての自分について、また北朝鮮の政権による人民の抑圧について語った。ややあって石高の本に触れ、一三歳の少女のことも話した。すると、高齢の男性が近づいてきた。「バドミントンのラケットを持っていた少女というのは、横田めぐみちゃんに間違いありませんよ。一九七七年に新潟で失踪したのです」[※5]

第16章　偉大なる指導者は死し、民は飢える

一九九四年七月九日朝、蓮池薫はその日の昼に重大発表があるという知らせで起こされた。北朝鮮の核をめぐる交渉が緊張の度を強め、重大発表そのものは数カ月前から何度かあった。北朝鮮が寧辺（ニョンビョン）の核施設でプルトニウムから核弾頭をつくった可能性があると見ていたアメリカは、国際原子力機関（ＩＡＥＡ）の査察を受け入れるよう北朝鮮に要求していた。北朝鮮側はこれを拒み、ＩＡＥＡからの脱退をちらつかせた。六月に入ると状況が深刻化し、クリントン米大統領は巡航ミサイルとＦ―１１７戦略爆撃機で核施設に攻撃を加える計画を承認した――全面戦争につながりかねない侵略行為であることは承知のうえだったろう。

薫はピョンヤンを駆けめぐっている、ある噂を耳にしていた。核危機に関する会議の最中、金日成（キム・イルソン）が息子に、戦争が始まって北朝鮮が敗北したらどうするかを尋ねたというのだ。超タカ派の金正日（キム・ジョンイル）はこう答えた。〈首領様、地球を爆破してしまいます。朝鮮のない地球は必要ありません〉数カ月前、軍事訓練が頻繁に行われるようになり、メディアの論調が好戦性を帯びていったころ、薫には戦争が不可避であるように感じられた。そこで家族離散という事態にいたらぬよう、一策を案じた。

そろそろ子供が寄宿学校に戻らねばならない時期だった。松林のなかにある寂しい墓地——考えごとをするときによく使う場所——に、薫は娘を連れて行った。朝鮮戦争では一〇〇〇万人が離散家族となっている。戦争が起きて自分と祐木子が子供と生き別れになったとしたら。〈いいかい。これから、戦争が起きたら、父さんや母さんはここにいられなくなるだろう。そのときは、この石碑の横に手紙を入れたビンを埋めておく〉薫は娘にそう言い、石碑を指差した。その手紙には、毎月一日と一五日の午後五時に行くべき場所について、具体的に記そうと考えていた。そこで娘は親を三〇分のあいだ待ち、それでも会えなければ、再会できるまで何度も同じことを繰り返す。〈当然だけど、これは父さんとおまえだけの秘密だよ。弟にもいざというときまでは黙っていなさい〉一二歳の少女に、薫はそう伝えた。[※1]

五年前から、北朝鮮にとってゆゆしき事態が続いていた。一九八九年にはベルリンの壁が崩壊し、東欧の人々が抑圧的な政権を倒している。アジアでは中国の学生が自由化と腐敗撲滅を求め、天安門広場に集結した。一九九一年には世界史上初の共産主義国家、ソ連が崩壊。中国は経済の資本主義化を進めていた。ベルリンの壁崩壊からわずか三年のうちに、北朝鮮は世界共産主義運動の一員から孤高の問題児に転落した。泣きっ面に蜂とはこのことか、無視できないほどの経済成長を遂げた韓国が、ソ連および中国と国交を樹立。その一方で、北朝鮮とソ連・ロシアの年間貿易額は一九九〇年の二六億ドルから一九九四年の一四億ドルへと激減している。北朝鮮のメディアはソ連崩壊の原因を革命に対する指導部の基本姿勢に求め、東欧での共産主義の失敗については、まさに天才的発想というほかないが、北朝鮮の硬直的全体主義を弁護する道具として使った——共産主義の理想にずっと忠実だったのは北朝鮮だけ、というのだ。このことについて、薫は次のように述べている。「共産圏が崩

金日成の葬儀の様子（朝鮮通信＝時事）

壊したのは社会主義が敗北したせいではなく、資本主義がもつ有害性や、帝国主義的な思想と文化が浸透したためだとされていました」[※2]

七月八日、時計が正午を打つと薫はラジオのスイッチをつけ、沈痛な震え声が北朝鮮のほとんどの人にとってまったく予想外のことを知らせるのを耳にした。建国の父、唯一の指導者である金日成の死去。北朝鮮は公式には無神論を掲げているが、金日成を堂々と神格化している――一九四五年に日本から人民を解放した救い主、貧困から人民を救ってくれた慈悲深い父、アメリカ帝国主義から守ってくれる守護神として。誰も金日成が心臓に問題を抱えていることを知らなかったし、「万寿無疆（ばんじゅむきょう）研究所」の医師が指導者を不老不死の体にしてくれるものと皆が思っていた。北朝鮮の人々にとって「わが国は永遠なる首領様の国」というスローガンは文字どおりの意味で受け取られていた。

国をあげての一〇日間の哀悼期間が始まり、歌舞音曲のたぐいは禁じられた。人々は偉大なる指導者のいない未来を思って怯えていたが、薫はそれとは違うジレンマに直面していた。拉致された日本人である自分は、どのようにその死を悼むべきなのか。以下は薫の言葉だ。〈多くの国民が嘆き悲しむことが予想された。だが、はっきり言って私は自分を拉致した国の最高責任者の死に対し、悲しみの感情はまったく湧かなかった。泣くとすれば演技とならざるをえないが、とても涙は出そうになかったし、そんな真似はしたくないというプライドや意地もあった〉だが一歩間違えると大変なことになる。心から悲しんでいないと指導員に疑われれば、家族に危険が降りかかる。そこで薫はほかの人を観察し、模倣することにした。数日後、指導員とともに近所にある金日成の銅像に花を供えに行くと、むせび泣く人だけでなく、頭を下げて涙をぬぐうだけの人もいることがわかり、これなら自分にもできそうだと思った。ところが招待所で行われた儀式では何人かが床にひれ伏したから、さすがに超然としているわけにもいかず、薫もすぐさま両手両膝をつき、涙をぬぐうしぐさをした。だが本当の試練は七月一九日、一〇〇万人がピョンヤンの道路沿いに並び金日成を見送った永訣式の日に訪れる。その朝、乗ってきた車を降りてから、薫は暑さのなかを何時間も待たされた。「金日成将軍の歌」が聞こえてきたかと思うと、金日成の遺体を乗せたリムジンが視界に入った。すると何時間も静かに待っていた人々が反射的に、地団駄をふんだり、引きちぎらんばかりに自分の服を引っ張ったりし始めた。震撼するほどの宗教的な熱狂の渦。花飾りがある金日成の肖像を乗せた霊柩車を一目見ようと、薫は爪先立ちになった。周囲のすさまじい熱意に圧倒され、泣くのを忘れた。だが幸いにして、熱情にとらえられた指導員は、そのことに気づかなかった。

　北朝鮮は歴史の止まった国と言われることが多いが、何度も哀悼期間が延長されて三年に及んだ結果、「永遠の国家主席」たる金日成が指導し続ける葬式国家になった。哀悼期間中は、息子の金正日が父の地位を正式に継承することはなかった。結婚式や葬式なども含め、禁止事項が増えていった。薫の知る役人は、亡くなった母のために墓石を立てたことで無報酬労働と降格の処分を受けている。農業者は面倒を避けようと夏に草取りをせず、一九九〇年からすでに減少していた農業生産量をさらに押し下げた。

農業生産が順調な場合に北朝鮮が自給できる食糧は、必要量の半分である。山がちなうえに、もともとは重工業や鉱業に重点をおいていたことから、耕作可能な土地は国土の二〇パーセントにすぎない。また冬の寒さが厳しく、植物の生育する期間も短い。[※3]共産圏が崩壊するまで、北朝鮮は食糧や石炭、石油、鉄鋼などの不足分をソ連その他の社会主義国から「友好価格」で手に入れていた。そのような方法が使えなくなり、資源が高値になると、政権は自分たちの生存に役立ちそうな相手なら誰とでも交渉するまでになり、日本との国交正常化に向けた行動を起こした。韓国は日本と国交を回復した際、一〇億ドルもの援助を受けている。自分たちにも、いつか援助をもらえる日がくるのではないか。

食糧を国外から手に入れることが難しくなり、農家では農薬や肥料の量を増やして増産をはかったが、それがあだとなって土壌が劣化した。また、労働党の「新しい土地探し」運動が推し進められていたことから、山の斜面が切り開かれていた。表土を支える植物が減り、そのため降水量の多い夏には深刻な洪水が発生して畑を破壊、貯蔵していた穀物も押し流した。一九九〇年から二〇〇〇年のあいだに、北朝鮮では森林被覆が二〇パーセント減少したものと見られる。[※4]石炭が足りず、人々が薪をつくろうと木を伐採したことも、事態をさらに悪化させた。

薫の目には、ピョンヤンに行くたびに畑が増えていくように映った。〈戦争中日本の小学校の校庭を耕してサツマイモを植えていたという祖母の話が思い浮かんだ〉という。

終戦の一二年後に生まれた薫は飢えを経験したことがなかった。母や祖母から戦時中の食糧難について聞かされたことはあったが、おとぎ話のように思えた。九〇年代はじめごろを振り返り、こう語っている。「配給の量が減ったという噂を聞くようになりました。配給日も遅れがちになり、ついにはなくなってしまったと」労働党に忠誠を尽くしてきた党員にさえ金一族が知らん顔を決め込み、飢えるに任せるという事態は、当の党員にも想像できなかったろう。党員たちはまるでゆでガエルのように、飢饉が手遅れになるまで、その深刻さに気づかなかった。配給制度に全面的に頼り、畑ももっていない都市の住人にはとくに大きなしわ寄せがきた。薫は言う。「高層マンションのベランダでニワトリやブタを飼っているのを見たことがあります。残飯やトウモロコシの粉でつくった餌を与えていましたね」政府はあてにできないという認識が人々のあいだに広がっていくと、代用食が出回り始めた。大豆でつくった「人造肉」は見た目も味も肉からはほど遠いが、調理すると食感がそれらしくなる。稲の根をすりつぶしてつくった粥や麺は、栄養価は低いが満腹感は得られる。腐りかけた豚肉を、重曹を使って食べられるようにする方法も広まった。松の木の内皮は粉にして餅の材料にできるが、この餅を食べるとひどい便秘になる。まず幼い子供や高齢者が命を落とし、学生は道端の遺体を運ぶ作業に動員された。人肉食の噂も広まり、食糧を求めて違法に中国に渡る人が増大した。国境警備兵も空腹だったから、わずかな賄賂を渡しさえすれば目こぼしをもらえたのだ。

自分たちの弱みをさらすことになるから、北朝鮮は敵対関係にあるアメリカには食糧援助を求めようとしなかった。国外に流出した一九九六年一二月の金正日による演説の原稿には、〈もし軍部にコメが行き渡っていないということを米国帝国主義者たちが知れば、米国はすぐにも侵略してくるだろう〉と書かれている。[※5]政権が外国に不信感をもっているため、NGOによる食糧援助の実施やモニタリングは妨害された。妨害を免れた援助物資については、三分の一が軍や政府の高官に横流しされている。[※6]ゆゆしきことに、人道援助が徐々に拡大すると、政権は商業ベースの食糧輸入量を減らした。その結果、国際収支が改善している。[※7]また飢饉が続いていたころに、カザフスタンからミグ21戦闘機と軍用ヘリコプターを八機輸入するなど、政府は軍備に外貨を投入した[※8]。経済面での改革らしきものをあげるとすれば、庶民に欠かせない存在となっていた農民市場の規模や数に対する規制が緩和されたことくらいだろう。正確な数字がわかることは永久にないだろうが、一九九五年から二〇〇〇年のあいだに一〇〇万人から三〇〇万人(北朝鮮の人口の五~一〇パーセント)が餓死したと見られる。それだけではない。結核やコレラが流行し、A型肝炎やマラリア、赤痢、ビタミン欠乏症で倒れる人が続出した[※9]。二〇〇一年には、平均寿命が六〇歳まで落ち込んでいる。

ピョンヤンのエリートはこうした悲劇とはほぼ無縁だった。日本の拉致被害者も似たような状況で、配給の量も比較的安定していた。とはいえ、その内容にはばらつきが出るようになり、まったく手に入らなくなったものもあった。薫は何より子供の健康と成長を案じた。学校は飢饉の深刻な西方の地域にあり、年二回、息子と娘はいつもやせ細った状態で帰省し、飢えや死の話を口にした。クラスメートはぐったりとして、一人、二人と授業を休むようになり、空席が増えていく。生き残った生徒も、成長が止まり、髪がぱさぱさになって抜け落ちる。地村夫妻の子供は、顔に真っ赤な斑点を浮かべて学校から帰ってきたことがある。トウモロコシ粥ばかり食べていたためだった[※10]。白米や魚、肉を食べることができた時期もあったが、一九九〇年代後半には塩で味つけしただけの大根汁が何度も出されるようになった。たまに食卓にのぼるご飯も、雑穀だけでなく小石がたくさん混じっていて、口のなかで異物を探り当ててからでないと飲み込めない。薫は息子にこう言ったことがある。「おまえは家で毎日白米を食べていたから雑草の強さがない。向こうで生き抜くにはたくましくならないと[※11]」

子供たちが餓死する恐れはなかったとはいえ、栄養不足のせいで成長が止まりはしまいかと薫は危惧した。だから蓮池夫妻は長期休暇の数週間前から配給の一部を保存し、白米や肉、野菜を可能な限り、子供たちに食べさせるようにした。学校に戻る日には、タンパク質を十分に摂取させようと、煎った大豆を五キロ分ほど持たせた（一日に五粒食べれば、最低限必要な量は摂取できると考えたのだ）。次に帰省するときには少しでも大きくなっていますようにと、薫と祐木子は心のなかで念じた。学期中には食べ物を小包で送ったが、空腹の郵便局員にかすめ取られることがほとんどだった。

招待所とて飢饉の影響が皆無だったわけではない。職員のなかには、自分の家族を支えるのがやっとで、地方に住む親族は苦しい生活を強いられている、という人もいた。息子が生まれたばかりという運転手のひとりは、妻が空腹を抱えていたため母乳が出なかった。自分も子供を第一に考えていたから、薫はこの話を聞いて気の毒に思い、何キロ分かの米を彼に分けた。運転手は米を炊いて塩と水と砂糖を混ぜて粥にし、母乳代わりに赤ん坊に食べさせたという。

招待所に来たころから薫がつくっていた畑は荒らされるようになった。近所の住民によるものか、警備員の仕業かはわからない。飢饉が深刻になると、招待所の警備網を破って作物や家財道具を盗む者があらわれ、薫は防犯用に犬を飼うことにした。だが、その餌をどうするかで頭を悩ませた。

飢饉の脅威は人々を猪突猛進させ、それは暴力につながることもあれば不条理に行きつくこともあった。薫はある日、川の近くでこんな光景を目にした。身なりの整った男性が浅瀬を歩き、タモで魚をとろうとしている。〈その男はタモで掬った小魚をわしづかみにして、自分の洋服のポケットにねじ込んでいた〉のどかな時代なら微笑ましく思えるのかもしれないが、家族を飢えから救うためであるのは明らかだった。いたたまれなくなり、薫は顔をそむけた。[※12]

第17章　ミスターXとの交渉

大韓航空８５８便を爆破したことを金賢姫（キム・ヒョンヒ）が自白のなかで認めたのをきっかけに、次々と新たな出来事が起きた。それが最終的に、北朝鮮による拉致計画の全貌解明につながる。金賢姫が語学訓練を日本人から受けたという情報を得た日本政府は、拉致について北朝鮮に質さないわけにはいかなくなった。ただ、日本側が拉致という言葉を使うや、北朝鮮側が必ず抗議して席を立ってしまうのが問題だった。それだけでなく、相手は反撃を加えてくる。植民地時代や戦時中に、日本人は何十万もの朝鮮人を強制連行し、男性に奴隷労働を強い、女性を性奴隷にしたのではなかったか。村山富市元首相が北朝鮮を訪問した際にも、日本側がこの問題を取り上げると北朝鮮側は憤激した。「日本人はなぜ拉致の話ばかり持ち出すのか。金大中事件はどうなのだ。これも「拉致」ではないか」[※1]

拉致問題には常人の理解を拒むような側面が多々あるが、このとき北朝鮮側が言及した事件は、その最たるものと言える。このころまで日本での拉致事件として確認されていたのは、韓国の中央情報部（ＫＣＩＡ）による左翼政治家の誘拐事件だけである。一九七三年八月八日、韓国の反体制派政治家（のちに大統領となる）金大中（キム・デジュン）は東京のホテルグランドパレスで韓国の野党党首とともに昼食をとった。その直後にＫＣＩＡの工作員に襲われ、金大中はクロロホルムを嗅がされて意識を失う。アメリカの駐韓大使が事件の一報を受けたときには、金大中はすでに海の上にいた。体は板に縛りつけられ、足には重りがついていた。アメリカ中央情報局（ＣＩＡ）のソウル支局長がすんでのところで介入し、金大中は命を救われている。北朝鮮の関与はいっさいなかった。これを境に、日本政府やメディアの関係者はほぼ例外なく、北朝鮮による拉致という話を聞いても北側を貶めるためにＫＣＩＡが捏造した嘘として受け取るようになる。

　北朝鮮が初めて被害者の安否の調査に応じたのは一九九七年に行われた会合においてで、日本の交渉担当者は「拉致被害者」という言葉を「行方不明者」に置き換えていた。このとき与党三党の訪朝団団長としてピョンヤンを訪問していた森喜朗（のちに首相に就任）は、北朝鮮の面目をつぶさずに済む妙案も示している。「行方不明者」を、例えば北京やパリ、バンコクのようなところに移送してはどうか。そうしてこの人たちに登場してもらい、ずっとそこにいたことにする。[※2] 北朝鮮側は興味を示した。この人物となら、取り引きできるかもしれない。

　二〇〇〇年四月に首相に就任した森は一〇月に金正日（キム・ジョンイル）へ親書を送り、水面下での交渉を緒に就けた。しかし森は国民に人気がなく、二〇〇一年四月に退任。あとを襲った小泉純一郎の政権期に、北朝鮮は森の提案を受け入れた。そして田中均に、外交官生活で最も大きな課題が与えられた。

　田中には、並外れたことを成し遂げられるだけの毛並みのよさと輝かしい経歴がある。父は第二次世界大戦中に二度にわたって死の淵に立ち、戦後は日商岩井の会長になって財をなした。ニューデリー、ロンドン、リマと、世界を股にかけて行動するなかでコスモポリタンな視点を身につけてゆき、息子には外交官を志してほしいと考えるようになった。田中は恵まれた子供時代を送り、長じて京都大学の法学部を卒業した。[※3]

田中均（共同通信社）

外交官になりたてのころ、田中は語学研修でオックスフォード大学に留学し、アメリカ英語でなく、念願どおりイギリス英語を学ぶこととなった。田中はイギリスに親しみを覚えた。感情を表に出さない日本人とイギリス人には共通点がたくさんある。日本もイギリスも、かつては大国として君臨していたが、今やアメリカの陰で生きている。イギリスはヨーロッパ大陸諸国とのあいだに距離をおきつつ、優れた外交手腕によって残された国力を梃子のように使っている。戦後新たに与えられた場所でイギリスが独自の采配の振り方を体得していった過程を、田中は高く評価していた。日本もまた、力よりも知恵に頼るべきだと考えた。[※4]

オックスフォードで田中が学びとった一番大きな教訓は、学問とはあまり関係がない。二学年目に、田中はワルシャワから来たポーランド人女性と真剣に交際した。週末をともに過ごし、ヨーロッパ旅行もした。列車がドイツを通過したときのことは強く印象に残っている。故国が戦時中に経験した苦難のせいだろう、女性の身体は抑えがきかないほど震えだした。彼女はまた、ポーランドには戻りたくない、家族や友人が互いを監視している、とも語った。田中は彼女との結婚を考え、駐英日本大使館の参事官に相談したが、妻のことを共産圏のスパイと疑う人もいるだろうし、君の経歴にも不利になると諭された。そのときは抵抗を覚え、外交官を辞めることも考えたという。オックスフォードでの研修を終えると、ジャカルタへの赴任が決まった。日本政府は自分を恋人からできるだけ遠い場所に派遣して、ふたりの関係を裂こうと考えたのではないか、と田中は思っている。恋人は彼のもとに行こうとインドネシア政府にビザを申請したが、ビザは下りず、彼女は結局イギリスに残ることになる。

一九五〇年代と六〇年代を通じて、日本は世界に対し、戦時中の日本は本来の姿とは違うということを示した。一九五六年に国連に加盟し、六四年にはオリンピックを開催、六五年には韓国と国交を回復している。一九七四年の帰国時に若手の有望株と目されていた田中は、世界の舞台で日本が新たな役割を担う場面に立ち会い、出世街道を歩んでいった。コンセンサスと協力が重視される文化のなかで、一匹狼と評されるようになった。整った顔立ちに明晰な頭脳、仕立てのよいイギリス製のスーツ。アメリカで日米関係の処理を担当し、厳しい貿易摩擦問題に取り組んだ一九八〇年代は、これらも大いに役立った。田中は日米同盟が強固であることの重要性を認める一方で、それが慮外の影響を及ぼしたこと、とくに日本が自国にとって不都合な事実を回避できるようにしてしまったことを嘆かわしく感じていた。私にもこう語っている。「日本は戦後、比較的平和な世界のなかで生きてきました。アメリカが日本の安全を保障していることから、軍事行動とはほとんど無縁だった。過去の歴史を意識しているために、例えば北朝鮮のような国が明らかな脅威となっている状況にも、日本人は目をそむけてきたのです[※5]」

アメリカで頭角をあらわした田中は、選択肢を与えられた。このころ北東アジア課長になりたがる人は、あまり多くなかっただろう。韓国は軍事政権下、北朝鮮はスターリニズム体制下にあり、日本は両手を冷戦に縛られていたとあって、このポストは出世と縁が薄いと考えられていた。だが、田中はそれを進んで選び取る。朝鮮半島が、彼の世界観のなかで大切な位置を占めていたからである。日本は朝鮮とのあいだに長い歴史を通じて親密な関係を築いていた、だからほかのアジア諸国との関係を日本が修復できるとすれば、朝鮮半島こそがその糸口になる。韓国との国交正常化までに時間を要したのは不名誉なことだし、北朝鮮との国交正常化もすでに時間切れだと、田中は考えていた。「朝鮮を植民地にした日本ができる最低限のことは、この半島に平和をもたらす手助けをすること。ここが不安定になれば日本の平和も脅かされます」と田中は語る。北東アジア課長になったとき、まずは二国の不均衡な関係について考えた。「韓国の外交官は流暢な日本語を操るので、両国側とも日本語を使っていたが、これは公平ではないと思いました。だから第三の言語、英語を使うことにこだわった」また、北東の近隣諸国は合理主義よりも「情緒」を通じた交渉に適しているという外務省内での通念も疑問視した。「中国が専門の先輩外交官に、韓国人は情緒的だから交渉にあたっては「心」を使えと助言された」先輩いわく、一緒にサウナで汗を流し、酒を飲み、歌を歌うことこそが大事なのだと。「そうしたことはやりたくないと先輩には言いました。私の頭にあったのは英語を使った純粋な外交だったし、情緒に頼りすぎるのは誤りだと思った。理性に基づいた交渉をしたかったのです」[※6]

小泉純一郎は二〇〇一年四月の首相就任時、歴代最高となる八五パーセントの支持率を誇った。これは主として、一〇年間にわたる日本経済の停滞に終止符を打つと約束したことによる。その実現のため、小泉は民営化と市場改革を打ち出したが、欧米では一般的なこの処方箋は、日本国民には忌み嫌われた。そのためたちまちのうちに経済的な痛みが訪れ、一年後に支持率は急落した。

小泉には国民の関心を経済以外の分野へ向けるために大胆な行動をとる必要があり、その点で北朝鮮との国交正常化はうってつけに思われた。ところが、ジョージ・W・ブッシュ米大統領が二〇〇二年の演説で北朝鮮をイラン、イラクとともに「悪の枢軸」として名指ししたために、交渉の計画に暗い影がさす。最も近しい同盟国が宣戦布告せんばかりの相手と、日本は果たして国交正常化できるだろうか。日本に独自の外交を推進する能力があることをアメリカに示す機会が来たと、田中は考えた。アメリカの外交官から警告を受けた際にも「日本はアメリカの属国ではない」と返した。そんなことから、田中はアメリカの外交関係者から「ミスター国益」というあだ名を頂戴した。小泉は交渉を水面下で行うこと、情報の共有範囲を限定することを田中に指示。外務大臣でさえ、すべてを知らされなかった。話し合いが進んだ段階で、小泉がアメリカと日本政府の他の関係者に知らせ、日朝平壌宣言に署名することとされた。

田中は東京を早朝に出る直行便で大連に渡った。北朝鮮との最初の会合の前にこの街を見て回るためである。広い街路と優雅な円形広場。アジアのパリを目指して、大連という街はつくられた。〈そこに生活した日本人にとってはひとつの理想郷でもあった〉と建築史家の西澤泰彦は大連について書いている。大連は日本人による植民地近代化の形を示す外向けの見本としてつくられた街だった。ここにはまた、アジアを舞台に繰り広げられた対決の歴史の痕跡も残されている。二世紀には漢がここ〔遼東〕から高句麗に侵攻した。大連は一九世紀末からロシア、日本、ソ連の支配を受け、一九五一年に中国に返還されている。日本の南満洲鉄道が一九一四年に竣工させたヤマトホテルを、田中は訪れた。優雅な建築物で、その経営主体だった満鉄の社紋は今日も街のマンホールを飾っている。

東アジアの文化では名刺交換を重視する。ところが北朝鮮の交渉担当者は最初の会合で名刺を日本側に渡さず、そのことが疑いの念を呼び起こした。「金哲（キム・チョル）」とその人物は名乗り、最高軍事指導機関である国防委員会の者だと自己紹介した（なお、国防委員長は金正日）。田中はこの人物が本名を名乗っていないと考えてとくと観察し（キム・チョルは英語圏でいえば「ジョン・スミス」のような名前だ）、北朝鮮代表団の部下から室長と呼ばれていることに気づいた。この人物はのちに、ミスターXと呼ばれる。※7

交渉には日本と朝鮮のあいだに横たわる難しい歴史が重くのしかかった。〈田中さん、私のおばあさんは日本名を持っていた。日本は朝鮮半島を植民地化し朝鮮人から名前を奪い、数百万の朝鮮人を日本に労務者として強制連行した。どう償ってくれるのか明確にしてほしい〉まずはこうした話からミスターXは始めた。田中は会話の内容を現代に引き寄せたいと考えた。寡言を美徳とするイギリスの流儀を学んでいた田中は個人的な話をするタイプではない。しかしこの交渉でその流儀を貫くと雰囲気が険悪になると感じ、日本が朝鮮に与えた痛みを癒すために自分が過去一五年に傾けてきた努力、例えば一九九五年の村山談話などさまざまな作業に関わってきたことを伝えた。〈私の想いは常に朝鮮半島の平和である。平和を作ることは、簡単な作業だとは思っていない。……原則論はいったん脇に置いて虚心坦懐に率直な話をしてみよう〉※8

水面下の交渉が具体的な形をとり始める。会合はおもに大連をはじめとする中国の都市で行われた。会議室を使うと目立つため、普通のホテルのスイートルームを使い、ベッドや箪笥は部屋の脇に移動させた。北朝鮮側はいつも窓に背を向けて座り、部屋は高層階にあったにもかかわらず、カーテンやブラインドを下ろすよう求めた。たいていひとりずつ入室し、最後はミスターXだった。北朝鮮側が提案を示すことはなく、日本側に何度も草案をつくらせ、それに修正を加える形をとった。

ミスターXが誰かということよりも大事なのは、田中との交渉結果を形にできる人物なのか否かだった――金正日の意見だけが意味をもつ権威主義国家においては、この点が非常に重要となる。ミスターXは約束を実現できるのか、それを確認したいと田中は考えた。そこで相手側に何度かボールを投げ、政府内での影響力を測ることにした。このころ、日本経済新聞社を退職した元記者がスパイ容疑をかけられ、北朝鮮で抑留されていた。一九九九年からすでに二年ものあいだ獄中にあったが、この人物を解放することで誠意を見せてほしいと田中はミスターXに伝えた。二〇〇二年二月一二日、元記者はピョンヤン発北京行きの飛行機に乗せられた。とくに条件をつけられることもなかった。これにより、ミスターXが交渉相手としてふさわしい人物であることを田中は理解する。

そのころ、日本国内では拉致問題をめぐって世論が沸騰していた。北朝鮮と水面下で交渉が進行中という情報が漏れたことから、小泉は拉致被害者の家族に会い、満足のゆく結果が得られるまで国交を正常化しないと約束することとなった。田中には、自分が握っている最強の切り札が小泉の訪朝だということ、つまり金銭的解決よりも首相の訪朝のほうが相手にとっては重要であることをわかっていた。だから、ミスターXが小泉の訪朝について確約を求めても譲歩はせず、日本の基本的要求を繰り返した。北朝鮮が拉致の事実を認めて謝罪し、被害者の安否に関する情報を提供し、生存者を解放するまで、交渉を前に進めることはない、それ未満のものを提示するなら席を立つ、と。ミスターXはその最後通告に狼狽したようだった。彼はこう口にした。〈あなたは更迭されることですむかもしれないけど、自分たちはそんなものでは済まないんです。私は命がけでやっているのです〉

六月はじめ、小泉は田中に会って交渉の経過を確認した。議論は堂々めぐりになっていると田中は報告した――北朝鮮側は補償の具体的金額が明示され、首相訪朝の確約が得られれば拉致被害者に関する情報を提供するとの立場であると。人気の落ちていた小泉には、前にも増して大胆な行動をとる必要があった。ここまでやってきて、交渉を決裂させるわけにはいかない。小泉は田中に言った。〈拉致の情報が十分来なくても自分は訪朝してもいい、自分が行ったときに（拉致情報が）出るということであればそれもやむを得ない〉

拉致された日本人はいったい何人なのか、生存者は何人いるのか——小泉とピョンヤンを訪問したときに、田中はそれを初めて知らされることになる。

第18章　日朝首脳会談

二〇〇二年九月一七日午前六時四六分、首相を乗せた政府専用機は東京を発ち、西進ののち北上して非武装中立地帯（ＤＭＺ）を越えた。[※1] 飛行機にはメディア二五社の記者が三〇人ほど同乗していた。そのなかに、過去二年にわたり小泉に密着取材してきた『朝日新聞』の渡辺勉がいる。[※2] 渡辺は小泉訪朝を記録するにうってつけの記者だった。過去に二回、北朝鮮を訪れたことがあったし、ソウル支局にいたころに韓国語を学んでいる。小泉は政界の変人と言われていた――競争や国営産業の民営化、また過去五〇年にわたり日本を支配していた官僚の力を弱めて市場を開放し、この国の現状を打破すると喧伝していた。歴代の首相に比べると保守的かつタカ派的なところがあり、靖国神社に何度か参拝していたことから、中国や韓国の反発を招いていた。ハイリターンを求めてハイリスクを選ぶギャンブラーだったが、現役首相として戦後初めて北朝鮮を訪問することほど危ない芸当はなかった。渡辺は、飛行機がＤＭＺをまたぐと、眼下に広がる風景が緑色から茶色になったのに気づいた。韓国の政府が航行改善のために整備した河川は、北に入ると大きく蛇行する。

二週間ほど前、小泉訪朝の発表を聞いたとき、渡辺は耳を疑った。それまで日朝間の交渉はおよそ順調とは言えなかった。何年も前から幾人もの政治家が、採掘権や建設事業などに関する合意をまとめたいという希望を胸に日本からピョンヤンを非公式に訪問していたが、なんの成果もあげられずに帰ってきた。福田康夫・官房長官によると、小泉の狙いはさまざまな懸案――北朝鮮に拉致された日本人に関する問題も含まれるだろう――を解決し、国交正常化への第一歩を踏み出すことにあるという。いくら小泉がギャンブルの達人であれ、これは大変な勝負になるのではないかと渡辺は思った。

午前九時一四分、飛行機は順安(スナン)のピョンヤン国際空港に到着。渡辺は誰が首相を出迎えるのか確認しようと、窓の外に目をやった。韓国の金大中(キム・デジュン)大統領が訪朝した二年前には、金正日(キム・ジョンイル)が出迎えている(のちに金大中はノーベル平和賞を受賞)。この日、小泉を出迎えたのは最高人民会議常任委員長、北朝鮮の党内序列ナンバー2――つまり意図的にランクが下げられていた。記者団は、プレスセンターの設けられた高麗ホテルまで、バスで運ばれた。渡辺はチェックインを済ませると、自分の目でピョンヤンの街を見るべく通用口から外に出ようとした。だが北朝鮮側もそんな記者の常套手段を想定しており、出口という出口に監視員を配置していた。結局、渡辺もほかの記者と同じように、午後の記者会見まで、何が起きているのかを知ることができなかった。

小泉は早速リムジンに乗せられ、百花園迎賓館に到着した。この建物の近くには、金日成(キム・イルソン)の遺体を安置する錦繡山記念宮殿が建っている。百花園迎賓館は外国の特別な賓客のためにつくられた招待所で、過去には核危機打開のため訪朝したジミー・カーター元米大統領(一九九四年)やマデレーン・オルブライト米国務長官(二〇〇〇年)が宿泊している。迎賓館に小泉が到着すると、田中はそこから離れた別棟に促され、最後の準備会合を行った。田中は懸念していた。ミスターXの言葉どおり、金正日は拉致について謝罪するだろうか。被害者の安否に関する情報は、小泉訪朝に国民が納得できる水準を満たしているのだろうか。国交正常化にあたっての北朝鮮の要望事項は、一九六五年に韓国が求めたものとほぼ同じだった――金銭や投資、そして朝鮮を植民地化したことへの謝罪である。拉致という言葉をそれまでずっと避けてきた北朝鮮にとって、拉致に関する謝罪をどうするかは頭の痛い問題だった。宣言の草案作成作業の過程でも、ミスターXは田中に対し、後世に残る文書に拉致を文言として盛り込むのは勘弁してほしい、これさえなければわが国と日本を新時代に導くロードマップがつくれる、と述べた。その結果成立した妥協は、双方にとって不満足なものとなった。北朝鮮側は、日本語版で〈お詫び〉となっている箇所を〈謝罪〉に変え、拉致は〈日朝が不正常な関係にある中で生じたこのような遺憾な問題〉という言葉で表現した。田中は婉曲な言い回しを使うことを認める代わりに、金正日が小泉の前で拉致の事実を認め、謝罪すべきだと主張した。

田中が北朝鮮側のたくらみを知ったのは、まさに最後の瞬間、準備会合の席だった。田中は何カ月も前から安否リストをミスターXに求めていたが、北朝鮮側はぎりぎりの段階まで出さなかった。ようやく手渡されたリストを眺めた田中は、北朝鮮側の嘘を容易に見て取った。そこには北朝鮮が拉致被害者として認める一三人の日本人の名前があり、横田めぐみと有本恵子ら八人については死亡と記載されていた。死因は病死か災害などによる事故とされたが、これだけの人数がそのような死に方をしたというのは不自然だ。被害者のうち生存者は、男女二組と女性ひとりの五人だけという。田中は袋小路に落ち込んだ。拉致被害者の安否を知らないまま小泉の訪朝に同意したことで、切り札をなくしていた。拉致被害者のなかには死亡した人もいるかもしれないと田中も小泉も覚悟はしていたが、死亡者が生存者の数を上回る事態は予期していなかった。これほど大勢の同胞を拉致した挙げ句に拘束したり、死にいたらしめたりする国との国交正常化を首相が進めようとすれば、日本国民はどんな反応をするだろう。

小泉純一郎と金正日（時事）

首脳会談まであと三〇分。田中は小走りに迎賓館を目指す。北朝鮮側は拉致被害者の安否情報を伝える場所として、あえて首相と連絡のとりづらいところを選んだのか？　報告を受け、小泉は衝撃を受けた。だが逆に、彼は何を期待していたのだろう。外交を司る者は一般の国民とは違い、冷徹な現実認識に基づき計算しなければならない。小泉も、拉致被害者の何人かは生きているに違いないと思っていた。そうでなければ、そもそも金正日が自分をピョンヤンに招くことはなかったろう。ただ、相手の態度の不透明さから、一部が死亡していることも覚悟していた。この政権がめったに自らの間違いを認めないということは、常識の範疇に入る。客観的現実が正反対のことを示していても、この国はすべて計画どおりに進んでいると言い張って、あるいは少なくともそのように見せかけて、過大な自己評価をする。日本側は、北朝鮮側が生存者以外の人について「行方不明者」、つまりそれまでの交渉で使っていた婉曲表現を用いるだろうと想定していた。ところが従来のやり方を踏襲せず、衝撃的な情報をむき出しの形で提示してきた。このリストに拉致被害者が網羅されているのか否かは誰にもわからず、北朝鮮側が誠実に対応したとは考えられない。であるにしても、こんな露骨な書き方をされると、日本側は体面を取り繕うことができない。

午前一一時、金正日はお馴染みのカーキ色の人民服を着てあらわれた。初対面の政府首脳は、通常互いに親愛の情を示すものだが、小泉は意識してそれを避けた。外務省は淡白な挨拶で済ませるよう助言していた――笑顔は見せず、握手は片手、会釈はなし、と。メモを見ながら、金正日は〈首相が朝日関係の新しい歴史を開くために朝早くから平壌に来ていただき、ホスト国としては申し訳なく思っています〉と言うと、〈この会談を契機として真の意味で近くて近い国にし〉、新たな関係を築きたいと続けた。これを受けて、小泉も〈この会談を日朝関係を大きく進める契機にしたい〉と返答する。

数分間にわたり社交辞令を交わすと、小泉は原稿を見ずに語り始めた。〈直前の事務レベル準備会合において、情報提供がなされたことには留意いたしますが、日本国民の利益と安全に責任をもつものとして大きなショックであり、強く抗議いたします〉拉致被害者について、怒りを含んだ声で述べる。〈生存者にはきちんと面会をさせてほしい。そして、拉致については明確に謝罪をしていただきたい。さらに、死亡したという人々については情報提供をお願いしたい〉金正日は不快そうな表情を浮かべながら、静かに耳を傾けた。小泉が金に公の場での謝罪を求めることは、いったいミスターXから伝わっているのだろうか、と田中は思った。金は小泉の言葉に応えもしなければ、謝罪もしない。しばらく間をおいて言った。〈ここでちょっと休憩にしませんか〉

会談は一時間ほどで終わった。小泉たちは肩すかしを食わされた気分を抱えつつ、残された選択肢について考えをまとめるべく、控え室に戻った。北朝鮮側は宴会やパフォーマンスを用意するつもりだったが、日本側は日帰りの実務訪問にする意向を貫き、昼食の弁当も持参していた。独裁者と乾杯する姿を写真に撮られたくないと、小泉は思っていた。正午過ぎ、会談について報じる日本のテレビ・ニュースを大音量にして聞いた。部屋での会話が盗聴されている恐れもあるためだ。〈相手が認めないんであれば、総理にしつこくやっていただく必要があります〉と田中が言う。一年をかけて進めてきた交渉が水泡に帰すかもしれない。考えただけで虚しさに襲われるが、もはやそれ以外に何ができるというのか。それに金正日が拉致について説明も謝罪も拒んだとしたら……。〈共同宣言の署名は待った方がいいと思います〉と提案するのは安倍晋三・官房副長官。小泉は弁当に手をつけず、自分は間違いを犯したのかと考えた。

午後の会談は二時に始まった。訪問客が昼食時に交わした会話を把握していた金正日は、核心をついた。[※3]〈拉致の問題について説明したい。調査を進め、内部の調査も行った〉と、原稿を読み上げる。〈この背景には数十年の敵対関係があるけれども、まことに忌まわしい出来事である〉そのうえで、こう続けた。〈自分としては七〇年代、八〇年代初めまで特殊機関の一部が妄動主義、英雄主義に走ってこういうことを行ってきた、というふうに考えている〉金正日の説明によると、拉致の目的は工作員に日本語を教える人材を獲得すること、その身分を利用して南に浸透することだったという。〈私がこういうことを承知するにいたり、これらの関連で責任ある人々は処罰をされた〉――後日北朝鮮側が明らかにしたところによると、横田めぐみの拉致を指示した二名は、一九九八年に裁判にかけられ、ひとりは死刑、ひとりは一五年の長期教化刑に処せられ、その後獄死したという。金正日はこう述べて、話を結んだ。〈この場で、遺憾なことであったことを率直におわびしたい。二度と許すことはない[※4]〉

この説明には納得しがたい点が多々あった。こうした特殊工作が金正日のあずかり知らぬところで行われたというのは、小泉にはとても信じられないことだった。拉致事件が多発したころに、金正日がスパイ活動を統括する立場にあったことを考えればなおさらである。五時三〇分、小泉はこうした疑念を抱いたまま、日朝平壌宣言署名式に臨んだ（北朝鮮ではこの式を記念し、切手を発行している）。選択の余地はなかった。説明は不十分だったが、金正日は拉致について謝罪している。ここで小泉が署名を拒めば、生きている拉致被害者の身にどんなことが降りかかることか。署名式を終えると、日本の訪朝団は高麗ホテルに戻り、会談の結果を世界に向けて発表した。

渡辺勉は首相会見前にブリーフィングに来た外務省の田中均アジア大洋州局長たちの姿を見たとたん、憂鬱な気分に陥った。皆が一様に沈痛な様子で、顔を蒼白にしている。最初に口を開いたのは田中だった。誰もが聞きたがっていた唯一のことがらについて単刀直入にブリーフを始めた。被害者の名前と生死を読み上げる田中の声を聞き、渡辺は大きな落胆に襲われた。記者会見で重大ニュースが発表されると、記者はすぐに電話をかけるものだが、渡辺もほかの記者も、衝撃のあまり微動だにしなかった。「日本国民は怒り心頭に発するだろう」と渡辺は思った。「小泉はギャンブルに負けた」「八名の方が死亡という情報に裏づけがあるかどうか、確認されたんでしょうか」ひとり目の記者が尋ねた。田中は、これはあくまで北朝鮮の調査に基づく情報であると答えた。「なぜ確認されなかったんですか」と、渡辺がたたみかける。いつになく感情的になっている自分自身に驚いた。質疑応答が終わり、記者たちは本国に電話で記事を送稿しようとプレスセンターに急いだ。「生存者五人、死亡八人」と渡辺が政治部デスクに伝えると、怪訝そうな声が返ってきた。「えっ、死亡八人？」

翌日、新聞という新聞が、一面にほとんど同じ見出しを掲げた。「八人死亡、五人生存」——日朝平壌宣言の記事はこれに比べるとずっと小さい。街では行方不明の拉致被害者、なかでも横田めぐみの話で持ちきりだった。

第19章　帰国——北朝鮮から日本へ

二〇〇〇年夏、蓮池薫のところに労働党の幹部がやってきた。日本で拉致事件への関心が高まっていたこともあり、幹部が招待所を訪問することはめったになくなっていた。それに、お偉方はたいていよくない知らせを持ってくる。別の招待所に移動しろというのか、それともピョンヤンから離れなくてはいけないのか。蓋をあけてみると、幹部が薫の意向を尋ねるために来たことがわかった。祐木子とふたりで記者会見に出て、自分たちは北朝鮮で幸せに暮らしていると語ってくれないか。ふたりは戸惑った。当局は、政権への自分たちの忠誠度を見極めようとしているのだろうか。朝鮮公民として通用するよう二〇年以上も自分たちの身元を偽って日陰で暮らしてきたのに、今度は陽の当たる場所に出ろというのか。

薫は心臓が飛び出すのではと思うくらい、胸の鼓動と呼吸が激しくなった。だが何年にもわたってそうしてきたように、穏やかかつ無感動な態度の下に心の動揺を隠しつつ、〈やれというならやります〉と答えた。[※1]神妙な表情をつくらねばならない。喜んでいるのを悟られるなど、とんでもないことだ。でも頭のなかは、家族に再び会えるかもしれないという希望でいっぱいだった。薫は日本に戻ることをとうの昔に諦め、妻子とともに北朝鮮で暮らさねばならない現実を受け入れていた。もちろん自ら選んだ生き方ではなかったが、それもひとつの人生であり、二四年という歳月のあいだになんとか折り合いをつけていた。再び家族や故郷のことを考えると胸が疼いたが、この機会を逃すわけにはいかなかった。

薫には知るよしもなかったが、これは日本との国交正常化という長期的目標に向け、政権が踏み出した第一歩だった。飢饉の影響からまだ立ち直っていなかった北朝鮮は、かつてのソ連のような援助国を必要としていた。日本は有望に見えたが、前途には拉致問題が立ちはだかっていた。交渉で何度も拉致被害者の存在を否定したにもかかわらず、日本側は引き下がろうとしない。薫の周辺ではその後まったく動きがなくなったが、一年半ほどが過ぎたある日、『労働新聞』の記事が薫の注意をとらえた。当局には失踪した日本人に関する捜索を行う用意があるという談話を紹介する記事で、そのなかに「アリモトケイコ」という名前があがっていた。名前こそ知らなかったが、この女性も自分たちと同じように拉致されたに違いないと薫は思った。政権は依然として拉致事件そのものを否定していたが、記事はその立場が変化していることをうかがわせた。

二〇〇二年四月、薫は再び幹部の訪問を受け、彼が北朝鮮にいる理由を説明するため、当局がストーリーを考えたと聞かされる。中央大学在学中にチュチェ思想を信奉するようになり、社会主義の楽園に移住しようと、恋人を伴い北朝鮮に渡った、という内容だったが、自分は政治に無関心だったので、そんなことを言っても誰も信じないだろうと薫は返した。それに、ふたりがどんな手順を踏んで北朝鮮に行ったと説明するのか。それではとばかりに、当局は別の説明を考えた。いわく、一九七八年七月に柏崎の浜辺を散策していた薫と祐木子は、波打ち際に浮かんでいたモーターボートに乗り込んだ。何時間か乗り回していると、ボートの燃料がなくなった。一晩中、海の上を漂っていると、そこへやってきた北朝鮮の工作船に救助された。北朝鮮に着き、日本の〈殺伐とした資本主義社会〉から解放されると、ふたりはそのありがたみを感じた。その後結婚して子供にも恵まれ、今はピョンヤンで幸せに暮らしている、と。部分的な修正を施したところで、聞いた人を納得させられるとは思えないと薫が反論すると、幹部は苛立たしげに言った。〈納得させる必要なんてない。決めたものを貫き通せばいい。最終的に日本側は認めざるを得ないのだから〉こう押し切られて、薫はこの馬鹿げたストーリーを正確に話せるよう、半ば自分自身が騙されてしまうほど、練習した。

二〇〇二年六月、蓮池一家は招待所を出て、統一通り沿いにあるモダンな三〇階建てマンションに引っ越した。この通りはピョンヤンでも有数の高級住宅街に位置し、界隈には商業施設や飲食店が立ち並んでいる。新しい住まいはエリートが住むようなところだった。間取りは3LDKで、カラーテレビや冷蔵庫、金魚鉢、電話がおかれていた。部屋からはピョンヤンの街や大同江(テドンガン)を一望できる。とはいえ、何も政権の側が親切心を起こして転居させてくれたのではない。薫と祐木子が順風満帆の生活を送っていると家族に納得させるには、しばらくふたりに自由な生活をさせてみることが必要だと目論んだのである。拉致被害者の家族を北朝鮮に呼び寄せて再会させ、贅沢な暮らしぶりを披露する算段だった。北朝鮮を訪れた人が目にするものはたいていそうだが、現実は見た目ほどよくはなかった。蓮池家の住まいとして四階が選ばれたのは、電力不足でエレベーターが動かないからだった。階段は汚れていて日中でも薄暗く、割れた窓ガラスにはビニールのシートが貼られていた。大通りから入ったところにある道は未舗装で排水設備もなかったから、雨が降ると大きな水たまりがたくさんできた。こんな環境で暮らしていることを知れば、両親が悲しむだろうと薫は思った。日本で最低の暮らしをしている人でも、耐えられないだろう。すると幹部は反論した。〈日本の水準で見てはならな

い。わが国ではこれが相当高いレベルであることをよく言い聞かせろ〉
北朝鮮にいた二四年間で薫が監視を受けずに済んだのは、ここで暮らした四カ月間だけだった。友人も親戚もいない薫と祐木子は、二〇〇万都市のピョンヤンの街にたびたび繰り出し、何時間も歩き回った。指導員の監視の目を気にしなくてもいいのはうれしかったが、薫は高級住宅街にも貧相な区画があることに気づいた。立派な高層マンション群の裏には五〇年代か六〇年代に建てられた古びた三階建ての建物がある。外壁は剝げ落ち、石炭ストーブや薪ストーブの煙で黒ずんでいる。中心街の空き地に植わっているトウモロコシは、飢饉のことを思い出させる。物価は割高で、米の値段や交通費は、薫には負担だった。夏休みに子供が帰省した際には近所の冷麵店に連れて行ったが、四人分で四八〇ウォン、平均月給の四分の一にもなった。薫は行く先々で、何十年ものあいだ忘れていたことを思い知らされた——自由はお金がかかる。
九月末、蓮池薫と地村保志は指導員に呼び出された。金正日(キム・ジョンイル)が日朝首脳会談の席で拉致の事実を認めたこと（というわけで薫は嘘のストーリーを語らなくてもよくなった）、日朝が国交正常化を進める方向で歩み始めたことはふたりとも知っていた。当初、北朝鮮政府は拉致被害者の家族を訪朝させるつもりでいたが、日本側の田中均が被害者を帰国させるべきだと主張した。薫と保志は、妻と一緒に一〇日から二週間だけ日本に滞在して北朝鮮に戻る、日本の家族は後日、北朝鮮を訪問すると聞かされた。子供たちは北朝鮮に残すという。政権に忠実な公民が愛する祖国を自ら進んであとにすることはありえないため、薫と保志は本心を悟られないよう平静を装った。自分たちの忠誠心を測るテストかもしれないと考え、しかるべく対応した。「行かなければいけないのか。すぐに戻れるのか」と、ふたりは尋ねる。薫はいかにも不本意という表情を浮かべて指導員に言う。気が進まないが、われわれは日本に行くことに同意する、そして朝鮮に「戻ってくる」、と。

指導員との話し合いを終え、薫と保志は、ほかに言うべきことはなかったかと一緒に反芻した。身の振り方について自分たちの意思を尋ねられたのは何年ぶりかで、不安に襲われたのだ。保志はそのときの気持ちを私に聞かせてくれた。「北朝鮮以外の場所での生活というのが、想像できなくなっていたんです。あのときは北朝鮮のことしか知らなかった。わかっていたのは、国のために日本に行くのだということ、戻ってきてもう一度子供たちに会うということだけでした」[※2]薫はとくに、日本を訪問することで子供に累が及ぶかもしれないことを心配した。子供たちが本当は日本人だということが知れると、世間の見る目も変わる。それに子供たち自身も、祖父母や親戚が日本にいると知ったらどう思うことか。親から聞いていたことが全部嘘だとわかったら。

薫は子供たちに再び嘘を言わねばならなかった。革命教育の一環で国内の重要な史跡を見に行くことになったので、二週間ほど家を留守にする、と。両親が日本に出発する前日に、子供たちは学校に戻った。いつもは簡単な挨拶をして送り出す薫だったが、このときは、勉強を頑張れ、体に気をつけろと、説教じみたことを言った――短期の旅行に行く親が口にする言葉ではない。二一歳と一七歳の子供は、どこかおかしいと思いながら、親たちに手を振った。

第20章　滞在の「延長」

小泉首相の訪朝からほぼ一カ月。空が深く澄み渡った一〇月一五日午後二時二〇分、日本政府がチャーターしたボーイング767は羽田空港に到着した。蓮池薫と地村保志はダークスーツ、妻たちはベージュのツーピースに身を包んでいる。濃紺の上品なジャケットとスカートを身に着けた曽我ひとみの横に、夫のチャールズ・ジェンキンスの姿はない。被害者たちの胸元には、金日成バッジ、そして拉致被害者救出活動の象徴である青いリボン。ふたつのシンボルは五人がおかれていた苦しい状況を映し出している――ある角度から見れば、日本の家族を訪問する忠実な朝鮮公民。別の角度から見ると、北朝鮮の拉致犯の魔手から逃れた日本人被害者となる。

五人の顔には安堵と恐怖が交互にあらわれた。家族の姿を目にしたときの安心感。待ち構えた記者団から、北朝鮮に残してきた子供を危険にさらす質問が飛び出すかもしれないという恐怖。指導員からは、一挙手一投足がピョンヤンで監視されていると聞かされ、朝鮮赤十字社の人員ふたりが監視のためにつけられていた。北朝鮮と通話できる特別な携帯電話を持たされ、毎晩連絡するよう指示されていた［のちに日本側は監視役との接触を封じている。携帯電話も持たせなかった］。そう言われていた被害者たちだったが、タラップの最後の段に足をかけると嗚咽をもらし、駐機場で待っていた家族と涙の抱擁をかわした。

この日はほとんどのテレビ局が特別番組を放送、主要キー局六社が流した拉致被害者関連の番組の放送時間は延べ三〇時間に及んだ。※1 被害者帰国のニュースは強迫観念のように日本国民に取り憑き、新聞や雑誌を埋め尽くした。ある調査では、北朝鮮から攻撃されるかもしれないと考える人が回答者の八〇パーセントを占めている。被害者たちが突然帰国したことにより、北朝鮮は何をしでかすかわからない国という印象と、自分たちの政府は無能だという印象が国民感情のなかで同時に渦巻いた。数週間後には衆議院の補欠選挙が予定されていたが、選挙期間中、主要政党はいずれも拉致問題に触れた。

五人の帰国が鳴り物入りで報道されたのとは対照的に、およそ二週間前に寺越武志が三九年ぶりに帰国したときの扱いは地味だった。わずか一三歳で叔父たちと一緒に失踪し、その後北朝鮮で自ら人生を切り開いてきた武志は、拉致被害者というレッテルを受け付けなかった。金英浩(キム・ヨンホ)と名乗り、労働団体代表団の副団長の資格で帰国している。ただ、訪日のタイミングは異様に目立つ。ほかの拉致被害者の帰国前日に、北朝鮮への途に向かっているのだ。北朝鮮は、日本で生まれた二種類の朝鮮公民を故郷に送ることで、メッセージを伝えようとしたのだろう。日朝は〈真の意味で近くて近い国〉

タラップを降りる拉致被害者。曽我ひとみ、蓮池夫妻、地村夫妻。前列左は中山恭子・内閣官房参与（共同通信社）

蓮池薫。拉致以前と帰国後（共同通信社）

——金正日（キム・ジョンイル）が首脳会談で使った言葉——になった、そのしるしに公民たちを一時帰国させたのだ、と。

　薫のやつれた姿を目にした人は一様に栄養不足のせいだろうと考えたが、本当の理由は別のところにある。何週間も前から、食事が喉を通らなかったのだ。家族にもう一度会えるという喜びは確かに大きかったが、一方で途方もない心配に襲われた。「一〇日間をなんとか乗り切るんだ、そうすれば子供たちにまた会うことができる」と、自分自身に言い聞かせた。※2 子供を人質にとられたも同然のため、発言の際は北朝鮮の政権を刺激しないよう意識せねばならない。だが最初に対峙した相手はメディアではなく、自分の兄である。このとき蓮池透は「北朝鮮による拉致被害者家族連絡会」（「家族会」）事務局長の地位に身をおき、北朝鮮に対してとくに強硬な姿勢をとっていた。透はもともと政治に関心はなく、北朝鮮のこともほとんど知らなかったが、佐藤勝巳に出会ったことで変化していたのだった。現代コリア研究所所長の佐藤はかつて北朝鮮にシンパシーを感じていたが、いつしかそうした感情をもつことを批判し、北朝鮮に攻撃の矛先を向けるようになっていた。

　透は佐藤の雄弁に引き込まれ、彼を師と考えるまでになった。政府からもメディアからも被害者の救援活動に関心を向けてもらえず、拉致などありえないと突き放されていたころである。「佐藤氏は自分の目で北朝鮮を見てきたかのように、いかにも専門家らしく語りました。私たちに何時間も付き合って、あらゆる疑問に答えを出してくれ、次から次へといろんなことを教えてくれた。一言一言に聞き入ったものです」と、透は振り返る。[※3] 彼は東京電力で原子力技術者として働いていたが、有給休暇をとって、弟たち被害者の救出のために活動した。そしてついに、遠くにかすんでいた目標に到達する。達成感に酔いしれ、早速、東京のホテルで記者会見を開き、五人の被害者から北朝鮮について批判的意見を語ってもらおうと考えた。

五人のリーダー役だった薫は、会見への出席を拒んだ。兄が期待していることを公の場で語れば、自分たちや残された家族を、兄が想像もできないような危険にさらすことになる。「偉大なる指導者」への感謝や愛国の定型表現を口にすれば、日朝首脳会談を機にひとつの大義のもとにまとまった大勢の日本国民にショックを与えることになる。といって、金正日への感謝を述べず、あまつさえ政権を批判すれば、子供には二度と会えなくなる。透は弟に懇願した。〈お前には日本国中が注目しているんだ。一声でいい。「ただいま」でも「いま帰りました」でもいい。頼むから一言だけでも喋ってくれ〉押し問答の末、五人は出席に同意はしたが、会見ではマイクを前に怯えた様子を見せた。最初に発言した曽我ひとみは、ささやくような声で〈とても会いたかったです〉と口にしただけだった。地村保志は〈本当に長い間、みなさんにご心配をかけました。本当にありがとうございました〉と、薫は〈みなさまに、本当にいろいろとご心配をおかけしました。両親の元気な姿を見て、本当にうれしい限りです〉と述べるにとどまった。

帰国した被害者の家族と、死亡と伝えられた被害者の家族とのあいだには、溝ができていた。亀裂が入ったのは、日朝首脳会談の日だった。被害者の家族は外務省飯倉公館に招集され、息子や娘の安否に関する報告を別々に受けた。事務的で思いやりの感じられない言い方をされた家族たちは、日本政府が北朝鮮側の出してきた情報を無批判に伝えたと憤った。二四年間、拉致の事実について嘘を並べてきた国の言うことなど、どうして信じられよう。佐藤は「北朝鮮に拉致された日本人を救出するための全国協議会」〔「救う会」〕会長という立場で、北朝鮮が死亡の確かな証拠を示さない限り、自分はその人たちが生きている前提で行動すると言明した。小泉と田中が失態を演じ、安否不明の被害者を危険にさらしたと、緊急声明のなかで佐藤は糾弾する。〈北朝鮮が小泉訪朝団に提出した拉致家族の「安否情報」はまったく根拠のないものだ。日本政府はいま現在までその情報が事実かどうか確認していない。つまり、死亡とされた八人は現在も生きている可能性が高い。それなのに、一七日、日本政府が家族に「死亡しています」と伝えたことにより、現在も生きている被害者が殺されてしまう危険が高まっている〉

記者会見の翌日、行方がわからない被害者の家族は薫たち五人に、自分たちのきょうだいや子供について知っていることをなんでもいいから教えてほしいと訴えた。金賢姫（キム・ヒョンヒ）に日本語を教えた女性の兄〔飯塚繁雄〕は、妹のことを尋ねた。〈政治的な話、事件の話は完全にシャットアウト。口を合わせたように「知らない」だった。言わされてるんじゃないかと、直感的に思った〉と彼は言う。五人は横田めぐみには出会ったことがあると語り、めぐみのことだけは進んで話そうとした。だが、物静かな人で、心の病気を患っていたということしか語らなかった。一九九四年に精神病院で自殺したという北朝鮮側の説明については肯定も否定もしない。五人の話す内容が判で押したように同じであることに、家族の多くが違和感を覚えた。横田早紀江は言う。〈めぐみは大きな声でしゃべり、歌う子だった。病気もしたことはない。戸惑いを感じる〉有本恵子が暖房用の石炭ガス中毒で死亡したという説明についての感想を尋ねられた薫は、北朝鮮の暖房事情について滔々と話した。「北朝鮮の出してきた情報を補強しているように聞こえた」と透は当時を振り返っている。[※4]被害者支援活動家の最右翼には、薫を潜伏スパイと勘ぐる者まであらわれた。

蓮池兄弟がふたりで話をすることができたのは帰国した日の夜、一家がホテルのスイートルームに入ったあとである。二四年も離ればなれだったことを考えれば、ぎこちない雰囲気になるのはもっともだが、透の目に映る薫は予想以上に変わり果てていた。自分のことを「朝鮮公民」だとか、国交正常化のために訪日した「使節団」と言ったかと思うと、「俺らは戻るから、今度は兄貴が朝鮮に来いよ」と、まるでハワイ旅行にでも誘うかのような口ぶりで話す。[※5]元の弟に戻すため、透は何度も挑発的な質問をぶつけた。北朝鮮を批判してほしいと、まさにひざまずかんばかりになったが、対する薫は透に、北朝鮮は規模こそ小さいが偉大な国で、日本やアメリカの帝国主義者には屈しないと返した。体制批判を避けたばかりか、金正日を「偉大なる首領様」とか「偉大なる将軍様」といった尊称つきで呼んだ。「薫は洗脳されてしまって、自分の頭で考えることができないのだ」と透は思った。

その晩は、被害者家族も記者会見を開いた。すっかり変わった弟の振る舞いが昼からずっと気になっていた透は、薫の言動に嫌悪を覚える、もう昔の彼ではなくなったと、たくさんのカメラを前に語った。〈不可解な点が何点かございます。今までの向こうから来ている情報をさらに詳細化して、強化した情報を伝えにきたのかと、思っています。北の内情をまったく知らないのか、知らないふりをしているのか、そう言わされているのか〉

薫は記者会見場とは別のフロアにある部屋で、会見のテレビ中継を見ていた。透が部屋に戻ると椅子から腰を上げ、〈何であんなこと言うんだよ。俺は俺の考えを言っただけだ。俺はあんなことは言ってねぇだろう〉と叫んだ。母親は、口論するふたりを見て泣き出した。〈お前たち、二十四年ぶりに会っているのに兄弟喧嘩なんかして。私はもう生きている意味がない。ここから飛び降りで死んでやる〉薫は驚いたような顔になり、おかあさんと呼びかけて母をなぐさめようとした。透はこのときの薫を不自然に思ったと私に語る。「薫はなんらかの任務を帯びているように見えました。親に北朝鮮を訪問させるのが目的で、そのためになぐさめようとしているのではないかと。薫があわてたのも、母を泣かせたからではなく、自分の任務を果たせなくなるからではないかと思いました」透は薫の旧友何人かを呼び寄せた。昔の友人の顔を見れば、以前の薫に戻るのではないかと考えたのだ。ひとしきり昔話に花を咲かせると、薫のあまりに慎重な態度がいかにも歯がゆいと言わんばかりに、友人のひとりが薫を誘導して体制批判をさせようとした。すると薫はこう返した。「俺は二四年間、必死で生きてきた。それが無駄だったというのか。俺を洗脳するつもりか」

田中均と北朝鮮側の約束では、二週間以内に被害者を北朝鮮に返すことになっていた。しかし五人が羽田に到着したときから、透は弟に永住帰国を納得させようと必死に努力した。説得に失敗することは、家族としての敗北でもあり、運動の担い手としての敗北でもあると思ったのだろう、日本にとどまるよう執拗なまでに弟に迫った。第一、「家族会」リーダーの弟が北朝鮮に戻ってしまうというのは、体裁もよくない。「頼むから、日本で暮らすことを考えてくれ。もうこの国のことは忘れたのか」と懇願した。ホテルで二日間を一緒に過ごすと、かつての薫が少し顔をのぞかせたように感じられた。「薫は洗脳されたのではなく、生き抜くために心を殻で覆ってきただけだということがわかった」この殻を破るには、故郷の柏崎に連れて行き、長いこと忘れていた世界に馴染ませてやらねばならない。柏崎に戻ると、透は弟を日本につなぎとめるため、思いつく限りのことをした。市役所に婚姻届と子供の出生届を提出する。運転免許証を更新する――薫は言われたとおりにしたが、それは兄との衝突を避けたいがためだった。しかし兄が自分の直面しているジレンマをまるで理解していないことに憤ってもいた。「なんでそんなに冷淡なんだ。ことを荒立てないよう、こっちは必死で我慢しているのに。頭が混乱するじゃないか。朝鮮に戻って子供に会わなくちゃならないんだ。まったくわかっていない」心のなかで、兄に向かってそう叫んだ。

一時帰国の期限が数日後に迫っていたころ、透は妙高高原にある宿に部屋を予約した――妙高は子供時代、一緒にスキーをした場所だ。一日を山で過ごしたあと、兄弟は温泉に入った。このとき透はやり方を変え、薫が日本にとどまらねばならない理由には直接触れず、北朝鮮に戻ってはいけない理由を語っている。数週間前から、政治的緊張が高まっていた。一〇月一六日、つまり五人が帰国した翌日に、ウラン濃縮による核兵器開発計画の存在を北朝鮮が認めたことが明らかとなった。〈お前が帰ってきた時とは情勢が変わってるぞ。北朝鮮が核開発を認めた。ということは、アメリカが介入してくる。今、北朝鮮に戻っても、もう拉致問題なんて吹き飛んじゃって、お前らの立場なんてないかもしれないぞ。消されるかもしれないんだ〉透はこんこんと説明する。二週間前、羽田にいたカメラマンが世界中に拉致事件のニュースを拡散した。そのことの意味を、薫は理解せねばならなかった。北朝鮮に住む一般市民も真実を知ってしまったのだとしたら、薫が頭のなかに描いていたような元どおりの生活を送ることはできない。薫も妻も子供も日本人であることが、いずれ皆に知れ渡るだろう。このときの兄との会話は、薫の心に深く染み込んだ。翌朝、就寝中だった兄の部屋に入り、〈俺、腹を決めたよ。（北朝鮮に）もう戻らないから〉と切り出した。〈俺らは日本で子供の帰りを待つから〉透は耳を疑って薫に聞き返し、意思を確かめた。薫が心変わりしてはいけないからと、透はすぐさま外務省に電話をかけた。

日本にとどまりたいと薫から聞いたとき、祐木子は半狂乱になって叫んだ。〈何を言っているの?! 子どもがいるじゃない!〉妻は、それまで見たこともないような厳しい表情を浮かべた。「俺は子供のためを思ってこそ、そう言っているんだ。日本に住む以外に選択肢はない。拉致のことが知れてしまえば、朝鮮で普通の生活を送れるはずがない。日本政府は子供を取り戻すと言っている。信じてみよう」薫はそう言った。北朝鮮に戻りたいと思っていたのは祐木子だけではない。この間、北朝鮮に戻らなければ夫と娘に再会できないと考えていた曽我ひとみは、帰国の意思を政府に伝えていた。

小泉内閣は約束どおり五人を北朝鮮に戻すか否かで分裂した。どちらにもリスクがつきまとう。五人を戻し、その後なんの進展もなければ、あるいは家族とともに出国する許可が得られなければ、小泉内閣は倒れる。国民は小泉を絶対に許さないだろう。だが日本に留めおくことは、「一時」帰国という田中とミスターXとの合意に違反する。五人自身が日本永住を望んでいると安倍晋三が力説し、突破口が開いた。一〇月二四日、日本政府は滞在期間を「延長」する方針を発表したが、これはどう見ても日本への永住を意図した措置だった。政府はまた、北朝鮮に残っている家族全員を日本に送るよう北朝鮮に求めるとも発表した。交渉にはそれから半年近くを費やすことになる。小泉は再び訪朝し、家族解放への見返りとして二五万トンの食糧支援を行うことに同意、親子は二〇〇四年五月に再会を果たす[※6]。日本のメディアは子供の「帰国」という書き方をした。それまで北朝鮮の外に出たことがなく、日本語をほとんど話せない子供たちではあったのだが。

第21章　救う会

二〇〇二年九月一七日。佐藤勝巳はこの日をふたつのことに費やした。日朝首脳会談を報じるテレビの視聴、そして現代コリア研究所の外で列をなしている記者への取材対応。「来るのが二〇年遅いんだよ」と、心のなかで言った。[※1]七三年のあいだ、佐藤は長い道のりを歩んできた。若かりしころは天皇を崇拝し、その後は北朝鮮での共産主義の実験に魅了された。後半生では、北朝鮮は無軌道な独裁国家だと説いて回ったが、リベラルな日本のメディアや政府からは無視されていた。北朝鮮が一九七〇年代から日本人を拉致してきたなどという話を信じる人は、つい最近までほとんどいなかった。宇宙人に地球人が誘拐されたという話よりは、まともに受け取ってもらえたが。

この日、金正日(キム・ジョンイル)その人が拉致の事実を認めた。事務室にどかりと腰を据えてテレビを観ながら、日本の世論が一八〇度変わったのを佐藤は感じた。政府は国民の保護を怠っていた。だが問題はそれにとどまらず、発生当初から政府が拉致を認識していたこと、また政府もメディアも事件に関わる情報に信憑性を感じていながら、長年にわたりそれを公にしなかったことが、明らかになった。[※2]にもかかわらず、ならず者国家との国交正常化を目指すとは、小泉首相はいったいどんな神経をしているのか。ひところは八一パーセントを記録した小泉内閣の支持率は四四パーセントに落ち込んだ。「台風

佐藤勝巳と横田滋、横田早紀江（時事）

の目という言葉があるんですよ。私たちのいた場所はいたって静かだったのに、周囲が大きく動きだし、制御不能なほどの勢いになっていった」佐藤は私にこう説明する。アメリカが一年前にオサマ・ビンラディンとアルカイダに取り憑かれたように、日本は金正日と北朝鮮の呪縛下におかれた。それまで北朝鮮のことなど気にもかけなかった国民が、それ以外のことを考えられなくなったのだ。[※3] そして佐藤以外に、この問題について多くを雄弁に語れる人はいなかった。ある記者が宣言した。「佐藤さんは、日本のマスコミ全体を負かした。すべておっしゃっていたとおりでした。佐藤さんの勝ちです」ほかの誰もが間違っていたこと、道義面においても政治的にも佐藤が正しかったことが明らかとなり、全国のテレビ視聴者の目が佐藤に注がれた。

高等教育を受けていない元共産党員が、これを機にひとかどの政治家のような扱いを受けるまでになった。雑誌『現代コリア』はひと握りの北朝鮮専門家にしか読まれていなかったが、拉致被害者支援活動を率いていた佐藤には、徐々に関心が集まっていた。だがこのときを境に佐藤の一言一句のもの言いが注目され、政治家も実業界の人々も、佐藤の足もとにひれふさんばかりとなった。「午前中に声明を発表すると、その日のうちに政府から公式な反応があった」と佐藤は言う。[※4] 何年も無視され続けていた拉致被害者家族は人々の共感の対象となり、冒すべからざる存在へと変わった。北朝鮮の当局でさえ、日本の外交を司る者が誰なのかを思い知らされた。北朝鮮の交渉担当者は日本の政治家にこう吐露している。〈われわれが、いくら日本の政府・外務省と話をまとめようとしても、家族会が反対だと言えばひっくり返ってしまう〉[※5]

何年ものあいだ、「救う会」はごく限られた予算内で活動していた。赤字が続き、デモやイベントで集まったわずかな寄付でなんとかしのぐ状態だった。ところが国民全体が拉致の衝撃的な真実を知ったとたん、大量の資金が流れ込み始める。その記録を担っていたのは、佐藤の右腕ともいうべき荒木和博である。[※6]朝鮮半島情勢専門家でもある荒木は一九八〇年代から『現代コリア』に寄稿するようになり、ほどなく編集部に迎え入れられた。荒木にとって佐藤は恩師のような存在となった（佐藤に紹介された女性と、彼は結婚している）。荒木によれば、支援金が郵便振替口座に振り込まれると、郵便で入金通知が送られてくる。「毎日、大量の通知が届きました。束にするとだいたい5センチから8センチくらいです」親指と人さし指で厚さを示しながら説明する。「金銭的な問題は三カ月で解決しましたね。出納の記録をとるだけで一日仕事です。支援金は一〇ドル相当から数千ドル相当と、幅がありました[※7]」

それまでほとんど何も報じなかったことへの贖罪という意味もあってか、メディアは大勢の記者を拉致関連の報道に投入した。どの新聞社も常任の「拉致担当記者」をおくようになり、報じるべき情報のほとんどない現在もそのままの状態が続いている（ポストの廃止は被害者家族を刺激するかもしれないためだ）。『新潟日報』の横山志保もこのころ拉致問題を担当した記者のひとり。取材のため北朝鮮に行き、被害者家族から評価されたこともあるが、担当した八年のあいだ、被害者を取材することはかなわなかった。「直接取材する許可が得られなかったんです」と私に語る。[※8]

被害者帰国を前に、民法連と新聞協会に所属する二一社の社会部長が会合を開いて「節度ある取材」を行う旨の申し合わせをした。[※9] これは自分たちでニュース価値を判断せずに、「活動家・被害者・家族」連合の意見に従うという、一種の自己検閲といえる。日本の報道機関は「記者クラブ」を設けていて、官公庁や企業から情報提供を受ける見返りに、攻撃的な報道をしない、あるいはスクープ合戦をしないことになっている。だから取材について申し合わせをすることは、日本では珍しくはない。拉致問題に関連する記者クラブは佐藤——共産党員時代にオルグとして印象操作の技術を身につけた人物——の差配下におかれた。守るべき規則はいたって単純だった。まず、情報提供の依頼も取材も佐藤を通さねばならない。また被害者は代表取材しか受けず、記事のトーンも内容もポジティブでなくてはならない。記者が単独で嗅ぎまわることができないよう、佐藤はニュースの有無にかかわらず週一回記者会見を開いて記者の仕事を増やした。佐藤のもとに集まらねば、どんなに小さな動きもつかむことはできなかった。メディア側のミスをいっさい容赦しない佐藤に、記者は怯えた。「佐藤氏と北朝鮮のどちらかと交渉せねばならないのなら、北朝鮮を選んだほうがましだ」とある記者は語る。佐藤たちにとって少しでも不都合な報道をしたメディアは取材を断られた。例えば、小浜市に戻った地村夫妻を「直撃」した『週刊朝日』。記事の掲載号の発売日朝に佐藤が編集部に突入、編集長との会見を要求した。結果、同誌は決まりを破ったことについて謝罪記事を掲載するにいたった〔地村夫妻と父親の地村保は、承諾なくインタビューを記事にしたことに対する抗議文を送っている〕。

実際に記事を読んでみてようやく、私は佐藤が激怒した理由がわかった。自己検閲の合意を破ったのもさることながら、この記事には佐藤が念入りに組み立てたストーリーをほとんど台無しにしかねない要素があった。邪悪な政権が日本人を囚人同然に扱ったという筋書きにはそぐわない、拍子抜けするほど穏やかな地村夫妻の生活の一面が紹介されていた。記者に北朝鮮の「監視員」との関係を聞かれた富貴恵は、こう答えている。〈監視員じゃなくて、指導員です。いつも、どこかへ行くときは、連れていかなあかん。私らを、世話する意味でね。悪う言えば監視員やけど。私らにしてみれば、「連れてってください」と頼む人やったから。……「お店とか行きたいんですけど」と頼む。そないして連れていってくれる人やから、私らにしてみれば、べつに悪い人やない〉保志も言い添える。〈最初は監視みたいなもんやろね。でも、二四年間も住んだら、僕たちを見る角度も違ってきますから〉この記事が出たあと、被害者に直接話を聞くことはいっさいできなくなった。

日本人の怒りを掻き立てたのは北朝鮮だが、苛烈な攻撃の矛先は「内なる敵」、つまり北朝鮮シンパと目された人々に向けられた。日朝首脳会談の三日後に作家の曽野綾子は『産経新聞』に寄稿し、こう書いている。〈北朝鮮を賛美することが、進歩的文化人と、進歩的マスコミのトレンディーな姿勢であったが、そうした態度も、北朝鮮発表の十三人の運命を狂わせたのである〉[※10]保守系雑誌も魔女狩りに加わった。例えばこんなタイトルの記事がある。〈こいつらの「二枚舌」を引っこ抜け！〝北朝鮮族〟の断末魔〉[※11]、〈八人を見殺しにした政治家・官僚・言論人――一死以って大罪を謝せ〉[※12]安倍晋三は拉致問題で異論を唱える人を北朝鮮の味方と非難し、この問題を踏み台にして首相の座にのぼりつめた。外務省は『週刊文春』で〈A級戦犯〉扱いされ、北朝鮮に対する姿勢が弱腰だったと書かれた。田中均の自宅前に、爆発物が仕掛けられたこともある。その不審物の近くには〈国賊　田中均〉と書かれた封筒がおかれていた。東京都知事の石原慎太郎は、この事件についての見解を東京都議会で質された際に、当然の報いという趣旨の答弁をしている。テロリズムについては右であれ左であれ、いかなるテロも容認できないが、田中の行為は〈万死に値する〉と答えた。自民党でさえも批判にさらされた。〈一体どこの国の政府か、与党か。自民党は朝鮮労働党日本支部と看板を掛け替えた方がよいのではないか〉と、ある活動家〔西岡力〕は難じている。

二〇〇六年、安倍晋三は首相に就任するや、莫大な予算を投じて拉致問題対策本部を設置した。[※13]この機関は映画や漫画などを通じて拉致問題に関する意識の向上をはかった。例えば横田めぐみについての漫画の英語版と中国語版、韓国語版を制作したほか、アニメ版もつくり、動画ファイルを無料で配信している。[※14]同年一一月に政権はNHKに対し、短波ラジオ国際放送では拉致問題にとくに留意して放送せよとの命令を下した――すでに同年一月からの九カ月で、北朝鮮関連報道およそ二〇〇〇件の三分の一を拉致問題が占めていたのだが。[※15]安倍は拉致問題を利用し、一九八〇年代はじめごろから高まっていたナショナリズムや軍国主義感情を刺激した。『ジャパン・タイムズ』の記者として拉致問題を取材してきた[※16]エリック・ジョンストンは言う。「私が見てきた拉致問題関連のイベントは、いずれもその枠にとどまらないということがわかってきました。例えば学校で「正しい歴史」を教えるべきだとか、南京虐殺は「歪曲」だとかの右翼的主張を唱える場でもあったんです」最近まで、日米合作の日本国憲法を書き換えて自衛隊の活動範囲を広げるか否かを云々することはタブー視されてきた。安倍政権下では、対米依存から脱却して自衛のみならず積極的行動をとれる「普通の国」になるべきかをめぐり、議論が沸騰した。防衛庁は防衛省に移行し、第二次世界大戦後初めて行政機関として独立を果たしている。

もっとも、国際規模での積極的行動を検討していたのは日本政府だけではない。政府に拉致被害者を救出する能力はないと考えた佐藤勝巳は、一策を講じた。一九九三年に韓国に亡命した北朝鮮の元工作員に安明進（アン・ミョンジン）という人物がいる。彼は元山外国語学院と金正日政治軍事大学（金賢姫（キム・ヒョンヒ）の母校でもある）を卒業し、朝鮮労働党作戦部の仕事をしていた。横田めぐみをはじめとする日本人被害者についての情報をもっていると噂され、一九九〇年代終わりごろから佐藤ら被害者支援活動家とも接触していた。かつて安明進を「自分たちにとって重要な情報源」と考えていた蓮池透は、実際に会って話をしたことがある。「薫の写真を見せて、北朝鮮で弟を見たかと尋ねた」という（のちに、面識がないことが判明した[※17]）。

　行方不明の拉致被害者は北朝鮮にとって不都合な秘密を知りすぎている、だから解放されないのであって、金正日が小泉に伝えたのは嘘にすぎない——被害者支援活動家のあいだではこれが定説となっている。この人々の生存を証明するには誰かを北朝鮮に潜入させて居場所を突き止めなければならないと佐藤は考えた。安明進に依頼すれば、被害者救出も不可能ではないかもしれない。「最低でも、生存の証拠となるような写真を撮影してもらおうと、私たちは安明進氏に五〇〇万円支払いました」と透は語る。「家族会」が二〇〇万円、「救う会」が一〇〇万円、拉致問題に関心のある政治家たちが二〇〇万円を渡したという。作戦は、始動だけはなんとかできた。「安明進氏は北朝鮮の海岸に近づいたときに動きを察知されました。上陸はできなかったと思います。逮捕されることはなかったのですが、その危険があったので、韓国に引き返しています」安明進は返金しなかったと透は言う。

　佐藤勝巳が記者会見や調査に忙殺されていたころ、荒木和博は現代コリア研究所で問い合わせの電話に対応していた[※18]。行方のわからない人が大勢いるにもかかわらず、帰国した被害者にばかり関心が向けられていることに荒木は頭を悩ませた。九月一七日を境に、失踪者の家族から頻繁に問い合わせを受けるようになったのである。「電話をとると、たいてい相手は高齢の女性で、こう言うんです。何年も前に息子がいなくなり、八方手を尽くして探したのに見つかりません。うちの子も北朝鮮に拉致されたんじゃないでしょうか、と」[※19]

曽我ひとみの存在が明らかになったことで、失踪者の家族は拉致を疑い始めた。曽我の名前は、それまで官民の失踪者リストのいずれにもあがっていなかった。北朝鮮の作成したリストが蓮池夫妻や地村夫妻とともに曽我の名前をあげていなかったら、彼女は今ごろまだあの国にいたことだろう。誰にも知られず姿を消したこの女性は、実は北朝鮮にいた。ならば、ほかの人もそこにいるのではないか？　荒木は電話をかけてきた人に、失踪したときの状況など事実関係を調査票に詳しく書いてもらうことにした。調査票が集まり始め、あるパターンが浮かび上がった。「曽我さんも看護師でしたが、ほかにも失踪した看護師が大勢います。印刷関係の人も多い。この技術は偽ドル札を印刷する際に役立ったと思われます。失踪事件が特定の場所に偏っていることにも気づきました。時間帯や天候にも左右されます」そうした要素を分析すると、拉致と断定できる事案があることがわかった。「ここまでわかっていながら、事故や偶然として片づけることはできません。このパターンには意味があると認めざるをえないでしょう」[※20]膨大な情報を入手した荒木は、政府の認定する拉致被害者以外にも北朝鮮で無惨な目にあっている人がいて、自分はそういう人にこそ必要とされているのだと考えた。「救う会」を辞め、「特定失踪者問題調査会」を設立した。

調査会は東京・飯田橋駅にほど近い古ぼけたオフィスビルの三階にある。事務所の扉を開けると、有孔ボードを貼りつけた簡単なつくりのスタジオで、荒木がマイクに向かい、北朝鮮の核をめぐる交渉について語っている姿が目に入った。拉致被害が疑われる人の顔写真およそ二〇〇点を配したポスターが壁という壁に貼られている。魚雷状の物体に操作レバーと座席を取りつけた珍妙な機械も、壁ぎわにおかれていた。日本に潜入する際に北朝鮮の工作員が使用した水中スクーターのレプリカだという。隣にはウエットスーツとゴーグルを着けたマネキンが立っている。首に下げている名札には、「しおかぜ」スタッフの名前が書かれていた。

「しおかぜ」は北朝鮮向け短波放送で、一日二回、放送されている。荒木がこの放送を開始したのは二〇〇五年。放送ではまず被害者に向け、〈必ず助け出します〉〈もう少しのあいだ頑張ってくださ い〉と呼びかける。BGMには、落ち着いた雰囲気の音楽が使われている。一回の放送で、国際ニュースのほか、被害者の家族・友人からのメッセージを読み上げる（代読でないことも多い）。拉致事件の国際的な広がりを考慮し、日本語以外に朝鮮語、英語、中国語も使っている。

朝鮮語部分の収録を終えた荒木はスタジオから出てきて、使い古しのテーブルに運ばれたお茶を私と一緒に飲んだ。荒木の見立てによると、北朝鮮はこれまで二五〇人以上を拉致したばかりか、現在も続けているという。荒木たちは「はじめのころ、被害者の名前と生年月日、失踪した場所を読み上げていた」が、国際ニュースを伝えるようになると、北朝鮮側の電波妨害が始まった。以来、周波数を頻繁に変えることにしたが、そのたびに察知され、妨害を受けている。荒木たちの行動が信念から出たものであることだけはわかる。自由にラジオを聴取できない電力不足の国に向け、所在不明の人に聞いてもらうために、電波妨害を受けながら放送する……。北朝鮮で誰かが放送を聞いたことを示す証拠なり手応えなりはつかんでいるのだろうか。私が水を向けると、荒木はプロデューサーと二言三言交わし、チャールズ・ジェンキンスの回想録に短波放送を聞いていたことに触れた箇所があるものの、それは「しおかぜ」の放送が始まる前のことだと率直に語った。「ピョンヤンの中学生がたまたま放送を受信したという情報もありますが、確認はできていません」お茶をもう少し飲むと、荒木は収録のためスタジオに戻った。もう正午近くになっていて、午後放送分の収録を終わらせねばならないのだった。

第22章　故国での暮らし

私が蓮池薫に会ったのは、四月にしては暖かいある日の午後のことだ。薫と妻は二〇〇二年に柏崎に戻り、〇四年の日朝首脳会談後、息子と娘を迎えた。自然な髪型とシャープな容貌のせいか、薫は年齢より一〇歳ほど若く見える。北朝鮮で生活していた痕跡と言えるのは、変色した不揃いな歯だけだろう。帰国後、薫は中央大学法学部に復学、自宅で学んで二〇〇八年に卒業した。今は新潟大学大学院に通い、韓国・朝鮮史を研究している〔その後、同大学院現代社会文化研究科修士課程修了〕。蓮池夫妻は子供たちが解放されるまでの一年半、柏崎市役所で臨時職員として働いた。現在薫は韓国の出版物の翻訳や自著の執筆で生計を立て、祐木子は市立保育園で調理の仕事をしている。娘の重代は大学院で勉学に励み、息子の克也は早稲田大学理工学部を卒業し、ソウルで銀行員として働いている。

家族の秘密を初めて知ったときの子供たちの反応について私が尋ねてみると、薫はこう語り始めた。「子供を守るため、何年ものあいだ嘘を教えてきました。周りの朝鮮人とは違うということが他人に知れると、危険にさらされるので」[※1]日朝の政府が解放をめぐる交渉を行っていた一八カ月のあいだに、子供たちは真実の一端を知った。「当局は子供たちを日本に戻すという決断をする段になっ

現在の蓮池薫（毎日新聞社）

て、ふたりが実は日本人で、親は日本にいると教えました。ただし拉致に関することは言わなかった。当局にとって子供は切り札ですから、怒らせたり傷つけたりして日本に戻せば、帰国の宣伝効果が台無しになり、北朝鮮の対外的イメージも傷つきます」一家は東京で一晩過ごし、柏崎に戻った。「ふたりともはじめの何日かはほとんど口をきかなかったのですが、時が解決するだろうと思いました」日本語がほとんどできないふたりのために、薫は韓国語のDVDを買い求めている。「子供たちは塞ぎ込んでいました。日本で生きていくことについて思い悩んでいたのでしょう」拉致の事実を知り、自分たちが北朝鮮で思い描いていた未来を失ったふたり。「北朝鮮で生まれ育った人は、身分が運命を左右することをわかっています。頭のよい人であれ努力家であれ、身分が低かったり社会での評価が悪ければ、良縁にも恵まれず、望む仕事に就くこともできず、出世もしない。北朝鮮がそういう社会だということは、自分の目で見てきたので、ふたりともよくわかっているのです」両親が自発的に北朝鮮に渡ったのではないという事実を知っても、子供たちは薫が恐れていたほどにはショックを受けなかった。

「北朝鮮では結果こそが大事だと教わります。革命に関してもアメリカとの戦争についても、勝利のためならば、暴力や陰謀も問題視されない。だから親がさらわれたということも、わりあいすんなりと理解できたのだと思います」家族全員が日本に戻った今は、いっさい隠しごとをしない。「子供と話をするときは、絶対に嘘をつかない。そう決めたんです。どんなことも包み隠さず話し、オープンにする。いったん扉を開けたら、閉ざしてはいけないのです」

薫は物腰こそ丁寧だが、警戒心を解いてはいない。日本のメディアが自分のことをセンセーショナルに取り上げたので、北朝鮮に残された被害者に悪影響が及ぶことを恐れているのだという。私とのインタビューも、拉致そのものは話題にしないという条件つきだった。それに加え、日本では一般的なことのようだが、謝礼を求められた。そこで自分の職業倫理について、私は考えてみた。かりに謝礼を支払ってでも記事にすべき話があるのだとしたら、北朝鮮で半生を送った人の話は、間違いなくそれに相当する。だが謝礼を払って記事を書く行為を、アメリカの記者は疑問視する。そう説明してみたところ、薫は意外にも快く取材に同意してくれた。

拉致については話したがらない薫だが、帰国後に沈黙を守っていたかと言えば、そんなことはまったくない。プロの翻訳家として上梓した本は六年間で一〇点を優に超えている。初めての海外旅行では韓国に行き、ブログにはこう綴っている。〈Nソウルタワーの展望台には、夜景を見ながら用を足せる、その名もずばり「夜景トイレ」がある〉韓国での体験を『半島へ、ふたたび』という本にまとめた。自分を拉致した人々とはほど遠く、けれど共通点も多い——そういう人々のなかにいるのはどんな気分なのだろう。「親近感がわきました。初対面の相手でも、何分かすると自分の子供のこととか、プライベートな話を始める」そのときを思い出しながら、薫はうれしそうな表情を見せる。「なんと言うか、家族のように感じました。溶け込めないという感じはしない。というより、意外かもしれませんが、居心地がよかったのです」

帰国した被害者のなかで、薫だけが朝鮮や韓国の文化に今も深く身を浸しているのが、私には興味深く思われる。話を交わしていると、朝鮮人や韓国人の特徴と、対極にある日本人の特徴とが補完関係にあるという話をたびたび口にする。「日本では白黒をはっきりさせず、無難そうな灰色の地点から始め、みんなが合意できる共通点を探す」という。朝鮮や韓国の文化はもっとストレートだ。「北朝鮮や韓国には「白」と言う人もいれば「黒」と言う人もいて、双方が妥協点を模索する。合意できたら握手をして終了、となります」

薫はいずれの文化の短所も公平な目で見ている。どちらも侮辱してはならないと自らに戒めているようだ。インタビューの話題は翻訳に限定する決まりだったが、私は違反すれすれの質問を試みる。最良の翻訳家とは、扱う言語のいずれをも深く理解している人なのだと思います。どの言語も文化に根差し、どの文化にもよい側面と悪い側面があります。「そこでお尋ねしますが、蓮池さんが身をもって体験した北朝鮮の文化は、よい面も悪い面も含め、翻訳の仕事に役立っているのでしょうか」すると、薫は突然色をなす。よい面、ですか? 「言っておきますが、私は南でなくて北にいたのですよ」と、荒々しい手つきで宙に地図を描く。「私は日本から拉致され、北朝鮮に連れて行かれたんです!」通訳が、ぶしつけな質問をした私の非礼を詫びる。すると、張り詰めた空気がゆるんだ。感情を爆発させたことで肩の力が抜けたのか、それから薫は気楽に話をしてくれた。

朝鮮人のなかで朝鮮人として半生を送ってきた薫が、春らしい陽気になったからと冬のコートを脱ぐように、自分の経験をすっかり脱ぎ捨ててしまったら、かえって不自然だろう。世間には彼のことを、ふたつの文化の板挟みになった悲劇の主人公のようにとらえる人もいれば、まるでピョンヤンからの指令を待つ「潜伏」工作員であるかのごとく批判する人もいる。特定の型に収まらない分子は、日本文化にとって厄介な存在だ。蓮池薫は日本に戻っても曖昧な態度をとっている、朝鮮人的であり日本人的でもある——人々はそう感じ、憤慨した。しかし私の印象は違う。彼は普通の暮らしを営む努力を通じて、苦難の日々を乗り越えた人間なのだと思う。抑圧下の、恐ろしく、惨めな日々ではあったが、それでも生活せねばならなかった。結婚し、子供をもうけ、おそらく友人もつくった。それ以外にどんな生き方があったというのか。二四年ものあいだ、怒りの炎を燃やすだけだったとしたら――間違いなく精神の均衡を失い、あるいは自ら命を絶っていただろう。

話題が「翻訳」に限定されていたのは、かえって私たちのプラスになった。話を交わすなかで、翻訳が薫の人生のかなりの部分を象徴していることを私は理解し始めた。異なるふたつの文化の橋渡しをすることは、終わりのない翻訳作業である。翻訳家は、文化における感性の違いをどうさばくのかと尋ねてみる。薫の説明によると、日本語と韓国語では文学的美意識が大きく異なるので、翻訳にあたってはその点を考慮せねばならないという。感情表現を例にとると、日本の小説ではどこをどのように抑制するかが大事になる。「ポイントは感情の抑制、露わにしないこと。と言うより、日本人はさりげない身振りや言葉で感情を伝えます。日本人はそこに美と奥深さを感じるのです」

薫は読者の感性を常に意識している。ある小説で使われていた表現の翻訳に手こずったと、韓国では一般的な愛情表現について話してくれた。「韓国人なら、好きな人に「あなたが振り向いてくれるまで、十年でも、百年でも、千年でも待つ」と言うことはありうる。韓国の読者にとっては、いたって普通の表現です」けれどその一語一語を忠実に訳すと、日本の読者に違和感を与える。「百年後だって？　そのときには死んでるよ」、こう考えるという。

薫自身は、自分をどこに位置づけているのか。彼はため息混じりに、「中間点」と答えた。「北朝鮮にいたときは、日本について不快な話をたくさん聞かされました。お前の祖父はわれわれの先祖を殺したとか、強制的に労務動員したとか――そういうことを毎日言われたものです」確かに彼は北朝鮮による犯罪の被害者だったが、それでも日本が過去にしたことはひどいと思った。「歴史の知識はあるにはあったのですが、日本人が過去に犯した罪をすべて背負って生きていくことなどできません。私は日本と朝鮮をつなぐ歯車の真ん中にいたんです」

二〇一一年春、薫と夕食をともにしながら、私はそれまで聞けずにいた問いを投げかけてみた。「なぜ、自分が拉致されたのだと思いますか」薫はぎこちなく微笑んだ。「そのことは何度も考えました」運命の七月、薫と恋人はその場の気分で、海岸に行こうと思い立った。あとから聞いたところによると、当日は異様なほど波が高く、それゆえ北朝鮮の中型工作船の接岸が可能だったという。薫はおそらく、こう言いたいのだろう。その夜、いくつもの無関係な要素が重なって、自分は異次元の穴にはまり込んでしまったのだ、と。「私にとっては、まだ謎のままです」と薫は言う。「私たちが拉致されなければならない真の理由などなかった。少なくとも、合理的な理由はなかった。いつか、なんらかの交渉で手駒のひとつとして使うために、私たちはさらわれた――それが今のところ私の考えうる唯一の結論です」

エピローグ

二〇〇二年一〇月一六日、『ニューヨーク・タイムズ』のA―3面に掲載されていた写真が、私の目に留まった。日本人の中年男女五人が――一九五〇年代風の角ばったスーツやネクタイ、スカートを身にまとった二組のカップルとひとりの女性が――羽田空港の駐機場でボーイング767を降りている。記事には「拉致被害日本人5人、涙と抱擁の帰国」の見出しがつけられていた。

写真を眺める私の頭のなかで、いくつもの疑問が渦巻いた。地球上のどこよりも閉鎖的なあの国で、半生を送ったという。いったいどんな人たちなのか。なぜ拉致されたのだろう。あの秘密主義の国について、この人たちは何かを語るだろうか。人生を日本と北朝鮮に二分され、自分をどちらの人間と思っているのだろう。洗脳されてはいないだろうか。拉致の被害にあった人はほかにどのくらいいるのか。その人たちの生死は……。

一年前の二〇〇一年九月一一日、私の心はあの出来事によって大きく揺さぶられた。ブルックリンにあるブラウンストーンの自宅アパート屋上で、私はツインタワーの崩壊を目にした。身近な人たちが皆無事だったのは幸運というほかないが、この日を境にナショナリズムの空気が国中に蔓延したのには違和感を覚えた。仲間の多くが擬似「従軍記者」に変身し、「すべてを一変させた」事件を報じながら、新たな潮流に身を任せていくのを憂鬱な気分で眺めた。それから十余年のあいだに、素晴らしいジャーナリズムの成果物も発表され、また大勢の記者が新しい目的意識をもって突き進んだ。しかし私は、その波に乗らなかった。戦争についてもイスラム過激主義についても書きたくなかったし、テロ攻撃を受けたアメリカが、自らを偉大な国にした自由そのものを切り崩していくのを前に、途方に暮れていたからでもある。奇妙に聞こえるかもしれないが、日本の拉致問題はアメリカの神経症について考える手がかりを、私に与えてくれた。

拉致問題がクローズアップされたのは、戦後日本が国の輪郭を模索していたときだった。経済は下降線をたどり、出生率は急降下し、国民は自信を喪失しかけていた。日本はアジアを植民地にし、アメリカを攻撃した軍事侵略国家だったのか。原子爆弾の被害を受けた平和国家なのか。そしてそこへ、国民の拉致という新たな問題が加わったのか――。私の日本の友人はよく、拉致問題をマドリード（二〇〇四年）やロンドン（二〇〇五年）に対するアルカイダの爆弾テロと同列に並べ、日本の「9・11」と表現する。初めて聞いたころは面食らった。日本ほど安全な場所はあまりないからだ。しかし日本がテロ対策を強化し、入国審査を厳格化するのを目の当たりにして、日本の「9・11」が事象そのものではなく、人々の心理面に起きた変化を指すことがわかってきた。アメリカと同じように日本もまた、世界が自分たちの想像を絶する危険な場所であり、豊かな大国であっても他者による攻撃から――アルカイダと北朝鮮という違いはあれ――自分たちを守れないということを唐突に認識させられ、トラウマを抱えたのだ。「一九五二年に米軍の占領が終わって以来、日本人は温室のなかで生活してきたのですが」と『朝日新聞』の政治エディター、渡辺勉は言う。「二〇〇二年に、現実の世界は冷たく、殺伐としていることを思い知らされたのです」[※1]そして、トラウマがアメリカに（それまでほとんど無縁だった）被害者意識を惹起したのと同じように、日本でもこうした意識を呼び起こしたことは言うまでもない。二〇一一年の震災と福島第一原発のメルトダウンは、日本人の鬱屈を増幅させた。

今日のアジアでは、日本による植民地支配の過去がしきりに語られている。豊かになった韓国や軍事・経済力を急拡大させた中国の前で、日本は隣国を虐げたと非難され、萎縮し、当惑している。コラムニストの船橋洋一はこう説明する。「多くの日本人、とくに若者は、自分たちが現代アジアではむしろ被害者であって、加害者ではないと感じています」こうした人たちは、拉致事件に関する報道を聞いて奇妙なカタルシスを感じた。「韓国や中国が歴史を切り札に使う現状に苛立ちを募らせていたところへ、日本人が北朝鮮によって拉致されたことが二〇〇二年に明らかとなりました。これで自分たちも被害者になれた、そう思ったのです[※2]」

あの写真を見た日から、私は一種の強迫観念に取り憑かれた。拉致事件が、この事件から透けて見える北朝鮮が、北東アジアで議論を沸騰させている政治情勢が、頭から離れなくなった。二〇〇八年から二〇一五年にかけて、私は毎年三週間から三カ月を日本と韓国で過ごし、取材を行った。アメリカ社会の人種や民族について書いてきた私は、これらの概念が日本と朝鮮と中国を時に結びつけ、時に分離するために利用されてきた歴史に格別の興味を感じた。「人種」は生物学的な裏打ちのない虚構だが、優れた集団と劣った集団を頭に描き、両者の違いについて語ることを可能にする。アジアは西洋の「人種」に相当する概念をもっていなかったが、一九世紀に明治期日本が近代化の過程で取り入れた。当時の日本人は外国を観察し、ジレンマに悩まされた――日本人と起源を共有し、外見のよく似た人々（朝鮮人と中国人）を自分たちと区別するのに、異なる肌の色の人々（白人、黒人、黄色人種）のあいだに序列を設けるために使われていた概念を使用することが果たして可能なのか。

初めて日本に行ったとき、自分としては独立したふたつのテーマを取材しているつもりでいた。ひとつは拉致問題で、もうひとつは人口減少に対する日本の対策だ。来日前、私は単一民族国家の日本が外国人受け入れのためにとった対策に関するいくつかの論文を興味深く読んだ。もっとも、「外国人受け入れ」といっても、積極的にそうしたのではなく、必要に迫られてのことだった。日本の出生率はアジアで最低水準にあり、高齢化のスピードは世界で最も速い。一億三〇〇〇万人の人口は、二〇五〇年には九〇〇〇万人まで落ち込むとみられる――米軍による占領が終わった一九五二年の人口に近い。なんらかの対策が必要とされているが、私の読んだ論文では、移民受け入れに舵を切らざるをえないという結論を導き出していた。日本では数年前から特別な在留資格を実験的に設け、日系ブラジル人や周到に選んだ少数の外国人専門職者（フィリピン人看護師など）を迎え入れている。民族の純潔にこだわる国が、移民という課題にどのような姿勢で取り組むのかに、私は興味を覚えた。

日本が多文化国家になるか否かを占うテストケースとして、私は最大の民族集団に焦点を絞ることにした。戦後の日本では、六〇万人の在日韓国・朝鮮人がかつてのアメリカで黒人やユダヤ人が経験したような差別に直面し、民族的出自があまり問われない仕事――スポーツや芸能、各種金融業など――に活路を見いだした。世代を重ねるうちにほとんどが同化してしまい、今では日本人と区別がつかないほどになった。多くは韓国・朝鮮語ができず、日本語の名前を名乗っている。それでも参政権はもっていない。なぜなら、この人々は日本人でなく、「特別永住」の在留資格を与えられただけの外国人だからだ。たとえ「国籍国」に足を踏み入れたことがなくとも、外国に行く際には韓国政府か北朝鮮政府の発行する旅券を取得しなければならない。在日韓国・朝鮮人は、宙吊り状態にある。その多くは自分の生まれ育った国に身をおいてこそいるが、属してはいない。自国の消滅を食い止めるには移民に頼らざるをえないというのに、日本はこの程度のものしか用意していないのか。

取材に着手してからいくらもしないうちに、私は意外な事態に出くわした。拉致問題についてインタビューをしていると、誰から促されたわけでもなく、相手が日本の「韓国・朝鮮人問題」について話し始めるのだ。話題を拉致に戻そうとすると、こんなことを言い放つ人もいる。拉致被害者は北朝鮮で人格を変えられ（ひどい場合には「洗脳された」と言う）、「朝鮮人的」になってしまったので、「れっきとした日本人」とみなすことはできない、と。ある女性は猜疑のこもった声で、「本当の日本人なら、金正日（キム・ジョンイル）を批判するはずでしょう?」と私に同意を求めた。また、一部の拉致被害者のことをピョンヤンからの指令を待つ「潜伏」工作員と考える人もいた。

同じように、多文化主義に関する取材が、拉致問題の方向に逸れていくこともあった。インタビューに応じてくれたある人は、こう考えていた。在日の人々が北朝鮮にシンパシーを覚えていること（また、拉致に関与したとさえ言われていること）は、多文化主義の誤謬を証明しており、特定の民族集団に「特別永住」の資格を与えて保護することについて、再考を促しているのだと。いつしか私は、日本と朝鮮をつなぐ地下水脈こそが――労働者の移動による結びつきであれ、植民地主義によるつながりであれ、拉致問題であれ――掘り下げるべきテーマであることを理解した。歴史の文脈に位置づけて考えれば、拉致被害者はけっして特殊な存在ではない。

過去何百年にもわたって半島と列島のあいだを自由意思で、あるいは強制されて行き来した幾多の人々と同じように、拉致被害者はふたつの地域が深いところでつながっていること――人々が心の奥底では否定していることだが――を示す生き証人なのだ。日本の植民地帝国は、遠いどこかの「原住民」でなく、自分たちに似た近隣の民族集団を併合するという、近代史の稀有な事例だった。歴史家のテッサ・モーリス＝スズキが書いているように、日本は「古代から関係を築いてきた最も文化的つながりの強い地域を植民地にし」、その結果「両者の類似点と相違点に、ほとんど強迫観念に近い関心を寄せるようになった――植民者と被植民者をつなぐ紐帯を詳述することにも、両者の境界が消えないよう維持管理することにも情熱を燃やすにいたったのだ」※3

日本人は白黒をはっきりさせないことを好む反面、既存の型にあてはまらない人々にはなかなか想像が及ばない。北朝鮮による拉致の被害者であれ在日韓国・朝鮮人であれ、しかるべき場所に収まらない集団は日本人を不安にさせる。私は拉致被害者の帰国が、フロイトの言う「抑圧されたものの回帰」に似ていることに気づいた――この人たちの帰国によって、現在の日本につきまとう、意識されない歴史の一側面があぶり出されたのではなかろうか。

日本人を拉致した北朝鮮に軍事力を行使すべきだと考えるナショナリストもいれば、拉致は日本が過去に罪を犯し、近隣諸国との関係をほとんど修復できていない現実を思い出させる出来事だと言うリベラルもいた。私と話をした多くの人が、日本も一九三〇年代から四〇年代半ばにかけて大勢の朝鮮人を強制的に連行し（「拉致」という言葉を使う人もいた）、鉱山や工場で働かせたことに触れた。その人たちの人生より、十数人の日本人のほうが大事だというのか、と。

拉致問題は日本人を団結させるどころか、むしろ分断した。大方は被害者のことを、北朝鮮の裏切り行為の被害にあった罪のない人々ととらえた。一部の人は疑いの目を向け、被害者がいまだに自分の経験を語らないのは、北朝鮮にいたときに利敵行為を働いたこと、つまり後ろ暗い部分があることの証拠だと物言いをつけた。拉致が起きたこと自体を否定しようとする人もいた。地村夫妻にインタビューした際、ふたりがそれまでの人生の半分を北朝鮮で朝鮮人として過ごした事実から親族が目をそむけていることに私は気づいた。富貴恵のおじは言う。「富貴恵も保志も、ずっと日本に住んでいたみたいだな。帰国したら、何もかもが元どおりになった。ふたりとも、昔とまったく変わっていない」

　富貴恵はインタビューの出だしこそ言葉少なだったが、一時間にわたり話をしてくれた。北朝鮮でのことは、もちろん周りに話しているのでしょうと私が尋ねると、こんな答えが返ってきた。「いえ、友達は誰も北朝鮮のことを尋ねません。私に気をつかっているんです」

　本書について語る際、私は「限界に挑戦する（エクストリーム）ジャーナリズム」という表現を使ってきた。ロッククライミングにたとえるなら、命綱なしで登るようなものだ。自分の知らないふたつの言語が話される三つの国で、何十年も前から起きていた出来事を取材する。我ながら、無茶苦茶とはいわないまでも愚行だと思うこともあった。正攻法で書かれたルポルタージュには、相対立する世界観の上に立つ人々の橋渡しをする力があると私は信じている。本書で、その確信が正しいかどうかを確かめたい。

　構想段階から常に、私は拙著『ニュー・ニュー・ジャーナリズム』のなかで作家のローレンス・ライトが言っていたことを反芻してきた。「複数の国に関係することがらを取材するとき、どんな文化に属する人でも私の人物描写を理解できるよう、取材現場の異国的な表皮を最大限はぎ取っていきます。登場人物がどの国にもいそうな人であることをしっかり書きさえすれば、そのテーマの真に異国的な側面に取り組むことができるのです」記者という仕事の最大の醍醐味は、自分とは違う、自分よりずっと面白い人に出会えることにある。これまで私はほとんどの場合、一種の部外者の立場で取材をしてきたし、それ以外のやり方はできないと思う。ただソウルにしろ東京にしろ、あるいは新潟や大阪でもそうだったが、自分が部外者であることをアジアほど強く感じさせる場所はなかった。アウトサイダーであるために、多くのものを取りこぼしたこともあるだろう。しかし、事件に関係するどの民族集団にも私が属していないおかげで、取材相手は比較的自由に話をすることができた。日本や朝鮮のように序列が重視される文化では、人々のアウトサイダーに対する期待値の低さが、記者にとって大きな強みになる。貴重な話の数々を乗せるにふさわしい受け皿にはなれたのではないか、と思う。

謝辞

本書を母に捧げたい。母は本書の完成を見ずにこの世を去ったが、草稿を読み、意見を聞かせてくれた。どんな人にも無条件の信頼を寄せてくれる人が必要だが、私にとって、母はそういう存在だった。寂しさが胸に迫る。幸い父は存命していて、その明晰な頭脳を働かせ、草稿を読んでくれた。

もともと単独行動を好む質なので、通訳者に全面的に頼らねばならないというのは私にとって新鮮な体験だった。日本でデーヴィッド・ディヒーリ、湯浅し津と一緒に仕事ができたのは本当に幸いだったと思う。ふたりは言葉を訳すだけでなく、異なる文化が出会う場所で文脈を理解するための手がかりをくださった。ふたりと息子のサイは、私の大事な友達だ。ソウルでの仕事はチョン・ジスのおかげで快く実りあるものになった。ジスは韓国人拉致被害者に関する第一級の専門家と言ってもいい。

ジャパン・ソサエティー・メディア・フェロー・プログラムのおかげで、二〇〇八年に初めての渡日を果たした。ニューヨークではベティ・ボーデンが私と家族のために滞在の準備を手伝ってくださり、東京では川島瑠璃から有益な支援をいただいた。

米国社会科学研究評議会、および国際交流基金日米センターの安倍フェローシップ・プログラムからも財政的支援を受けている。東京ではフランク・ボールドウィンと戸田拓哉、ニューヨークではニコール・レストリック・レヴィットとフェルナンド・ロハスに助言をいただいた。

日本では何年にもわたり、寺田輝介理事長（当時）をはじめ、フォーリン・プレスセンターの皆さんが支えてくださった。私のアメリカ流行動主義にお付き合いいただいた小泉和子、山内麻里、古賀佳与子に感謝を捧げたい。

フルブライトのプログラムからも恩恵を受けた。デーヴィッド・サターホワイト、ジンコ・ブリンクマン、岩田瑞穂、ヒラリー・H・ワッツには感謝している。フルブライト・フェローとして日本に滞在した際の受け入れ先は、政策研究大学院大学だった。道下徳成教授と白石隆学長〔当時〕からいただいた支援に、深謝を表したい。

バンフ・センターでは本書の一章分をもとにワークショップを行った。センターでイアン・ブラウンが運営しているリテラリー・ジャーナリズムのプログラムはまことに素晴らしい。イアンとキャサリン・アシェンバーグ、ドン・ギルモアからは有益な示唆をいただいた。

資料として必要な文献の多くは日本語や韓国語で書かれていたため、何人もの方々に翻訳を依頼した。ミー・クリスティン・チャン、常岡千恵子、チョ・ユナ、チョン・ジェウォン、サム・ホールデン、ベン・カープ、加藤亮、クララ・キム、ジョエル・マシューズ、フランク・モンデッリ、パク・チソン、山崎はずむ〔音訳〕、吉田都に感謝を申し上げる。

『アトランティック』誌に北朝鮮に関する記事を寄稿したことで、拉致問題についての考えを深めることができた。執筆の機会をくださったスコット・ストッセル、編集担当のジェームズ・ギブニーに感謝する。

本書の執筆を進める過程では、さまざまな方に拙稿を読んでいただいた。とくにE・テイラー・アトキンズ、アレクシス・ダデン、ウルヴ・アーレ・リニング・ハンセン、ペ・ヒョンイル、ジェフリー・キングストン、テッサ・モーリス＝スズキ、ミワ・マーフィー、スザナ・ソネンバーグ、またニューヨーク大学の同僚であるテッド・コノヴァー、ブルック・クローガー、アダム・ペニンバーグ、チャールズ・サイフェに深く感謝している。

これまでに、実に多くの人からの助言や指南、支援にあずかった。日本では以下の方々のお世話になった。荒木和博、セレスト・アリントン、地村富貴恵、地村保志、アスガー・ロイレ・クリステンセン、グレゴリー・クラーク、ジェラルド・カーティス、ロバート・デュジャリック、恵谷治、船橋洋一、五味洋治、平沢勝栄、石高健次、石丸次郎、伊豆見元、蓮池薫、蓮池透、兵本達吉、チャールズ・ジェンキンス、エリック・ジョンストン、甲斐美代子、姜尚中、柏崎千佳子、川本謙一、木宮正史、ドナルド・カーク、小島晴則、高政美、加藤博、ミンジン・リー、李洙任、三浦小太郎、中島欣也、中山恭子、小熊英二、小此木政夫、朴正鎮、斉藤博子、坂中英徳、佐藤勝巳、佐藤民子〔音訳〕、重村智計、徐忠彦、高沢皓司、玉本偉、田中均、ピーター・タスカ、和田春樹、渡辺将人、渡辺武達、渡辺勉、矢可部由紀、横田早紀江、横田滋、横田孝、横山志保。

韓国では以下の皆さんのお力を借りた。チェ・ジニ、崔成龍、崔旭一、崔祐英、ト・ヒヨン、河泰慶、ホ・ジョングォン、姜哲煥、金東椿、キム・ウンボク、金恒光、キム・スンチョル、金容三、具炳杉、クォン・ウンギョン、アンドレイ・ランコフ、イ・ジンチョル、李在根、李琴順、イ・グァンベク、イ・サンホ、ブライアン・R・マイアーズ、朴仁鎬、パク・ミョンギュ、ケイ・ソク、李文烈。

アメリカでは以下の方々にお力添えをいただいた。ロバート・カーリン、マイク・チノイ、スティーヴン・チョン、ジョン・デルーリ、ポール・フィッシャー、ボン・フレミング、ジム・フレデリック、ドナルド・グレッグ、蛭田圭、ジョスリン・ジュリック、トム・ケロッグ、スキ・キム、エリス・クラウス、リン・リー、ジョン・リー、リン・ヒョング、トニー・ナムグン、スティーヴン・ノーパー、エヴァンズ・リヴィア、ロロ・ロミッグ、ソニア・リャン、パトリシア・スタインホフ。

ニューヨーク大学はたいへん大規模な組織だが、さまざまな部署の方々から支援を得られたのは幸運だった。とくに、ダルトン・コンリー、ヘンリー・エム、ディック・フォーリー、ペリー・クラス、マイケル・レイヴァー、ドーン・ローソン、トム・ルーザーには深謝している。

私を支えてくれた友人で出版エージェントのクリス・カルフーン、また本書を一冊の書物としてまとめ上げてくれたファラー・ストラウス&ジルー（ＦＳＧ）のイリーン・スミスとジョン・ナイトにもお礼の言葉を申し述べたい。

そして、この企画の出発点から私を支えてきた妻のヘレンと息子のタイソン。落ち込んだときには温かく励まし、また私の話に辛抱強く付き合って、前進への意欲を掻き立ててくれた。ふたりの愛と支援なくしては、本書を完成させることはできなかったろう。

訳者あとがき

本書はアメリカの人々に向け、北朝鮮による日本人拉致を伝えるために書かれた本である。東アジアに関する基本的な知識のない読者を想定していることもあり、ここに盛り込まれている情報自体は、日本の読者にとって目新しいものではない。だが、この本の翻訳を打診され、原書に目を通したとき、私は不思議と新鮮味を感じた。それはなぜなのか、改めて考えてみた。

おそらく著者は、読者に拉致問題を立体的にとらえてほしいと思ったのだろう。ほとんどの章が、拉致の被害にあった人や、さまざまな立場から拉致問題に関わった人を主人公に据える形で書かれている。そこには日本国内の政治対立の影響を受けず、自由に書くことができるアメリカ人ならではのメリットも生かされていると言えよう。著者はまた、日朝の近現代史という文脈に拉致問題を位置づけようとしている。とくに北朝鮮で独特の発展を遂げた民族主義を拉致と関連づけるという発想は私にはなかったために、この点には強い印象を受けた（本文を読んでいただければおわかりのとおり、著者は民族主義と拉致とをじかに結びつけているわけではもちろんないが）。

拉致問題が膠着状態に陥って久しい。本書は、日本の人々が再びこの問題について考える際の手がかりを増やす役割を果たしてくれるのではないかと思う。なお、原書ペーパーバック版が刊行された翌月の二〇一七年二月に、ニューヨーク大学で著者による講演と、日本研究者のキャロル・グラック、北朝鮮研究者のチャールズ・アームストロング（いずれもコロンビア大学教授）と著者とのディスカッションが行われている。ディスカッションでは日朝関係史、拉致問題の日本の内政に対する影響、また拉致に関する北朝鮮側の論理（むしろ非論理性と言うべきか）など、さまざまな話題が取り上げられている。このときの模様はインターネット上で公開されており、ＵＲＬは以下のとおりである。https://www.youtube.com/watch?v=uPp9x1yhv2w

ここで私の採用した翻訳の方針について、述べさせていただきたい。本書には既存の文献のほか、著者自身が行ったインタビューが素材として利用されている。手記その他の著書のある方々に対するインタビューの内容がそれら刊行物の記述とほぼ同じ場合は、発言者の言葉を忠実に再現するために、英語から訳すのではなく、極力後者から引用することにした。なお、既存の日本語文献を参考にしつつ、日本の読者向けに原書の記述を変更した箇所があるが、著者の了解は得ている。

翻訳にあたっては、著者のポイントン氏から多大な協力を賜ることができた。ぶしつけな問いも多々含まれていたことから、恐るおそる質問のメールをお送りしたところ、氏は早々に懇切丁寧な回答をくださった。氏の気さくで寛大な人柄の片鱗に触れることができたことを、幸いに思う。最後になったが、本書の翻訳を勧めてくださった柏書房編集部の山崎孝泰氏に感謝を表したい。本訳書が本の形になるまでのさまざまな段階で相談に乗ってくださったことに、心からお礼を申し上げる。

二〇一七年七月二七日

山岡由美

原注

日本語版への序文

1. Kevin Quealy, "If Americans Can Find North Korea on a Map, They're More Likely to Prefer Diplomacy," *The New York Times*, May 14, 2017.
2. 以下を引用。「北朝鮮、ストックホルム合意を破棄か…「拉致被害者調査」の全面中止」（『Daily NK』二〇一六年二月一二日、http://dailynk.jp/archives/61562、二〇一七年六月一二日アクセス）。

第1章

1. 著者によるインタビュー。二〇一〇年三月一九日、柏崎。
2. Bruce Cumings, *Korea's Place in the Sun: A Modern History* (New York: W. W. Norton, 1997), p. 423.
3. 一九九〇年に北朝鮮は米などの穀類を一二〇万トン輸入している。S. Kim, "North Korea in 1995: The Crucible of Our Style of Socialism," *Asian Survey* 36, no. 1 (1996): 61.
4. 著者によるインタビュー。二〇〇九年三月一二日、東京。

第2章

1. Kenneth B. Pyle, "The Japanese Self-Image," *Journal of Japanese Studies* 5, no. 1 (Winter 1979): 2.
2. "Characteristics of the International Fair," *Atlantic Monthly*, July 1876, p. 88.
3. 以下に引用がある。Carl Dawson, *Lafcadio Hearn and the Vision of Japan* (Baltimore, MD: Johns Hopkins University Press, 1992), p. 16.
4. Christopher Benfey, *The Great Wave: Guilded Age Misfits, Japanese Eccentries, and the Opening of Old Japan* (New York: Random House, 2003), pp. 50–64.
5. L. O. Howard, "Biographical Memoir of Edward Sylvester Morse"（一九三五年にヴァージニア州シャーロッツヴィルで開かれた米国科学アカデミー年次大会に提出された論文）, p. 7.
6. Eikoh Shimao, "Darwinism in Japan, 1877–1927," *Annals of Science* 38, no. 1 (1981): 93-102.
7. Hyung-Il Pai, *Heritage Management in Korea and Japan: The Politics of Antiquity and Identity* (Seattle: University of Washington Press 2013), p. 97.
8. Gina L. Barnes, "The 'Idea of Prehistory' in Japan," *Antiquity*, December 1, 1990, p. 929.
9. Edward Morse, "Traces of an Early Race in Japan," *Popular Science Monthly*, January 1879.
10. Edward Burnett Tylor, *Primitive Culture: Researches into the Development of Mythology, Philosophy, Religion, Art, and Custom* (London: John Murray, 1871).
11. Peter Duus, *The Abacus and the Sword: The Japanese Penetration of Korea, 1895–1910* (Berkeley: University of California Press), p. 414.
12. Tessa Morris-Suzuki, *Re-inventing Japan: Time, Space, Nation* (New York: M.E. Sharpe, 1997), p. 87.
13. Carol Gluck, *Japan's Modern Myths: Ideology in the Late Meiji Period* (Princeton, NJ: Princeton University Press, 1985), p. 159.

14. Hyung Il-pai, *Heritage Management*, p. 99.

15. Urs Matthias Zachmann, "Race and International Law in Japan's New Order in East Asia, 1938–1945," in *Race and Racism in Modern East Asia: Western and Eastern Constructions*, edited by Rotem Kowner and Walter Demel (Leiden, Netherlands: Brill, 2013), pp. 456–57.

16. Tessa Morris-Suzuki, "Becoming Japanese: Imperial Expansion and Identity Crises in the Early Twentieth Century," in *Japan's Competing Modernities: Issues in Culture and Democracy 1900–1930*, edited by Sharon A. Minichiello (Honolulu: University of Hawaii Press, 1998), p. 173.

17. 鳥居龍蔵「私の見る朝鮮」(『朝鮮』第二八四号、一九三九年一月号)、三七—三九ページ。

第3章

1. 著者によるインタビュー。二〇〇八年五月一一日、柏崎。

2. Andrei Lankov, *The Real North Korea: Life and Politics in the Failed Stalinist Utopia* (New York: Oxford University Press, 2013), p. 49.

3. 蓮池薫『拉致と決断』(新潮社、二〇一二年)、一一〇ページ。

4. 同上書、八六ページ。

5. 同上書、七〇ページ。

第4章

1. Richard Sims, "France 16 December 1872–17 February 1873, 15–20 July 1873," in *The Iwakura Mission in America and Europe: A New Assessment*, edited by Ian Nish (Richmond, England: Japan Library, 2005), p. 45.

2. Eric Hobsbawm, *Age of Empire: 1875-1914* (New York: Pantheon Books, 1987), p. 59.

3. Alexis Dudden, *Japan's Colonization of Korea: Discourse and Power* (Honolulu: University of Hawaii Press, 2006), p. 4.

4. Hyung Il-pai, "Capturing Visions of Japan's Prehistoric Past: Torii Ryuzo's Field Photographs of 'Primitive' Races and Lost Civilizations (1896–1915)," in *Looking Modern: East Asian Visual Culture from Treaty Ports to World War II, Symposium Volume*, edited by Jennifer Purtle and Hans Bjarne Thomsen, The Center for the Art of East Asia (Chicago: Art Media Resources, 2009), p. 269.

5. Akitoshi Shimizu, "Colonialism and the development of modern anthropology in Japan," in *Anthropology and Colonialism in Asia and Oceania*, edited by Jan van Bremen and Akitoshi Shimizu (London: Routledge/Curzon Press, 1999), p. 133.

6. Duus, *The Abacus and the Sword*, p. 422.

7. 『大阪朝日新聞』一九一〇年八月二九日。

8. Mark E. Caprio, *Japanese Assimilationist Policies in Colonial Korea, 1910–1945* (Seattle: University of Washington Press, 2009), p. 83. 〔原典は以下。"Leading Article: Annexation of Korea and its Practical Effects," *Taiyo* (English edition), November 1910.〕

9. Eiji Oguma, *A Genealogy of Japanese Self-Images* (Melbourne: Trans Pacific Press, 2002), pp. 82–85.

10. E. Taylor Atkins, *Primitive Selves: Koreana in the Japanese Colonial Gaze, 1910–1945* (Berkeley: University of California Press, 2010), p. 101.

11. Hyung Ilpai, *Heritage Management,* p. 150.

12. Hyung Ilpai, "Travel Guides to the Empire: The Production of Tourist Images in Colonial Korea," in *Consuming Korean Tradition in Early and Late Modernity,* edited by Laurel Kendall (Honolulu: University of Hawaii Press, 2011), pp. 67-87.

13. Bruce Cumings, "The Legacy of Japanese Colonialism in Korea," in *The Japanese Colonial Empire, 1895–1945*, edited by Ramon Hawley Myers and Mark R. Peattie (Princeton: Princeton University Press, 1984), p. 482.
14. B. R. Myers, *The Cleanest Race: How North Koreans See Themselves and Why It Matters* (New York: Melville House, 2010), p. 27.
15. Hwaji Shin, "Colonial Legacy of Ethno-Racial Inequality in Japan," *Theory and Society* 39 (2010): 86–87.
16. Mitsuhiko Kimura, "Standards of Living in Colonial Korea: Did the Masses Become Worse Off or Better Off Under Japanese Rule?" *Journal of Economic History* 53 (September 1993): 641.
17. Shin, "Colonial Legacy," p. 331.
18. 選挙人の登録は居住地をもとに行われていた。日本人でも朝鮮その他の植民地に住む人の場合は選挙権を与えられなかった。
19. Brandon Palmer, *Fighting for the Enemy: Koreans in Japan's War, 1937–1945* (Seattle: University of Washington Press, 2013), p. 11.
20. Ibid., p. 19.
21. Ibid., p. 37.
22. Myers, *The Cleanest Race*, p. 32.
23. Palmer, *Fighting for the Enemy*, p. 80.
24. Mark E. Caprio and Yu Jia, "Legacies of Empire and Occupation: The Making of the Korean Diaspora in Japan," *Asia-Pacific Journal* 37, no. 3 (September 14, 2009).
25. Oguma, *A Genealogy of Japanese Self-Images*, p. 305.
26. Arnaud Nanta, "Physical Anthropology and the Reconstruction of Japanese Identity in Postcolonial Japan," *Social Science Japan Journal* 11, no. 1 (2008): 31.

27. Ibid., p. 30.

28. Hyung Il-pai, "The Politics of Korea's Past: The Legacy of Japanese Colonial Archaeology in the Korean Peninsula," *East Asian History* 7（June 1994）: 28.

29. Myers, *The Cleanest Race*, pp. 33–34.

第5章

1. 著者によるインタビュー。二〇一〇年六月一九日、柏崎。

2. 蓮池薫『拉致と決断』（新潮社、二〇一二年）、一一〇ページ。

3. 同上書。

4. 著者によるインタビュー。二〇一〇年六月一九日、柏崎。

5. Sonia Ryang, *Reading North Korea: An Ethnological Inquiry*（Cambridge, MA: Harvard University Asia Center, 2012）, p. 25.

6. 著者によるインタビュー。二〇一〇年六月一九日、柏崎。

7. Lankov, *The Real North Korea*, p. 60.

8. Suh Dae-sook, *Kim Il Sung: The North Korean Leader*（New York: Columbia University Press, 1995）, p. 38.

9. Ibid., pp. 30–31.

10. Paul French, *North Korea: State of Paranoia*（London: Zed Books, 2014）, p. 79.

11. 和田春樹『金日成と満州抗日戦争』（平凡社、一九九二年）。

12. Myers, *The Cleanest Race*, pp. 108–109.

13. Ryang, *Reading North Korea*, p. 191.

14. 蓮池『拉致と決断』、四〇ページ。

第6章

1. Tessa Morris-Suzuki, "Re-Imagining Japan–North Korea Relations, Part I," The Japan Institute (2011), p. 29.
2. 著者によるインタビュー。二〇〇九年五月一六日、ソウル。
3. 著者によるインタビュー。二〇〇九年五月一三日、ソウル。
4. French, *North Korea*, p. 59.
5. 신상옥（申相玉）・최은희（崔銀姫）『김정일왕국（金正日の王国）』（서울：동아일보사、一九八八年）。
6. Andrei Lankov, *North of the DMZ: Essays on Daily Life in North Korea* (Jefferson, NC: McFarland, 2007), p. 62.
7. 신상옥・최은희『김정일왕국』。
8. 「藤本健二」は仮名・ペンネーム。
9. 著者によるインタビュー。二〇〇九年五月二三日、東京。
10. Hwang Jang-yop, "The Problem of Human Rights in North Korea," *Daily NK*, 2002, http://www.dailynk.com/english/keys/2002/9/04.php.

第7章

1. 著者によるインタビュー。二〇〇九年五月二五日、東京。
2. United States Central Intelligence Agency, *The Japanese Communist Party, 1955-1963* (Washington, DC: CIA, 1964), p. 6.
3. Robert A. Scalapino, *The Japanese Communist Movement, 1920–1966* (Berkeley: University of California Press, 1966), p.48.
4. 著者によるインタビュー。二〇一〇年七月一二日、東京。
5. 著者によるインタビュー。二〇一二年五月二四日、東京。

第8章

1. 蓮池『拉致と決断』、二〇一ページ。
2. 著者によるインタビュー。二〇〇九年六月三日、柏崎。

第9章

1. 二万一〇〇〇人の朝鮮人が靖国神社に祀られている。東京裁判では朝鮮人一四八人が有罪となった。Palmer, *Fighting for the Enemy*, p. 189.
2. 金日成は北朝鮮を在日朝鮮人の厳密な意味での故郷とみなしているが、それは正しくない。当時、在日朝鮮人の九七パーセントは南部の出身者だった。
3. Dewayne J. Creamer, "The Rise and Fall of Chosen Soren: Its Effect on Japan's Relations on the Korean Peninsula," 修士論文, Naval Postgraduate School, December 2003, p. 24.
4. Tessa Morris-Suzuki, *Exodus to North Korea* (Lanham, MD: Rowman and Littlefield, 2007), p. 199.
5. 著者によるインタビュー。二〇一〇年六月一九日、新潟。
6. 著者によるインタビュー。二〇一〇年六月一七日、大阪。
7. 著者によるインタビュー。二〇〇九年六月一日、東京。
8. 著者によるインタビュー。二〇一〇年六月二〇日、新潟。
9. 著者によるインタビュー。二〇一四年五月一五日、新潟。
10. 佐藤勝巳へのインタビュー。二〇〇九年五月二五日、東京。
11. 佐藤勝巳「わが痛恨の朝鮮半島」(『正論』一九九五年九月号)。

第10章

1．著者によるインタビュー。二〇一〇年六月一九日、柏崎。
2．著者によるインタビュー。二〇一〇年七月一三日、小浜。
3．著者によるインタビュー。二〇一〇年六月一九日、柏崎。
4．著者によるインタビュー。二〇〇八年五月一二日、柏崎。

第11章

1．著者によるインタビュー。二〇〇九年五月二〇日、東京。
2．Sakie Yokota, *North Korea Kidnapped My Daughter* (New York: Vertical Books, 2009), pp. 10–14.
3．Korean Institute for National Unification, *White Paper on Human Rights in North Korea*, 2007, p. 270.
4．著者によるインタビュー。二〇一〇年七月一三日、小浜。
5．*Chosun Ilbo*, "Young-nam 'Never Asked' If Wife Was Kidnapped," July 6, 2006.
6．著者によるインタビュー。二〇〇九年五月二八日、金沢。

第12章

1．著者によるインタビュー。二〇一四年五月一五日、佐渡島。
2．Charles Robert Jenkins and Jim Frederick, *The Reluctant Communist: My Desertion, Court-Martial, and Forty-Year Imprisonment in North Korea* (Berkeley: University of California Press, 2009), p. 72.
3．著者によるインタビュー。二〇〇八年五月一一日、佐渡島。
4．Jenkins and Frederick, *The Reluctant Communist*, p. 39.
5．日本人特有のＤＮＡなどというものはないが、ジェンキンスの見解はまるきり的を外しているわけでもない。脱北者である張真晟（チャン・ジンソン）はその著書『親愛なる指導者』〔日本未訳〕のなかで、拉致被害者を工作員として使用できないことに気づいた当局が、ある計画を編み出したと述べている。その「育種戦略」とは、外国の外交官や記者、企業家などのもとへ魅力的な朝鮮人女性を送り込んで誘惑させるというものだ。生まれた子供は、ふたつの目的に使われる。第一に、父親に対して影響力を行使する。父親は援助や好意的な報道、有利な取引などの形で北朝鮮に協力するよう仕向けられる。第二に、こうした「混血の」子供の外見は朝鮮人らしくないため、理想的な工作員になる。張真晟は私と会って話をした際に、拉致と育種戦略のあいだには関連があると認めていた。「根本においてはどちらも同じで、手段が違うだけですよ。誘拐の対象が人間から卵子に変わった。そういうことです」

第13章

1．Kim Hyun-Hee, *The Tears of My Soul* (New York: William Morrow, 1993), p. 114.

2．著者によるインタビュー。二〇一〇年六月二二日、東京。

3．田中均『外交の力』（日本経済新聞出版社、二〇〇九年）、二一五ページ。

第14章

1．この章はインタビューのほか、以下の文献に基づいている。高沢皓司『宿命』（新潮社、一九九八年）; Patricia Steinhoff, "Kidnapped Japanese in North Korea: The New Left Connection," *Journal of Japanese Studies* 30, no.1 (Winter 2004); ＮＨＫ報道局「よど号と拉致」取材班『よど号と拉致』（ＮＨＫ出版、二〇〇四年）; Asger Rojle Christensen, *Bortført i Københavnion: Japanske skæbner i Nordkorea* (Copenhagen: Gyldendal, 2011); William R. Farrell, *Blood and Rage: The Story of the Japanese Red Army* (Lanham, MD: Lexington Books, 1990); Eileen MacDonald, *Shoot the Women First* (New York: Random House, 1992); 八尾恵『謝罪します』（文藝春秋、二〇〇二年）。

2. Asger Rojle Christensen, *Bortført i Københavnion*, p. 9.
3. 著者によるインタビュー。二〇一一年五月二六日、東京。

第15章

1. 著者によるインタビュー。二〇〇九年五月二七日、大阪。
2. 著者によるインタビュー。二〇〇九年五月二五日、東京。
3. 同上。
4. 著者によるインタビュー。二〇一〇年六月一七日。
5. 著者によるインタビュー。二〇〇九年五月二五日、東京。

第16章

1. 蓮池薫『拉致と決断』、四三ページ。
2. 著者によるインタビュー。二〇〇九年六月一九日、柏崎。
3. Stephan Haggard and Marcus Noland, *Famine in North Korea: Markets, Aid, and Reform* (New York: Columbia University Press, 2007), p. 25.
4. Robert Winstanley-Chesters, "Landscape as Political Project: The "Greening" of North Korea, Sincerity or Otherwise?" *Yonsei Journal of International Studies* 5, no. 2 (Fall/Winter 2013), p. 263.
5. Haggard and Noland, *Famine in North Korea*, p. 40.
6. 同上書、三ページ。
7. 同上書、一〇ページ。
8. 同上書、五〇ページ。

9. French, *North Korea*, p. 41.
10. 著者によるインタビュー。二〇一〇年七月一三日、小浜。
11. 著者によるインタビュー。二〇〇八年五月一一日、柏崎。
12. 蓮池『拉致と決断』、五九ページ。

第17章

1. Yoichi Funabashi, *The Peninsula Question: A Chronicle of the Second Korean Nuclear Crisis*（Washington, D.C.: Brookings Institution Press, 2007）, p. 31.〔カギカッコ内は山岡訳〕
2. 社説（『朝日新聞』二〇〇〇年一〇月二二日）、社説（『読売新聞』二〇〇〇年一〇月二四日）。
3. 田中『外交の力』、九ページ。
4. 著者によるインタビュー。二〇一〇年六月二二日、東京。
5. 著者によるインタビュー。二〇一四年五月二〇日、東京。
6. 著者によるインタビュー。二〇〇八年四月一〇日、東京。
7. Funabashi, *The Peninsula Question*, p. 8.
8. 著者によるインタビュー。二〇一〇年六月二二日、東京。

第18章

1. 空路で北朝鮮に行くには、通常中国かロシアから出ている直行便を使う。
2. 著者によるインタビュー。二〇一〇年七月一七日、東京、および二〇一一年五月一〇日、東京。
3. Jin-sung Jang, *Dear Leader: Poet, Spy, Escapee: A Look Inside North Korea*（New York: Atria, 2014）, p. 159.
4. Funabashi, *The Peninsula Question*, p. 5.

第19章

1．蓮池『拉致と決断』、二一三ページ。

2．著者によるインタビュー。二〇一〇年七月一三日、小浜。

第20章

1．比較のために記すと、一年前の二〇〇一年九月一一日に、アメリカ同時多発テロの報道に割かれた時間は九時間だった。Hyung Gu Lynn, "Vicarious Traumas: Television and Public Opinion in Japan's North Korea Policy," *Pacific Affairs* 79, no. 3 (Fall 2006): 491.

2．著者によるインタビュー。二〇〇八年、柏崎。

3．著者によるインタビュー。二〇一四年五月一四日、東京。

4．著者によるインタビュー。二〇〇九年六月一二日、東京。

5．著者によるインタビュー。二〇一四年五月一四日、東京。

6．曽我ひとみの夫チャールズ・ジェンキンスとふたりの娘の来日にはもう少し時間がかかった。米国陸軍がジェンキンスを脱走兵とみなしていたためだ。彼は米軍側との裁判前合意に基づいて軍法会議を受け、二十数日にわたり禁固刑に服し、不名誉除隊した。一家は二〇〇四年七月に再会、現在は佐渡島に住んでいる。

第21章

1．著者によるインタビュー。二〇一〇年七月一三日、東京。

2．二〇〇二年一二月二七日の『朝日新聞』は「『北朝鮮拉致報道』四半世紀の家族の願い――朝日新聞はどう伝えたか」という記事を掲載している。

3．二〇〇二年一〇月に内閣府が行った調査によると、北朝鮮への関心事項の最上位となったのが「日本人拉致問題」

で回答の八三・四パーセントを占めた。「核開発問題」は四九・二パーセント、「ミサイル問題」は四三・七パーセントだった〔質問は複数回答形式〕。

4. 拉致被害者家族会は現在も強大な影響力をもっている。二〇〇二年から二〇一四年までの歴代首相および駐日アメリカ大使は就任直後に家族会と面会した。クリントン国務長官やオバマ大統領も家族会の人々に会っている。

5. 平沢勝栄『拉致問題——対北朝鮮外交のありかたを問う』（ＰＨＰ研究所、二〇〇四年）、四四ページ。

6. 著者によるインタビュー。二〇〇九年六月三日、東京。

7. 著者によるインタビュー。二〇一〇年六月二二日、東京。

8. 著者によるインタビュー。二〇一〇年六月一八日、新潟。

9. Ulv Are Rynning Hanssen, "Changes in Japanese Attitudes Toward North Korea Since '9/17,'" master's thesis, University of Oslo, 2011.

10. "Media to Give Abductees Privacy: News Organizations Agree to Restrain Coverage During Homecomings," *Japan Times*, October 13, 2002.

11. 稲垣武『諸君!』（二〇〇二年一二月号）、七四—八八ページ。

12. 『週刊文春』二〇〇二年一〇月三日号。

13. 二〇〇六年から二〇一〇年のあいだに拉致問題対策本部の予算は二〇〇万ドル相当から一六〇〇万ドル相当に跳ね上がった。T. J. Pempel, "Japan and the Two Koreas: The Foreign Policy Power of Domestic Politics," in *Changing Power Relations in Northeast Asia*, edited by Marie Soderberg, (New York: Routledge, 2011), p. 55.〔拉致問題対策本部の予算は、平成一八年度は二億二六〇〇万円、平成二二年度は一二億四〇〇〇万円〕

14. 二〇〇八年三月二八日から拉致問題対策本部のウェブサイトで無料配信されている。

15. Trevor Clarke, "Can NHK Keep the Air Free?" *Japan Times*, December 26, 2006.

16. Eric Johnston, "The North Korea Abduction Issue and Its Effect on Japanese Domestic Politics," JPRI Working

Paper No. 101, June 2004.

17. 著者によるインタビュー。二〇一四年五月一四日、東京。

18. 著者によるインタビュー。二〇〇八年四月七日、東京。

19. 著者によるインタビュー。二〇一〇年六月二二日、東京。

20. 著者によるインタビュー。二〇一四年五月一三日、東京。

第22章

1. 著者によるインタビュー。二〇〇八年五月一二日、柏崎。

エピローグ

1. 著者によるインタビュー。二〇一〇年七月一七日、東京。

2. 著者によるインタビュー。二〇〇八年四月一〇日、東京。

3. Morris-Suzuki, "Becoming Japanese," p. 162.

参考文献

英語文献

Armstrong, Charles K. *The North Korean Revolution, 1945–1950.* Ithaca, NY: Cornell University Press, 2004.

———. *The Koreas.* New York: Routledge, 2007.

———. *Tyranny of the Weak: North Korea and the World, 1950–1992.* Ithaca, NY: Cornell University Press, 2013.

Atkins, E. Taylor. *Primitive Selves: Koreana in the Japanese Colonial Gaze, 1910–1945,* Berkeley: University of California Press, 2010.

Beasley, W. G. *Japanese Imperialism, 1894–1945.* New York: Oxford University Press, 1987.〔『日本帝国主義１８９４―１９４５――居留地制度と東アジア』（杉山伸也訳、岩波書店、一九九〇年）〕

Becker, Jasper. *Rogue Regime: Kim Jong Il and the Looming Threat of North Korea.* New York: Oxford University Press, 2005.〔『ならず者国家――世界に拡散する北朝鮮の脅威』（小谷まさ代訳、草思社、二〇〇六年）〕

Befu, Harumi. *Hegemony of Homogeneity: An Anthropological Analysis of Nihonjinron.* Melbourne: Trans Pacific Press, 2001.

Belke, Thomas Julian. "Juche: The State Religion of North Korea." Ph.D. dissertation. Rutgers University, 1998.

Benfey, Christopher, *The Great Wave: Guilded Age Misfits, Japanese Eccentries, and the Opening of Old Japan.* New

York: Random House, 2003.〔『グレイト・ウェイヴ——日本とアメリカの求めたもの』（大橋悦子訳、小学館、二〇〇七年）〕

Bremen, Jan van and Akitoshi Shimizu, eds. *Anthropology and Colonialism in Asia and Oceania*. London: Routledge/Curzon Press, 1999.

Buruma, Ian. *The Wages of Guilt: Memories of War in Germany and Japan*. New York: Farrar, Straus and Giroux, 1994.〔『戦争の記憶——日本人とドイツ人』（石井信平訳、ＴＢＳブリタニカ、一九九四年）〕

———. *Inventing Japan*. New York: Modern Library, 2003.〔『近代日本の誕生』（小林朋則訳、ランダムハウス講談社、二〇〇六年）〕

Buzo, Adrian. *The Guerilla Dynasty: Politics and Leadership in North Korea*. Boulder, CO: Westview Press, 1999.

———. *The Making of Modern Korea*. New York: Routledge, 2002.〔『世界史の中の現代朝鮮——大国の影響と朝鮮の伝統の狭間で』（柳沢圭子訳、明石書店、二〇〇七年）〕

Caprio, Mark E. *Japanese Assimilationist Policies in Colonial Korea, 1910–1945*. Seattle: University of Washington Press, 2009.

Chinoy, Mike. *Meltdown: The Inside Story of the North Korean Nuclear Crisis*. New York: St. Martin's Press, 2008.〔『メルトダウン——北朝鮮・核危機の内幕』（中村雄二／山本正代訳、本の泉社、二〇一二年）〕

Christensen, Asger Rojle. *Bortført i Københavnion: Japanske skæbner i Nordkorea*［コペンハーゲンで拉致されて——北朝鮮に行った日本人の運命］. Copenhagen: Gyldendal, 2011.

Cumings, Bruce. *Korea's Place in the Sun: A Modern History*. New York: W. W. Norton, 1997.〔『現代朝鮮の歴史——世界のなかの朝鮮』（横田安司／小林知子訳、明石書店、二〇〇三年）〕

———. *North Korea: Another Country*. New York: The New Press, 2004.〔『北朝鮮とアメリカ——確執の半世紀』（古谷和仁／豊田英子訳、明石書店、二〇〇四年）〕

Dale, Peter H. *The Myth of Japanese Uniqueness*. New York: St. Martin's Press, 1986.

Demick, Barbara. *Nothing to Envy: Ordinary Lives in North Korea*. New York: Spiegel and Grau, 2010.〔『密閉国家に生きる――私たちが愛して憎んだ北朝鮮』（園部哲訳、中央公論新社、二〇一一年）〕

Dower, John. *War Without Mercy: Race and Power in the Pacific War*. New York: Pantheon, 1986.〔『容赦なき戦争――太平洋戦争における人種差別』（斎藤元一訳、平凡社、二〇〇一年）〕

———. *Embracing Defeat: Japan in the Wake of World War II*. New York: W. W. Norton/The New Press, 1999.〔『敗北を抱きしめて――第二次大戦後の日本人　上・下　増補版』（斎藤元一訳、岩波書店、二〇〇四年）〕

Dudden, Alexis. *Japan's Colonization of Korea: Discourse and Power*. Honolulu: University of Hawaii Press, 2006.

———. *Troubled Apologies Among Japan, Korea, and the United States*. New York: Columbia University Press, 2008.

Duke, Benjamin. *The History of Modern Japanese Education*. New Brunswick, NJ: Rutgers University Press, 2009.

Duus, Peter. *The Abacus and the Sword: The Japanese Penetration of Korea, 1895–1910*. Berkeley: University of California Press, 1995.

Farrell, William R. *Blood and Rage: The Story of the Japanese Red Army*. Lanham, MD: Lexington Books, 1990.

Funabashi, Yoichi. *The Peninsula Question: A Chronicle of the Second Korean Nuclear Crisis*. Washington, D.C.: Brookings Institution Press, 2007.〔『ザ・ペニンシュラ・クエスチョン――朝鮮半島第二次核危機』（朝日新聞社、二〇〇六年［原書］）〕

French, Paul. *North Korea: State of Paranoia*. London: Zed Books, 2014.

Gluck, Carol. *Japan's Modern Myths: Ideology in the Late Meiji Period*. Princeton, NJ: Princeton University Press, 1985.

Haggard, Stephan and Marcus Noland. *Famine in North Korea: Markets, Aid, and Reform*. New York: Columbia University Press, 2007.〔『北朝鮮　飢餓の政治経済学』（杉原ひろみ／丸本美加訳、中央公論新社、二〇〇九年）〕

Hanssen, Ulv Are Rynning. "Changes in Japanese Attitudes Toward North Korea Since '9/17,'" master's thesis, University of Oslo, 2011.

Hobsbawm, Eric. *Age of Empire: 1875-1914*. New York: Pantheon Books, 1987.〔『帝国の時代——１８７５—１９１４　１—２』（野口建彦／野口照子訳、みすず書房、一九九三—一九九八年）〕

Jang, Jin-sung. *Dear Leader: Poet, Spy, Escapee: A Look Inside North Korea*. New York: Atria, 2014.

Jenkins, Charles Robert, and Jim Frederick. *The Reluctant Communist: My Desertion, Court-Martial, and Forty-Year Imprisonment in North Korea*. Berkeley: University of California Press, 2009.〔『告白』（伊藤真訳、角川書店、二〇〇六年）〕

Kim Hyun-Hee, *The Tears of My Soul*. New York: William Morrow, 1993.

Kim Jong-il, *On the Art of the Cinema* (trans., 1989). Pyongyang, North Korea: Foreign Languages Publishing House, 1973.〔『映画芸術論』（外国文出版社、一九八九年）〕

Kim, Mikyoung, and Barry Schwartz, eds. *Northeast Asia's Difficult Past: Essays in Collective Memory*. New York: Palgrave Macmillan, 2010.〔『北東アジアの歴史と記憶』（稲正樹／福岡和哉／寺田麻佑訳、勁草書房、二〇一四年）〕

Kingston, Jeffrey. *Contemporary Japan: History, Politics, and Social Change Since the 1980s*. Hoboken, NJ: Wiley-Blackwell, 2010.

Kowner, Rotem and Walter Demel, eds. *Race and Racism in Modern East Asia: Western and Eastern Constructions*. Leiden, Netherlands: Brill, 2013.

Kuroki, Maiko. "Nationalism in Japan's Contemporary Foreign Policy: A Consideration of the Cases of China, North Korea, and India." Ph.D. dissertation.

Lankov, Andrei. *From Stalin to Kim Il Sung: The Formation of North Korea*. New Brunswick, NJ: Rutgers University Press, 2002.〔『スターリンから金日成へ——北朝鮮国家の形成１９４５〜１９６０年』（下斗米伸夫／石井

知章訳、法政大学出版局、二〇一一年)〕:
———. *The Dawn of Modern Korea.* Seoul: EunHaeng NaMu, 2007.
———. *North of the DMZ: Essays on Daily Life in North Korea.* Jefferson, NC: McFarland, 2007.〔『民衆の北朝鮮——知られざる日常生活』(鳥居英晴訳、花伝社、二〇〇九年)〕
———. *The Real North Korea: Life and Politics in the Failed Stalinist Utopia.* New York: Oxford University Press, 2013.〔『北朝鮮の核心——そのロジックと国際社会の課題』(山岡由美訳、みすず書房、二〇一五年[底本は二〇一五年改訂版])〕
Lee, Jaehoon. "The Relatedness Between the Origin of Japanese and Korean Ethnicity," Ph.D. dissertation. Florida State University, 2004.
Lee Seung-hyok. "Missiles, Abductions, and Sanctions: Societal Influences on Japanese Policy Toward North Korea, 1998–2006." Ph.D. dissertation. University of Toronto, 2011.
Lie, John. *Multi-Ethnic Japan.* Cambridge, MA: Harvard University Press, 2001.
———. *Zainichi: Diasporic Nationalism and Postcolonial Identity.* Berkeley: University of California Press, 2008.
Martin, Bradley. *Under the Loving Care of the Fatherly Leader: North Korea and the Kim Dynasty.* New York: St. Martin's Press, 2004.〔『北朝鮮「偉大な愛」の幻　上・下』(朝倉和子訳、青灯社、二〇〇七年)〕
McCargo, Duncan. *Contemporary Japan.* New York: Palgrave Macmillan, 2004.
Morris-Suzuki, Tessa. *Re-inventing Japan: Time, Space, Nation,* New York: M.E. Sharpe, 1997.〔『日本を再発明する——時間、空間、ネーション』(伊藤茂訳、以文社、二〇一四年)〕
———. *Exodus to North Korea: Shadows from Japan's Cold War,* Lanham, MD: Rowman and Littlefield, 2007.〔『北朝鮮へのエクソダス——「帰国事業」の影をたどる』(田代泰子訳、朝日新聞出版、二〇一一年[抄訳])〕
Morse, Edward S. *Japan Day by Day.* New York: Houghton Mifflin, 1917.〔『日本その日その日　1—3』(石川欣一

訳、平凡社、一九七〇—一九七一年）〕
Myers, B. R. *North Korea's Juche Myth*. Busan, South Korea: Sthele Press, 2015.
———. *The Cleanest Race: How North Koreans See Themselves and Why It Matters*. New York: Melville Books, 2010.
Myers, Ramon H. and Mark R. Peattie, eds. *The Japanese Colonial Empire, 1895–1945*, Princeton: Princeton University Press, 1984.
Oberdorfer, Don. *The Two Koreas: A Contemporary History*. New York: Addison Wesley, 1997.〔『二つのコリア——国際政治の中の朝鮮半島　特別最新版』（菱木一美訳、共同通信社、二〇〇二年［ロバート・カーリン加筆・修正による底本に基づいた第3版訳書が二〇一五年に刊行されている］）〕
Oguma, Eiji. *A Genealogy of Japanese Self-Images*. Melbourne: Trans Pacific Press, 2002.〔『単一民族神話の起源——「日本人」の自画像の系譜』（新曜社、一九九五年［原書］）〕
Orr, James J. *The Victim as Hero: Ideologies of Peace and National Identity in Postwar Japan*. Honolulu: University of Hawaii Press, 2001.
Pai, Hyung-il. *Constructing "Korean" Origins: A Critical Review of Archaeology, Historiography, and Racial Myth in Korean State-Formation Theories*. Cambridge, MA: Harvard East Asian Monographs, 2000.
———. *Heritage Management in Korea and Japan: The Politics of Antiquity and Identity*. Seattle: University of Washington Press, 2013.
Palmer, Brandon. *Fighting for the Enemy: Koreans in Japan's War, 1937–1945*. Seattle: University of Washington Press, 2013.〔『検証　日本統治下朝鮮の戦時動員——１９３７—１９４５』（塩谷紘訳、草思社、二〇一四年）〕
Robinson, Michael E. *Korea's Twentieth-Century Odyssey: A Short History*. Honolulu: University of Hawaii Press, 2007.
Rozman, Gilbert, Kazuhiko Togo, and Joseph Ferguson. *Japanese Strategic Thought Toward Asia*. New York:

Palgrave Macmillan, 2007.
Ryang, Sonia. *North Koreans in Japan: Language, Ideology, and Identity*. Boulder, CO: Westview Press, 1997.
———, ed. *North Korea: Toward a Better Understanding*. Lanham, MD: Lexington Books, 2009.
———. *Reading North Korea: An Ethnological Inquiry*. Cambridge, MA: Harvard University Asia Center, 2012.
Scalapino, Robert A. *The Japanese Communist Movement, 1920–1966*. Berkeley: University of California Press, 1966.
Seiler, Sydney A. *Kim Il-song, 1941–1948: The Creation of a Legend, the Building of a Regime*. Lanham, MD: University Press of America, 1994.
Seth, Michael J. *A Concise History of Modern Korea: From the Late Nineteenth Century to the Present*. Lanham, MD: Rowman and Littlefield, 2009.
Shin Gi-wook. *Ethnic Nationalism in Korea: Genealogy, Politics, and Legacy*. Stanford, CA: Stanford University Press, 2006.
Soderberg, Marie, ed. *Changing Power Relations in Northeast Asia: Implications for Relations Between Japan and South Korea*. New York: Routledge, 2013.
Suh Dae-sook. *Kim Il Sung: The North Korean Leader*. New York: Columbia University Press, 1995.〔『金日成』(林茂訳、講談社、二〇一三年)〕
Watt, Lori. *When Empire Comes Home: Repatriation and Reintegration in Postwar Japan*. Cambridge, MA: Harvard University Asia Center, 2009.
Wayman, Dorothy G. *Edward Sylvester Morse: A Biography*. Cambridge, MA: Harvard University Press, 1942.〔『エドワード・シルベスター・モース　上・下』(蜷川親正訳、中央公論美術出版、一九七六年)〕
Yamamoto, Yoshi. *Taken! North Korea's Criminal Abduction of Citizens of Other Countries*. Committee for Human Rights in North Korea, 2011.

Yokota, Sakie. *North Korea Kidnapped My Daughter*. New York: Vertical Books, 2009.〔横田早紀江『めぐみ、お母さんがきっと助けてあげる』(草思社、一九九九年[原書])〕

日本語文献
ＮＨＫ報道局「よど号と拉致」取材班『よど号と拉致』(ＮＨＫ出版、二〇〇四年)
高沢皓司『宿命――「よど号」亡命者たちの秘密工作』(新潮社、一九九八年)
田中均『外交の力』(日本経済新聞出版社、二〇〇九年)
鳥居龍蔵「私の見る朝鮮」(『朝鮮』第二八四号、一九三九年一月号)、三七―三九ページ
中薗英助『鳥居龍蔵伝――アジアを走破した人類学者』(岩波書店、一九九五年)
蓮池薫『拉致と決断』(新潮社、二〇一二年)
平沢勝栄『拉致問題――対北朝鮮外交のありかたを問う』(ＰＨＰ研究所、二〇〇四年)
八尾恵『謝罪します』(文藝春秋、二〇〇二年)
和田春樹『金日成と満州抗日戦争』(平凡社、一九九二年)

韓国語文献
신상옥(申相玉)・최은희(崔銀姫)『김정일왕국(金正日の王国)』(서울：동아일보사、一九八八年)〔『闇からの谺――北朝鮮の内幕　上・下』(池田菊敏訳、文藝春秋、一九八九年[韓国語版で削除された部分を収録。英語版の一部を割愛])〕

引用文献

石高健次『金正日の拉致指令』(朝日新聞社、一九九六年)
小熊英二『単一民族神話の起源』(新曜社、一九九五年)
小此木政夫『北朝鮮ハンドブック』(講談社、一九九七年)
北朝鮮に拉致された日本人を救出するための全国協議会「緊急声明」(二〇〇二年九月一九日、http://www.sukuukai.jp/mailnews/item_692.html、二〇一七年四月二七日アクセス)
金正日『映画芸術論』(外国文出版社、一九八九年)
『チュチェ思想について』(外国文出版社、一九八九年)
金賢姫『いま、女として 上』(池田菊敏訳、文藝春秋、一九九四年)
宮内庁「天皇陛下お誕生日に際し(平成一三年)」(http://www.kunaicho.go.jp/okotoba/01/kaiken/kaiken-h13e.html、二〇一七年五月二〇日アクセス)
佐藤勝巳「わが痛恨の朝鮮半島」(『正論』一九九五年九月号
ジェンキンス、チャールズ『告白』(伊藤真訳、角川書店、二〇〇六年)
曽野綾子「拉致事件 過去の報道も検証すべきだ」(『産経新聞』二〇〇二年九月二〇日)
高沢皓司『宿命』(新潮社、一九九八年)

田中均『外交の力』（日本経済新聞出版社、二〇〇九年）
崔銀姫／中相玉『闇からの谺　上・下』（池田菊敏訳、文藝春秋、一九八九年）
張明秀『裏切られた楽土』（講談社、一九九一年）
朝鮮総督府鉄道局『朝鮮の話』（発行年不明、http://mokuroku.biwako.shiga-u.ac.jp/detail.asp?mode=manmou&num=3512、二〇一七年五月二二日アクセス）
坪井正五郎「人類学当今の有様　第一篇」（『東京人類学会雑誌』第二巻第一八号、一八八七年八月）
寺越友枝『生き別れて37年――北朝鮮にいる息子よわが胸に帰れ』（徳間書店、二〇〇〇年）
鳥居龍蔵「私の見る朝鮮」（『朝鮮』第二八四号、一九三九年一月号）
「日本人類学の発達」（『鳥居龍蔵全集　1』、朝日新聞社、一九七五年）
「人類学と人種学（或は民族学）を分離すべし」（『鳥居龍蔵全集　1』、朝日新聞社、一九七五年）
「台湾の原住民（一）序論」（『鳥居龍蔵全集　5』、朝日新聞社、一九七六年）
「日鮮人は『同源』なり」（『鳥居龍蔵全集　12』、朝日新聞社、一九七六年）
「有史以前の日韓関係」（『鳥居龍蔵全集　12』、朝日新聞社、一九七六年）
『ある老学徒の手記』（岩波書店、二〇一三年）
夏目漱石「現代日本の開化」（『私の個人主義ほか』、中央公論新社、二〇〇一年）
西岡力『拉致家族との6年戦争――敵は日本にもいた！』（扶桑社、二〇〇二年）
西澤泰彦『図説「満洲」都市物語』（河出書房新社、一九九六年）
新渡戸稲造「枯死国朝鮮」（桜井鴎村訳、『新渡戸稲造全集第5巻』、教文館、一九七〇年）
ハガード、ステファン／マーカス・ノーランド『北朝鮮　飢餓の政治経済学』（杉原ひろみ／丸本美加訳、中央公論新社、二〇〇九年）
朴春仙『北朝鮮よ、銃殺した兄を返せ！』（ザ・マサダ、一九九四年）

『北の闇から来た男』（ザ・マサダ、二〇〇三年）
蓮池薫『半島へ、ふたたび』（新潮社、二〇〇九年）
『拉致と決断』（新潮社、二〇一二年）
蓮池透『奪還』（新潮社、二〇〇三年）
平沢勝栄『拉致問題』（ＰＨＰ研究所、二〇〇四年）
福澤諭吉「脱亜論」（慶應義塾編纂『福澤諭吉全集　第10巻』、岩波書店、一九六〇年）
藤本健二『金正日の料理人』（扶桑社、二〇〇三年）
船橋洋一『ザ・ペニンシュラ・クエスチョン』（朝日新聞社、二〇〇六年）
モース、Ｅ・Ｓ『日本その日その日　１・２』（石川欣一訳、平凡社、一九七〇年）
モーリス＝スズキ、テッサ『北朝鮮へのエクソダス——「帰国事業」の影をたどる』（田代泰子訳、朝日新聞出版、二〇一一年）
ランコフ、アンドレイ『北朝鮮の核心——そのロジックと国際社会の課題』（山岡由美訳、みすず書房、二〇一五年）
八尾恵『謝罪します』（文藝春秋、二〇〇二年）
「血書・軍官志願　半島の若き訓導から」（『満洲新聞』一九三九年三月三一日）
「帰還者に失業なし　受け入れ住宅も五万人分」（『産経新聞』一九五九年一二月一二日）
「北朝鮮の帰還受け入れ完全」（『朝日新聞』一九六〇年四月五日）
「北朝鮮・拉致事件　拉致被害生存者5人帰国　帰国5人と家族の記者会見（要旨）」（『毎日新聞』二〇〇二年一〇月一六日）
「拉致事件　横田さんのみ偏る証言　浜本さん「ミシン操作教えた」」（『東京新聞』二〇〇二年一〇月一七日）
「「〝李恩恵〟」知らない」　田口さんの兄、帰国の生存者と面会」（『読売新聞』二〇〇二年一〇月一七日）
「北朝鮮拉致被害者の会見　総力特集　空白の「帰国」」（『週刊朝日』二〇〇二年一一月一日号）

引用文献

「本誌独占　地村保志・富貴恵夫妻　拉致被害者が初めて語り尽くした誰にも言えなかった真実」（『週刊朝日』二〇〇三年一月二四日号）
「平成十五年東京都議会会議録第十三号」（https://www.gikai.metro.tokyo.jp/record/proceedings/2003-3/02-04.html、二〇一七年五月二日アクセス）
「しおかぜ」（http://www.chosa-kai.jp/tanpa/s1open.mp3、二〇一七年五月四日アクセス）

ヤ行

ラ行

ワ行

ハ行

マ行

ナ行

タ行

サ行

索引

ア行

カ行

[著者紹介]

ロバート・S・ボイントン (Robert S. Boynton)

ニューヨーク大学教授。同大学アーサー・L・カーター・ジャーナリズム研究所で「ニュージャーナリズム」を中心に、ノンフィクション論を講じる。ジャーナリストとして『ニューヨーカー』、『アトランティック』、『ニューヨーク・タイムズ・マガジン』、『ネーション』、『ヴィレッジ・ヴォイス』などに寄稿。著書に、*The New New Journalism* (Vintage, 2005) がある。

[訳者紹介]

山岡 由美 (やまおか・ゆみ)

津田塾大学学芸学部国際関係学科卒業。出版社勤務を経て翻訳業に従事。訳書にスチュアート・D・ゴールドマン『ノモンハン1939』(みすず書房、2013)、ブルース・カミングス『朝鮮戦争論』(共訳、明石書店、2014)、アンドレイ・ランコフ『北朝鮮の核心』(みすず書房、2015)、張彧暋『鉄道への夢が日本人を作った』(朝日新聞出版、2015)、橋本明子『日本の長い戦後』(みすず書房、2017) など。

「招待所(しょうたいじょ)」という名(な)の収容所(しゅうようじょ)――北朝鮮(きたちょうせん)による拉致(らち)の真実(しんじつ)

2017年9月10日　第1刷発行

著　者――ロバート・S・ボイントン
訳　者――山岡由美
発行者――富澤凡子
発行所――柏書房株式会社
〒113-0033　東京都文京区本郷2-15-13
電話　03-3830-1891(営業)　03-3830-1894(編集)
編集協力――水科哲哉 (INFINI JAPAN PROJECT LTD.)
装丁――鈴木正道 (Suzuki Design)
本文DTP――株式会社RUHIA
印刷――壮光舎印刷株式会社
製本――小髙製本工業株式会社

ISBN978-4-7601-4886-8